POLITIQUE AGRICOLE COMMUNE ET FRAUDES AUX DÉPENSES AGRICOLES DE L'UNION EUROPÉENNE

Collection ***Logiques Juridiques***
dirigée par Gérard MARCOU

Dernières parutions

LASCOMBE M., *Droit constitutionnel de la Ve république*, Cinquième édition revue et mise à jour, 1997.
LAVIEILLE Jean-Marc, *Droit international du désarmement et de la maîtrise des armements,* 1997.
GAXIE Daniel, *Enjeux et contradictions de l'administration territoriale, Luttes d'institutions*, 1997.
MARCOU Gérard, RANGEON François, THIEBAULT Jean-Louis (dir.), *La coopération contractuelle et le gouvernement des villes*, 1997.
DREYFUS Jean-David, *Contribution à une théorie générale des contrats entre personnes publiques*, 1997.
GAMDJI Mohamadou, *La sécurité du chèque*, 1997.
BRIAL Fabien, *Décentralisation territoriale et coopération internationale : le cas de l'Outre-mer français*, 1997.
HERZOG EVANS Martine, *La gestion du comportement du détenu. Essai de droit pénitentiaire,* 1998.
CISSE Abdoullah, *Musulmans, pouvoir et société*, 1998.
CLAVIER Jean-Pierre, *Les catégories de la propriété intellectuelle à l'épreuve des créations génétiques*, 1998.
JACQUOT Henri, MARCOU Gérard, *L'urbanisme transfrontalier droit et pratique,* 1998.
FABRE-GUILLEMANT Raphaële, *Les réformes administratives en France et en Grande-Bretagne : centres de responsabilité et agences d'exécution*, 1998.
ROUXEL Jean-Yves, *Le Saint-Siège sur lascène internationale*, 1998.
ORFILA Gérard, *La Nouvelle-Calédonie et le droit*, 1998.
MOQUET-ANGER Marie-Laure, *De l'hôpital à l'établissement public de santé*, 1998.
BEN LETAIF Mustapha, *L'Etat et les entreprises publiques en Tunisie,* 1998.
GROS Manuel, *Droit administratif*, 1998.
TEISSIER-ENSMINGER Anne, *Autos, panneaux, signaux,* 1998.
LE BRAZIDEC Gwénaël, *René Capitant, Carl Schmitt : crise et réforme du parlementarisme*, 1998.
PROUTIÈRE-MAULION Gwénaèle, *La politique communautaire de réduction de l'effort de pêche des Etats membres*, 1998.

Laurent BEURDELEY

POLITIQUE AGRICOLE COMMUNE ET FRAUDES AUX DÉPENSES AGRICOLES DE L'UNION EUROPÉENNE

Éditions L'Harmattan
5-7, rue de l'École-Polytechnique
75005 Paris

L'Harmattan Inc.
55, rue Saint-Jacques
Montréal (Qc) – CANADA H2Y 1K9

ISBN : 2-7384-7418-7

Je remercie pour les entretiens qu'ils m'ont accordés

M. Siegfried REINKE, Conseiller UCLAF
M. Claude LECOU, Chef de l'Unité "coordination et politique générale" de l'UCLAF
M. GOGET, Directeur du groupe d'Audit I (FEOGA-garantie) Cour des comptes européenne

Je remercie également vivement pour l'accueil chaleureux et l'intérêt qu'ils ont porté à cette étude, les fonctionnaires de la Commission de contrôle budgétaire du Parlement européen et plus particulièrement

M. Jean DARRAS (Chef de division)
M. Patrice CHAFFORT (Administrateur)

"L'Europe aujourd'hui, pour les européens de l'ouest, c'est du beurre excédentaire, des quotas laitiers, des luttes fratricides entre porcs hollandais et français, des réunions interminables où l'on arrache au petit matin un 0,01 de hausse ou de baisse sur la betterave, des attachés-cases pérégrinant de Bruxelles à Strasbourg, des indices de production, des taux comparés d'inflation. La pensée des problèmes européens est réservée aux euro-techno-éconocrates et à des députés que nul électeur ne saurait reconnaître, siégeant dans un Empyrée strasbourgeois. Il ne faut certes pas souhaiter que les attachés-cases se vident et que les eurocrates cessent leur travail. Il faut espérer surtout que les politiques se vouent de plus en plus au destin commun. Mais pour cela il faut que se lève le nouvel esprit européen, donnant la conscience de la communauté de destin".

Edgar MORIN
Penser l'Europe
Edition Gallimard, 1987

Liste des sigles utilisés

ACP : Afrique Caraïbe Pacifique
BIMA : Bulletin d'information du Ministère de l'agriculture
CEE : Communauté économique européenne
CE : Communauté européenne
CJCE : Cour de justice des Communautés européennes
DDA : Direction départementale de l'agriculture
DG : Direction générale
DM : Deutsch Mark
DNO : Dépenses non obligatoires
DO : Dépenses obligatoires
ECU : Unité monétaire européenne
ESB : Encéphalopathie spongiforme bovine
FDE : Fonds européen de développement
Feder : Fonds européen de développement régional
FEOGA : Fonds européen d'orientation et de garantie agricole
FSE : Fonds social européen
GATT : Accord général sur les tarifs douaniers et le commerce
ICLAF : Instance de coordination de la lutte antifraude
JOCE : Journal officiel des Communautés européennes
MCM : Montants compensatoires monétaires
MPE : Ministère public européen
OCM : Organisation commune de marché
OMC : Organisation mondiale du commerce
ORD : organe de règlement des différends
PAC : Politique agricole commune
PE : Parlement européen
PNB : Produit national brut
REC : Recueil de la jurisprudence de la Cour de justice des Communautés européennes
RMC : Revue du Marché commun et de l'Union européenne
RTDE : Revue trimestrielle de droit européen
SICA : Société d'intérêt collectif agricole
SID : Système d'information douanier
SME : Système monétaire européen
TMA : Taux maximum d'augmentation
TVA : Taxe sur la valeur ajoutée
UCLAF : Unité de coordination de la lutte anti-fraude
UE : Union européenne
UGB : Unité gros bovins

SOMMAIRE

TITRE III
LE DISPOSITIF DE LUTTE COMMUNAUTAIRE CONTRE LA FRAUDE AU FEOGA-GARANTIE
(tel qu'il a été instauré à partir de la fin des années1980)

Introduction générale

Depuis la création des communautés européennes, le budget de celles-ci n'a cessé de croître (15,4 milliards d'Ecus en 1979, 42,7 en 1989, 73,4 en 1994 et 82 en 1996[1]).

Si l'Acte unique en 1986 et le Traité sur l'Union européenne (Traité de Maastricht) en 1992 en élargissant progressivement le champ des compétences communautaires ont inéluctablement contribué à accroître la charge budgétaire de la communauté européenne ; il est singulier de relever que c'est l'une des plus anciennes politiques, la politique agricole, qui constitue encore de nos jours, le premier poste de dépenses, représentant sans oscillations majeures de 1962 à 1989 plus de 50% du budget de la CEE (jusqu'en 1979, les dépenses agricoles représentaient les trois quarts du budget). Cette tendance s'infléchit toutefois nettement à partir de 1990, corollaire des nouvelles attributions transférées à la communauté européenne[2] et de la volonté d'encadrer la progression des dépenses agricoles.

Depuis plus de deux décennies, de multiples rapports (de la Commission du contrôle budgétaire du Parlement européen, de la Cour des comptes des communautés européennes, des parlements nationaux, ...) n'ont eu de cesse de dénoncer et de mettre en exergue les détournements des deniers communautaires. Des évaluations singulièrement contradictoires ont été avancées en la matière. En 1989, la Chambre des Lords a ainsi chiffré les irrégularités à 10% du

1 Montant en Francs français pour 1 ECU en 1996 : 6,50 ; en 1997 : 6,60.

2 En 1996, les dépenses du FEOGA-garantie (budget agricole) ont représenté 51% du montant total des paiements budgétaires (environ 39.430 millions d'écus).

budget communautaire[3]. Selon l'UCLAF (L'unité anti-fraude de la Commission dont le rôle sera précisé *infra*, Titre III, chapitre II, section 2), il seraît plus raisonnable d'estimer celle-ci à 2% du budget. Toutefois, les députés français ne partagent pas cet optimisme et déplorent la sous-évaluation par la Commission européenne des fraudes[4]. Face à ces estimations péremptoires jetées en pâture à l'opinion publique, il convient de faire preuve de la plus extrême circonspection. Il n'existe en effet aucune technique viable permettant d'avoir une connaissance absolue, irréfutable, du montant financier des irrégularités grevant le budget communautaire.

Traditionnellement, c'est le secteur agricole qui était vilipendé et stigmatisé en matière de "fraude" (terminologie qui n'a été juridiquement définie qu'en 1995[5], de sorte que l'on recourait antérieurement plus volontiers à la notion d'irrégularité laquelle désigne "toute infraction intentionnelle ou non à une disposition de caractère juridique[6]). Force est de

---

3 House of Lords, Select Committee on the European Committee, "Fraud against the Community" (July 21, 1989).
Cité par Nicole CATALA, Rapport d'information n° 1948 de la délégation de l'Assemblée nationale pour l'Union européenne du 23 février 1995 sur les propositions de règlement et de convention relatifs à la protection des intérêts financiers des Communautés.

4 Et ceci notamment concernant la politique agricole commune.
Nicole CATALA, *op. cit.*, p. 56.

5 Règlement n° 2988/95 du Conseil relatif à la protection des intérêts financiers des Communautés européennes (*JOCE* L 312 du 23 décembre 1995).

6 Définition qui résulte pour le secteur agricole de la Déclaration commune du Conseil et de la Commission du 14 février 1972.
Cité par NENNEMS in DELMAS-MARTY (sous la direction de), *Quelle politique pénale pour l'Europe*, Actes du colloque de Royaumont, Economica, 1993.
A noter également la définition de la fraude avancée par la Cour des Comptes des Communautés européennes : "dol consistant à faire usage de faux pour se procurer un avantage indû. (...) La Cour considère également qu'il convient d'établir une distinction entre cette forme de fraude et les actes visant à exploiter certaines lacunes de la

constater que depuis 3 ou 4 ans les rapports successifs de l'UCLAF révèlent que les irrégularités relatives aux dépenses agricoles se sont fortement contractées. D'autres dépenses, comme les crédits des fonds structurels, les "dépenses directes"[7], constituent un secteur de plus en plus vulnérable aux détournements. Toutefois, d'après les mêmes sources, l'incidence financière des irrégularités consécutives à l'ensemble de ces dépenses représenterait moins de 1% du budget (345 millions d'Ecus pour le domaine agricole, 152 millions d'Ecus pour les actions structurelles)[8]. Aujourd'hui il semble que ce sont principalement les recettes du budget, c'est-à-dire les prélèvements agricoles, mais surtout les droits de douane, qui seraient principalement affectés[9] (la fraude sur les régimes de transit, objet d'un récent rapport de la Commission d'enquête du Parlement européen adopté en février 1997 en est un exemple des plus flagrants[10]).

Dès lors, d'aucuns de penser que l'intérêt de l'étude spécifique des seules dépenses agricole (FEOGA-garantie) semblerait bien amoindri, d'autant que ces dernières années, les irrégularités relevées révèlent l'existence de circuits

---

législation existante lesquels ne peuvent être considérés comme frauduleux"
Rapport annuel de la Cour des Comptes des Communautés européennes relatif à l'exercice 1977, p. 1.17, *JOCE* C 313 du 30 décembre 1978.

7 Il s'agit de dépenses qui profitent aux bénéficiaires sous forme de contrat directement gérés et contrôlés par la Commission européenne (par exemple : les domaines de la recherche, de l'énergie, de l'environnement) sans que cela entraîne des obligations réglementaires de la part des Etats.

8 Il s'agit du montant des fraudes communiquées par les Etats membres et décelées par la Commission, Rapport annuel de l'Uclaf 1996, tableau 1, p. 62.

9 En 1996, les irrégularités aux ressources propres représentaient 787 millions d'Ecus, Rapport de l'Uclaf 1996, *op. cit.*

10 Cf. *infra* Titre. II, Chapitre II, section 2, § 1, B Le Parlement : organe de contrôle politique.

internationaux diligentés par des gangs puissamment organisés lésant pour une même opération concomitamment les dépenses et les recettes[11]. Pourtant rien n'est moins sûr. On ne saurait occulter que les dépenses agricoles ont longtemps été "la terre d'élection" de la fraude. Les détournements actuels sont loin d'être marginaux, il convient à cet égard de demeurer extrêmement vigilant, car la communauté européenne n'est pas totalement à l'abri d'une recrudescence des détournements dans ce secteur budgétaire tant l'imagination et l'ingéniosité des fraudeurs est débordante (le tout dernier rapport de l'UCLAF de 1996 note que les irrégularités commises par les agriculteurs en matière d'aides directes ont augmenté tout en soulignant toutefois qu'elles ont un impact budgétaire individuel limité)[12]. De plus, les résultats obtenus ne sont pas le fruit du hasard, mais résultent d'une réflexion et d'une construction juridique menées à l'instigation des institutions communautaires. La législation spécifique qui fut ainsi élaborée à d'ailleurs servi de modèle, de référence au renforcement de la protection aujourd'hui également acquises des autres dépenses communautaires et des ressources propres contribuant ainsi à l'émergence d'une politique globale de lutte contre la fraude destinée à protéger les intérêts financiers de la Communauté.

Dès lors, notre propos ne consiste pas s'adonner à une énième stigmatisation des détournements des deniers communautaires conjuguée à la révélation de détails

---

11 "Au cours de l'audition publique organisée en janvier 1989 par la Commission de contrôle budgétaire, des experts nationaux des services de recherche ont établi que des organisations criminelles, telles que la mafia et l'IRA étaient impliquées dans ces fraudes"
Rapport fait au nom de la commission du contrôle budgétaire sur la prévention et la répression dans l'Europe de 1992, de la fraude au détriment du budget communautaire, Parlement européen, documents de séance, 23 mars 1989, *document A2-20/89*.

12 En moyenne 15.000 Ecus contre 90.000 Ecus dans un cas impliquant une restitution à l'exportation, Rapport de l'Uclaf 1996.

croustillants lesquels alimentent trop souvent les discours fustigeant la bureaucratie bruxelloise lorsqu'ils ne constituent pas l'hydromel des adversaires irréductibles de la construction européenne.

Il s'agit plutôt d'appréhender les facteurs qui ont pu et peuvent favoriser la fraude aux dépenses agricoles, d'analyser la construction juridique instaurée et la réglementation communautaire progressivement instillée afin de prévenir et d'enrayer cette déviance dont il faut souligner avec véhémence qu'elle s'avère préjudiciable à la communauté (portant atteinte à sa crédibilité), car compromettant la réussite des autres politiques communautaires et contribuant ainsi à nourrir au sein de chaque entité nationale l'euroscepticisme ambiant de l'opinion publique.

Par souci pédagogique (pour un public peut-être peu familiarisé avec les arcanes de la PAC)[13], il a semblé judicieux préalablement à l'étude des facteurs et champ des irrégularités, ainsi que du dispositif communautaire de lutte contre la fraude aux dépenses agricoles tel qu'il a été instauré à partir de la fin des années 1980, de rappeler succinctement les grands principes de fonctionnement de la PAC et leur constante évolution (plus particulièrement la politique de soutien aux marchés) et ceci afin de faciliter l'appréhension du phénomène nécessairement complexe de la fraude au budget agricole.

---

13 Laquelle se caractérise par son hermétisme.
Nicolas MOUSSIS, *Manuel de l'Union européenne*, 3è édition révisée en 1996, p. 307.

TITRE I
PRINCIPES GENERAUX ET FONCTIONNEMENT DE LA POLITIQUE AGRICOLE COMMUNE

En 1957, l'Europe est dans une situation de dépendance agricole drastique. La préoccupation des politiques est alors de parvenir rapidement à l'autosuffisance alimentaire. Les auteurs du traité de Rome[1] en instaurant un marché commun, c'est-à-dire la libre circulation des marchandises (mais également des hommes et des capitaux) ont souhaité qu'il fût étendu à l'agriculture et aux produits agricoles[2], de sorte que ces derniers doivent être soustraits lors des échanges commerciaux intracommunautaires à toutes restrictions quantitatives, mesures d'effet équivalent[3] au titre de l'article 30 du traité de la CEE. Seuls quelques assouplissements à la disposition précitée ont été admis[4] conjugués à l'existence d'un régime dérogatoire[5]. Les six Etats membres signataires du traité

---

1 Acte créateur de la Communauté Economique Européenne (CEE).

2 Art. 38 aliéna 1 du traité CE : "par produits agricoles on entend les produits du sol, de l'élevage et de la pêcherie, ainsi que les produits de première transformation qui sont en rapport direct avec ces produits".
L'énumération de ces produits est fournie à l'annexe II du traité de Rome. Cf. document n° 1 en annexe.

3 Il s'agit "de toutes réglementations des Etats membres susceptibles d'entraver directement ou indirectement actuellement ou potentiellement le commerce intracommunautaire" (Arrêt DASSONVILLE, *CJCE* du 11 juillet 1974, Aff. 8/74, Recueil des arrêts de la Cour de justice, 1974, p. 837).

4 La Cour de justice dans l'arrêt dit "Cassis de Dijon" du 20 février 1979 admet que des atteintes à la circulation des marchandises ne peuvent se justifier que pour "des raisons impératives d'intérêt général" tenant à la sauvegarde de la santé publique, à la défense des consommateurs (Aff. 120/78, Recueil 1979, p. 649).

5 L'article 36 du traité CEE indique que les dispositions des articles 30 à 34 (lesquels sont relatifs à l'élimination des restrictions quantitatives entre Etats membres) ne font pas obstacle aux interdictions ou restrictions d'importation ou de transit justifiées par des raisons de moralité publique, d'ordre public, de sécurité publique, de protection de la santé et de la vie des personnes et des animaux ou de préservation des végétaux, de protection des trésors ayant une valeur artistique, historique ou archéologique, ou de protection de la propriété industrielle et commerciale. Il est également précisé que ces

susmentionné convinrent également de l'instauration d'une politique agricole commune laquelle devait constituer la réponse adéquate au défi alimentaire de l'époque et concomitamment aurait pour finalité d'accroître la productivité de l'agriculture, de stabiliser les marchés, de donner un niveau de vie équitable à la population agricole, d'assurer des prix raisonnables aux consommateurs. Si ces objectifs, dépourvus de toute hiérarchie entre eux[6], se révèlent aussi ambitieux que contradictoires, la démarche interventionniste qu'ils impliquent ne rompt aucunement avec la politique agricole de la France et de l'Allemagne (les deux puissances promotrices de la PAC) telle qu'elle fut pratiquée par ces deux Etats au XIXe siècle et dans la première moitié du XXe siècle.

Ainsi, par exemple en France, l'Office national interprofessionnel du blé (ONIB) est créé en 1936. Etroitement contrôlé par l'Etat, il a vocation à soutenir le marché du blé et reçoit la mission de déterminer les prix. Il dispose du monopole de l'importation et de l'exportation des blés, farines, céréales panifiables et semoules[7]. Sa compétence est étendue à toutes les céréales en 1941. En 1953 sont également créés des organismes d'intervention chargés de réguler les marchés par

---

interdictions ou restrictions ne doivent constituer ni un moyen de discrimination arbitraire, ni une restriction déguisée dans le commerce entre Etats membres.

6 Toutefois, la Cour de justice a admis qu'en cas d'éventuelles contradictions, il appartenait aux institutions communautaires d'accorder "une prééminence temporaire à tel ou tel objectif en fonction des faits ou des circonstances économiques", arrêt BALKAN du 24 octobre 1973, Aff. 5/73, Recueil 1973, p. 1091 (attendu n° 24).

7 Le grand publiciste de l'époque, Joseph Barthélémy, se révèle un virulent opposant à cet organisme public. "Le plan est de caporaliser l'agriculture en laissant à chacun sa niche et sa pâtée, c'est bon pour les chiens". Histoire de la France rurale sous la direction de G. DUBY et Armand WALLON, Tome 4, Paris, Ed. du Seuil, 1982, p. 559.

une politique d'achats et de stockage dans la filière bovine et lait.

En 1957, l'élément hautement novateur fut de confier la mise en œuvre et la gestion de la politique agricole à la CEE, entité juridique *sui generis*, laquelle résulte "d'une limitation de compétences ou d'un transfert d'attribution des Etats à la Communauté qui ont limité, bien que dans des domaines restreints, leurs droits souverains et créé ainsi un corps de droit applicable à leurs ressortissants et à eux-mêmes"[8].

La PAC se caractérise par l'existence de mécanismes spécifiques lesquels ont profondément évolué des origines à nos jours (Chapitre I) par un processus décisionnel qui demeure traditionnel (Chapitre II) malgré l'apport des traités successifs, par un budget agricole (Chapitre III) qui n'a cessé de croître, objet de graves crises entre les partenaires de la Communauté européenne.

---

8 Arrêt de la Cour de justice des Communautés européennes du 15 juillet 1964, COSTA C/ENEL, Aff. 6/64, Recueil p. 1194.

CHAPITRE I
LES MECANISMES DE LA PAC DES ORIGINES A NOS JOURS

Conçues dans un contexte de pénurie alimentaire, les principales composantes de la PAC (Section 1) ne pouvaient demeurer statiques, les dérives que celles-ci ont fini par engendrer ont rendu nécessaires de profondes adaptations (Section 2). Aujourd'hui, le nouveau contexte international issu des accords de l'Uruguay Round est également lourd de conséquences pour la PAC (Section 3).

SECTION 1 - PRINCIPALES COMPOSANTES DE LA POLITIQUE AGRICOLE COMMUNE

Sous le vocable Politique Agricole Commune, il faut entendre et distinguer la politique des marchés (§ 1) et la politique structurelle (§ 2).

§ 1 - LA POLITIQUE DES MARCHES

Afin de réaliser les objectifs de la PAC, le traité indique (article 40 CE) qu'il sera créé une organisation commune de marché ; en réalité il en sera érigé progressivement une par secteur de produit[9]. Celles-ci pourront avoir recours à une kyrielle d'instruments expressément énoncés par les dispositions du traité (Art. 40, alinéa 3) : "notamment des réglementations des prix, des subventions tant à la production qu'à la commercialisation des différents produits, des systèmes de stockage et de report, des mécanismes communs de stabilisation à l'importation ou à l'exportation". La liste

9 Cf. liste Annexe Doc. n° 2.

précitée n'est aucunement limitative, ce que traduit l'emploi du terme notamment, de sorte que la latitude d'action de la Communauté est considérable en la matière[10].

Les mesures de soutien finalement instaurées sont de deux ordres. Les premières portent sur le marché intérieur (A), les secondes concernent le système de protection extérieur (B). Ces différents mécanismes ne s'appliquent pas uniformément à l'ensemble des OCM, chacune possédant ses propres caractéristiques d'intervention (C).

A - Les mesures de soutien sur le marché intérieur

Celles-ci incluent des prix garantis (a) et des mécanismes d'intervention tels que le stockage (b) et le retrait (c).

a) Des prix garantis

Le Conseil agricole de la Communauté européenne, lequel réunit les ministres de l'agriculture des Etats membres, fixe annuellement pour toutes les organisations communes de marché un prix "guide" qui est dénommé soit prix indicatif (pour les céréales, le lait et le sucre), prix d'orientation (pour la viande bovine et le vin) ou prix de base. Il s'agit du prix auquel il est souhaitable que le producteur cède sa production[11] (prix qui est plus élevé que celui du marché mondial). Le Conseil arrête également des "prix garantis" ; ces derniers inférieurs au prix "guide" sont destinés à assurer un revenu minimum à l'agriculteur. Le principe est le suivant : lorsque ce dernier ne parvient pas à écouler toute sa production sur le marché, il peut vendre le surplus à un organisme

---

10 Ainsi sur ce fondement, le Conseil introduira le prélèvement de coresponsabilité et les montants compensatoires monétaires.

11 C'est en fonction de ce prix de référence que sont également déterminés les prix concernant le marché extérieur dénommé "prix de seuil".

d'intervention, lequel ne peut se soustraire à cet achat[12]. Ces organismes dont le statut juridique diffère selon les Etats membres sont désignés au sein de chaque entité nationale, ils constituent ainsi le relais d'exécution de la politique communautaire. Dans certains Etats, au Royaume-Uni (avec les Milks Marketing Boards), aux Pays-Bas (avec le Produkshap), les organismes d'intervention sont spécialisés par marché. La situation est similaire en France où l'on relève l'existence de :

- l'Office interprofessionnel des céréales (ONIC)
- la Société interprofessionnelle des oléagineux, protéagineux et culture textile (SIDO)
- le Fonds d'intervention et de régulation du marché du sucre(FIRS).

Depuis la loi n° 82-847 du 6 octobre 1982 relative à la création d'offices d'intervention dans le secteur agricole[13] :

- l'Office national interprofessionnel des viandes, de l'élevage et de l'aviculture (OFIVAL)
- l'Office national interprofessionnel du vin (ONIVINS)
- l'Office national interprofessionnel du lait et des produits laitiers (ONILAIT)
- l'Office national interprofessionnel des fruits, des légumes et de l'horticulture (ONIFLOR).

Eu égard au nombre élevé d'office, il a été créé une agence centrale (ACOFA) dont la mission est de répartir les crédits communautaires destinés au financement de la politique de soutien des marchés relevant des différents offices.

Pour d'autres Etats, la Belgique, l'Italie, l'Allemagne, les organismes "payeurs" sont spécialisés par type de dépenses : les restitutions à l'exportation sont versées par des services liés aux douanes, les achats à l'intervention et les aides dépendent du Ministère de l'agriculture. Enfin les services "payeurs" sont

---

12 Article 3, alinéa 2 du règlement 729/70 relatif au financement de la politique agricole commune, *JOCE* L94 du 28 avril 1970.

13 *JO* de la République française du 7 octobre 1982, p. 2979.

centralisés en Irlande et en Grèce, au Danemark et au Luxembourg.

b) Le stockage

Parmi les mesures de soutien du marché, c'est-à-dire de régulation de l'offre et de la demande de produits agricoles, le "stockage public" prend une place non négligeable au sein de la plupart des organisations communes de marché.

Ce mécanisme implique trois opérations bien distinctes. D'une part, l'organisme d'intervention achète la production qui lui est proposée (il a déjà été souligné qu'il avait une obligation en la matière) ; il doit ensuite l'entreposer, puis gérer les stocks. A cette fin, les organismes d'intervention concluent des contrats avec les propriétaires d'infrastructures d'entreposage qui peuvent être des coopératives de producteurs, des sociétés commerciales ou manufacturières, ou des sociétés spécialisées dans l'entreposage (il n'existe pas, souligne un rapport de la Cour des comptes des Communautés européennes, d'entrepôts appartenant à l'Etat)[14]. Enfin la marchandise doit être écoulée lorsque la situation sur le marché le permet. La vente peut s'effectuer : sur le marché intérieur à prix fixes ou par adjudications publiques, à l'exportation à prix fixes ou par adjudications publiques assorties ou non d'une restitution. Il peut s'agir encore de ventes spéciales à prix réduit, ou de distribution gratuite aux plus démunis[15], ou de livraisons d'aide alimentaire.

14 Rapport spécial de la Cour des comptes des Communautés européennes n° 5/88 du 8 septembre 1988, *JOCE* C 274 du 24 octobre 1988.

15 La Cour des comptes des Communautés européennes a mis en exergue l'attitude disparate des Etats concernant cette modalité d'écoulement des stocks. Ainsi : en France, pour la viande bovine, ce sont les bas morceaux qui sont offerts à la distribution gratuite ; en Irlande, l'organisme d'intervention répond aux souhaits exprimés par les institutions caritatives ; en Grande-Bretagne ce sont les stocks les plus âgés qui sont écoulés.

Afin d'alléger la gestion des stocks publics, une aide peut être accordée par l'organisme d'intervention aux producteurs qui consentent à conserver une part de leur production (stockage privé). L'octroi de l'aide implique la conclusion d'un contrat avec les détenteurs des produits. Cette modalité d'intervention caractérise la filière vitivinicole, et au sein de l'OCM Lait, le beurre, la poudre de lait ainsi que certains fromages.

c) Le retrait

Ce régime instauré en 1972 consiste à soustraire du marché certaines espèces de fruits et légumes lorsque l'offre s'avère excédentaire et risque ainsi d'entraîner une chute des prix[16]. Les producteurs reçoivent en contrepartie une compensation financière[17] à la charge du budget agricole communautaire. Cette opération est menée par les organisations professionnelles agricoles de la filière, lesquelles versent l'aide susévoquée. Elle se traduit en pratique par la destruction des produits retirés, ce qui ne manque pas à juste titre de susciter une profonde indignation au sein de l'opinion publique d'autant que la destruction n'est pas expressément prévue par la réglementation (Les Pays-Bas n'autorisent ainsi pas la destruction)[18]. L'article 21 du règlement de base précité

Rapport spécial n° 3/94 de la Cour des comptes sur la mise en œuvre des mesures d'intervention prévues par l'organisation de marché dans le secteur de la viande bovine du 6 octobre 1994, point 4.79, JOCE C 356 du 14 décembre 1994.

16 Règlement n° 1035/72 du Conseil du 18 mai 1972 portant organisation commune des marchés dans le secteur des fruits et légumes (*JOCE* L 118 du 20 mai 1972).

17 Celle-ci prend en compte la qualité et le conditionnement du produit retiré (ainsi les produits atteints de pourriture doivent être exclus du retrait).

18 Rapport spécial de la Cour des comptes des Communautés européennes n° 2/89 du 24 mai 1989 relatif à l'organisation des marchés dans le secteur des fruits et légumes frais et transformés, *JOCE* C 128 du 24 mai 1989.

prévoit que l'écoulement des produits retirés peut être réalisé comme suit :

- distribution gratuite à des fondations charitables,
- utilisation à des fins non alimentaires,
- utilisation en vue de l'alimentation animale,
- pour les pommes, poires et pêches : transformation en alcool.

L'utilisation finale des fruits et légumes retirés du marché entre 1986 et 1987 se présentait ainsi [19]:

- distribution gratuite : 37 690 Tonnes, soit 1,3 % de l'ensemble des retraits
- aliment pour animaux : 290 916 Tonnes, soit 10 % de l'ensemble des retraits
- distillation : 154 545 Tonnes, soit 5,3 % de l'ensemble des retraits
- destruction[20] : 2 419 188 Tonnes, soit 83,4 % de l'ensemble des retraits

La nouvelle réforme de l'OCM[21] intervenue en octobre 1996, renforce le rôle et les moyens techniques des

---

19 Rapport spécial n° 2/89, *op. cit.* Le rapport annuel de la Cour des comptes relatif à l'exercice 1994 souligne à nouveau les faibles quantités de fruits et légumes retirées du marché, écoulées à des fins caritatives (2 % de l'ensemble des produits retirés), *JOCE* C 303 du 14 novembre 1995.

20 Les produits sont déversés dans des fosses avant d'être soit recouverts de terre, soit dénaturés avec du pétrole, soit broyés. La répétition de ces opérations de destruction a contribué à la pollution de l'environnement. Ainsi des fruits en putréfaction ont pu contaminer les eaux de surface et la nappe phréatique. Rapport de la Cour des comptes relatif à l'exercice 96, *op. cit.* (point 2.118)

21 Règlement n° 2200/96 du Conseil du 28 octobre 1996, JOCE L 297 du 21 novembre 1996.
Les produits pouvant désormais bénéficier de l'indemnité compensatrice de retrait sont les choux-fleurs, les tomates, les aubergines, les abricots, les pêches, les nectarines, les citrons, les poires, les raisins de table, les pommes, les melons, les pastèques, les ananas, les clémentines et les oranges.

organisations de producteurs[22] ; bien que le rôle du retrait soit amoindri[23], il demeure un réel instrument de gestion du marché.

La filière vitivinicole[24] connaît également un régime de retrait destiné à la distillation. C'est à partir de 1982 que ce procédé devient un instrument essentiel de régulation du marché du vin[25] (antérieurement l'utilisation de la distillation était exceptionnelle).

Enfin chaque organisation commune de marché dispense une pléthore d'aides parmi lesquelles on peut distinguer :

- les aides à la production : directement versées aux producteurs, elles sont destinées à stimuler la production des cultures déficitaires vis-à-vis des besoins de la Communauté (blé dur, graines oléagineuses...) ;

- les aides à la consommation : il s'agit de tenter d'enrayer la diminution de la consommation. Ainsi, pendant une période limitée et notamment à l'occasion de la fin de l'année, le prix d'une certaine quantité de beurre (tel le beurre des stocks publics) peut être réduit afin d'encourager davantage la demande.

---

22 Une organisation de producteurs est une personne morale constituée à l'initiative des producteurs et pouvant revêtir la forme d'une coopérative ou d'une union de coopératives, d'une SICA, d'un syndicat ou d'une association.

23 Les dépenses relatives au retrait sont désormais réduites. La part des fonds opérationnels (lesquels sont destinés à financer les actions prévues dans le cadre du programme opérationnel et du plan d'action de retrait) consacrée au financement des retraits est de 60 % la première année, 55 % la deuxième, 50 % la troisième, 45 % la quatrième, 40 % la cinquième et 30 % à partir de la sixième année.

24 Les activités viticoles sont celles qui concernent le travail de la vigne. Il faut les différencier des opérations vinicoles qui se pratiquent en cave lesquelles sont destinées à la transformation du raisin en vin.

25 Règlement n° 2144/82 du 3 août 1982 (*JOCE* L 227).

B - Le système de protection extérieur

Il s'agit de protéger le marché intérieur de la Communauté d'un afflux de produits agricoles extérieurs qui concurrenceraient la production européenne, de dynamiser les exportations communautaires, de conquérir de nouveaux marchés. Ces objectifs sont à l'origine de l'instauration du mécanisme des "prélèvements-restitutions" (a) lequel fit constamment l'objet de virulentes critiques américaines (b).

a) Le mécanisme prélèvement-restitution

• Les prélèvements

Pour pénétrer le marché communautaire, les opérateurs des pays tiers doivent acquitter une taxe, laquelle correspond à la différence entre le prix CAF (coût-assurance-frêt) pratiqué sur le marché mondial et le prix communautaire. Ce dernier arrêté par le Conseil, dénommé prix de seuil (ou prix d'écluse pour la viande porcine, les oeufs et les volailles ou prix de référence pour les fruits et légumes frais) est applicable à la frontière extérieure de la Communauté. Il est plus élevé que le prix mondial. Certains produits tels la viande de porc, les oeufs, la volaille, font l'objet d'un "prélèvement composé" lequel comprend deux éléments : un élément fixe qui tient la place du droit de douane et un élément variable égal à la différence entre le prix communautaire et le prix mondial des céréales nécessaires à leur alimentation[26].

Ces taxes à l'importation sont perçues par l'administration du pays importateur et constituent une ressource propre de la Communauté européenne qui peut être frauduleusement éludée. Ainsi à titre d'exemple, des cargaisons de maïs grecs avaient été exportés en Belgique en 1986. Or il s'est avéré que les céréales provenaient de Yougoslavie ; elles avaient ainsi

---

26 Politique agricole commune. Commentaire MEGRET, Editions de l'Université de Bruxelles, 1991, p. 91.

échappé aux prélèvements auxquels elles devaient être assujetties[27].

Si le champ d'application du prélèvement est vaste puisqu'il s'applique à la majeure partie des produits agricoles hormis ceux dont la production est déficitaire dans la Communauté[28], toutefois il ne constitue pas un dispositif monolithique. Peu à peu des régimes particuliers résultant de conventions internationales ont été consentis à certains Etats. Seuls quelques exemples ont été retenus :

- Les Etats-Unis ont obtenu en 1962 l'exemption du prélèvement et des droits de douane pour leur oléagineux ; concession qui a été étendue en 1967 à certains produits de substitution aux céréales, tel le Corn Gluten Feed (il s'agit de résidus de l'amidonnerie de maïs, de tourteaux de Soja, pulpe de fruit, drèches de brasseur). Celui-ci occupe une place primordiale dans l'alimentation animale de la Communauté au dépend des céréales produites par les Etats membres[29].

- Lors de l'entrée du Royaume-Uni en 1972 dans le giron communautaire, la Nouvelle Zélande (eu égard aux relations privilégiées qu'elle entretient avec la Grande-Bretagne) a obtenu des dérogations pour son beurre[30].

En 1986, l'entrée de l'Espagne et du Portugal au sein de la Communauté impliquait la perte du marché céréalier par les

---

27 Arrêt *CJCE* du 21 septembre 1989, Commission des Communautés européennes contre République hellénique, Aff. 68/88, Rec. 1988, p. 2965.

28 Plantes vivantes, floriculture, houblon.

29 La République fédérale allemande et les Pays-Bas ont massivement importé ces produits de substitution pour l'alimentation de leurs animaux (Ces deux pays ont reçu entre 1984 et 1985 respectivement 47 % et 34 % des PSC importés par la CEE). Hélène DELORME, Le contentieux agricole CEE-Etats-Unis : le cas des céréales, Communication au colloque CEDECE d'Aix-en-Provence, Les relations Communauté-Etats-Unis, Paris, Economica, 1987, p. 247.

30 Le Royaume-Uni bénéficie de conditions d'importation du beurre et des fromages néo-zélandais plus favorables (taux réduit du prélèvement à l'importation).

Etats-Unis, corollaire du mécanisme des prélèvements restitutions lequel incite les Etats membres à s'approvisionner sur le marché communautaire. Un accord intervenu le 19 janvier 1987 garantit l'entrée de deux millions de tonnes de maïs et trois cent milles tonnes de Sorgho sur le marché espagnol et portugais[31].

D'autres exemptions partielles ou totales des droits de douane octroyées aux importations de pays tiers résultent d'accords bilatéraux conclus entre la Communauté et des partenaires tels que l'Association européenne de libre échange (AELE), les pays du bassin méditerranéen (pour ces derniers, seuls certains produits comme le vin, l'huile d'olive, certains fruits et légumes sont concernés).

Dans le cadre de la Convention de Lomé[32] conclue entre la Communauté et certains Etats d'Afrique, caraïbes, pacifique (ACP), ces derniers ont obtenu l'introduction de leurs produits agricoles sur le marché communautaire en franchise de droits ou de prélèvements agricoles (De plus, la Communauté garantit la stabilisation de leurs recettes d'exportation de produits agricoles par le mécanisme du STABEX)[33].

---

31 Jean ROSSETTO, Le régime juridique des échanges extra-communautaires, *Jurisclasseur* Europe, Fascicule 1312 (1994).

32 Convention Lomé 1, conclue en 1975 (entrée en vigueur le 1er avril 1976).
ConventionLomé 2, conclue en octobre 1979 (entrée en vigueur le 1er janvier 1981).
Convention Lomé 3, conclue en 1984 (entrée en vigueur le 1er mai 1986).
Convention Lomé 4, conclue en 1989 (pour 10 ans) est entrée en vigueur le 1er mars 1990.

33 En cas de baisse des recettes d'exportation sur certains produits agricoles (arachides, cacao, café vert ou torréfié, huile de palmes, peaux et cuirs, bananes fraîches, poivre...), le Fonds européen de développement (FED) octroie une compensation financière dès lors que le produit concerné représente une part non négligeable des exportations totale de l'Etat, et que la chute des recettes soit notable par rapport à la moyenne des années antérieures. Depuis Lomé IV,

En outre, et bien que la Communauté soit confrontée à des excédents structurels dans la filière bovine, les Etats ACP ont été autorisés à livrer un quota de viande bovine lequel est assujetti à un droit d'entrée avantageux. Quant au sucre de canne, autre concession de la Convention de Lomé, la Communauté s'engage à acheter 1,3 million de tonnes du sucre chaque année au prix du marché intérieur communautaire (et ceci tandis que l'OCM sucre est excédentaire).

D'autres dérogations aux prélèvements agricoles résultent d'avantages unilatéralement consentis par la Communauté. Dans le cadre des relations commerciales existe "le système des préférences généralisées (SPG). Il permet aux pays en voie de développement d'écouler certains produits agricoles (146 en 1971, 312 en 1980)[34] à des conditions préférentielles : quota par pays dispensé de droits de douane ; pour les pays les plus démunis, la Communauté européenne accorde l'exemption de tous droits sur quelques 700 produits agricoles (à partir de 1981). En fait, très peu de pays, les plus développés (Canada, Japon, Australie) ne bénéficient pas de préférence sous une forme ou une autre. La fraude dans les régimes préférentiels (laquelle affecte les recettes de l'Union européenne) n'est pas à négliger. Elle se traduit par l'obtention indue d'exemption de droits de douane au moyen de fausse déclaration d'origine. Ces irrégularités sont estimées à 220 millions d'Ecus par an (soit 49 % de l'ensemble des fraudes douanières)[35].

Toutes ces concessions sont lourdes de conséquences pour le budget communautaire. Elles se traduisent par une perte de recettes et par une accentuation des dépenses, puisqu'elles

---

les pays ACP (75) ne sont pas obligés de reconstituer les ressources stabex, ce qui allège le poids de leur dette.

34 Et plus de 400 en 1993. Claude BLUMANN, La politique agricole commune, Paris, Litec, 1996, p. 509.

35 Document de travail sur la fraude dans les systèmes douaniers préférentiels. Parlement européen, 222-164, du 6 mai 1997.

rendent indispensables l'octroi de restitutions à l'exportation pour écouler la production communautaire et conduisent à la constitution de stocks.

Une évaluation du coût budgétaire en 1986 des exemptions au prélèvement agricole révèle les données suivantes :

. *Evaluation du coût budgétaire découlant de l'importation en franchise des PSC et des protéagineux*

Importation d'aliment pour animaux :

- coût des restitutions nécessaires à l'exportation des céréales non employées dans l'alimentation animale 1 300
- montant des aides à l'incorporation dans l'alimentation animale de lait liquide et en poudre au prix des protéines végétales importées 1 533
- aides à la production communautaire de protéagineux (pois, féverole) 495

Importations de matières grasses végétales :

- aides aux productions communautaires
  . d'huile d'olive 1 074
  . de colza 964
  . de tournesol 585
  . de soja et graine de lin 162
- aides à la consommation directe et à la transformation de beurre à prix équivalent à celui des matières grasses végétales 203

. *Evaluation du coût budgétaire découlant des concessions commerciales consenties à des pays tiers ou ACP*

Importations préférentielles de viande :

- restitution à l'exportation de tonnages de viandes bovines correspondant aux quantités importées à droit nul ou réduit 560
- coût des aides compensant l'avantage concurrentiel des importations préférentielles de viande ovine 526

Beurre néo-zélandais :

- réexportation de quantités de beurre équivalent à celles importées de Nouvelles Zélande 80

Sucre :

- restitutions nécessaires à la réexportation de quantité de sucre équivalent au 1,3 million de tonnes importées des pays ACP 520

Total : 7 962 millions d'Ecus (1 Ecu équivaut à 7 F environ soit 36 % du budget du FEOGA-garantie[36].

• Les restitutions

Il s'agit d'un instrument visant à faciliter et encourager l'exportation de la production agricole communautaire sur le marché mondial (concomitamment, ce mécanisme va faciliter l'écoulement des excédents structurels sécrétés par la Communauté).

Le budget agricole compense en partie ou totalement la différence entre le prix européen des marchandises exportées (fixé en Ecus) et le prix sur le marché mondial (exprimé généralement en dollars), moins élevé que ce dernier, de sorte que les exportations communautaires n'ont aucune difficultés à aligner leur prix sur ceux de leurs concurrents. Ce dispositif s'avère un outil particulièrement incitatif à l'exportation d'autant que l'aide ainsi octroyée peut être modulée selon les pays destinataires (cf. Titre II, Chapitre I, Section 1). Le coût sur le budget communautaire des restitutions est lié aux fluctuations du dollar. Une variation de la valeur de ce dernier par rapport à l'Ecu implique une variation de l'écart en Ecu entre le prix communautaire et les prix mondiaux. En cas de hausse du dollar, l'écart se trouve diminué, ce qui traduit une réduction des dépenses, dans le cas contraire, l'écart s'accroît, ce qui implique une hausse des dépenses[37].

Dernière caractéristique et non des moindres, les restitutions à l'exportation vont s'avérer un secteur hautement sensible aux

---

36 Les dossiers de la PAC ("La réforme de la PAC"), n° 2, décembre 1990, Ministère de l'agriculture et de la forêt.

37 Cet impact est d'ailleurs pris en compte depuis 1988 dans le cadre de la discipline budgétaire, cf. ce titre, Chapitre III, Section 3.

irrégularités et justifier l'instauration d'une réglementation antifraude.

b) Les critiques américaines du dispositif

Ce double mécanisme a été vivement vilipendé par les Etats Unis (puissance confrontée à une surproduction agricole et dès lors encline à exporter massivement une production qui est en grande partie concurrente de celle de la CEE). Les restitutions à l'exportation ont fait l'objet d'une très vive opprobre américaine d'autant que la Communauté européenne confrontée dans certaines filières à une offre surabondante va user largement de cet instrument. Les américains estimèrent que ce mécanisme était contraire aux règles du GATT (General Agreement on Tariffs and Trade : Accord sur les tarifs douaniers et le commerce négocié en 1947 et amendé par les grandes négociations commerciales mondiales[38], dont l'objet est de fixer la réglementation des échanges commerciaux internationaux afin d'éliminer toute entrave au commerce international, de régler les différends[39]). Or d'après l'article 16 du GATT "les subventions à l'exportation des produits de base sont licites dès lors que l'Etat qui les octroie n'acquiert pas plus d'une part équitable du commerce mondial d'exportation.

---

38 Genève (1947), Annecy (1949), Torquay (1951), Genève (1955), Dillon Round de 1961 à 1962 ; Kennedy Round de 1964 à 1967 ; Tokyo Round de 1972 à 1979, Uruguay Round de 1986 à 1994.

39 Il est utile de rappeler que les règles du GATT obéissent à 3 grands principes (avec des exceptions) :
- non-discrimination commerciale : chaque pays du GATT doit accorder aux membres les concessions commerciales dont bénéficie son fournisseur le plus privilégié (clause de la nation la plus favorisée) ;
- réciprocité : toute concession tarifaire doit être compensée par des concessions réciproques de la part des pays qui en bénéficient ;
- interdiction de quotas d'importation : les américains obtinrent cependant une dérogation dénommée "WAIVER" leur permettant de limiter quantitativement les importations de différents produits agricoles : produits laitiers, coton, sucre, arachide...

Si les restitutions paraissent licites[40], il n'en demeure pas moins qu'elles ont été à l'origine d'un important contentieux entre les Etats-Unis et la CEE. En fait les USA s'estiment lésés par les restitutions à l'exportation arguant des parts de marché démesurées que la CEE réussit à s'approprier. (Pour les campagnes 1985, 1986, les exportations américaines de blé s'élevaient à 25 millions de tonnes au lieu de 49 pour la campagne 1980-1981 et les stocks de blé étaient de 51 millions de tonnes pour une production de 66 millions de tonnes). Il en résultera une véritable guerre commerciale entre les deux protagonistes, chacun usant de mesures de rétorsions réciproques, sans que les "panels"[41] parviennent à résoudre les différends. Les Etats-Unis (principaux détracteurs de la Communauté) n'ont pas hésité à accroître leurs subventions agricoles à l'exportation notamment dans le cadre du programme BICEP (Bonus incitative commodity programm), lequel consiste à subventionner les ventes de produits agricoles par l'octroi au client de bonus en nature, c'est-à-dire d'une certaine quantité de céréales provenant des stocks d'intervention fédéraux[42] (ces exportations subventionnées étaient principalement dirigées vers des débouchés communautaires traditionnels : Algérie, Maroc, Egypte, Yemen). Cette action a été reconduite par le programme EEP (Export Enhancement program) concomitamment les Américains ont entendu privilégier le soutien direct aux revenus agricoles. En 1988 une loi est adoptée (le "Trade Act") dont l'une des principales dispositions est le renforcement des

---

40 Ceci a été confirmé par le code sur les subventions à l'exportation adopté dans le cadre des accords de Tokyo Round.

41 Lorsque surgit un différend, le ou les pays signataires impliqués peuvent porter plainte devant le conseil où siègent les représentants de l'ensemble des pays signataires du GATT. Un groupe d'experts internationaux dit "Panel" est alors nommé pour proposer une solution au conflit laquelle ne présente aucun caractère obligatoire.

42 Gérard DRUESNE, Droit et politique de la Communauté et de l'Union européenne, Paris, Puf, 1995.

procédures de rétorsions contre les Etats accusés de pratiques commerciales déloyales[43] (les américains peuvent ainsi imposer des sanctions unilatérales à leurs partenaires).

Les prélèvements sont également fustigés par les Américains d'autant qu'ils seraient comme le souligne le Professeur Blumann dépourvu de base juridique dans les accords du GATT[44]. En 1986, l'entrée du Portugal et de l'Espagne dans la Communauté économique européenne impliquait une perte de marché (céréales) pour les américains corollaire du mécanisme des Prélèvements-restitutions lequel incite à privilégier les échanges intracommunautaires. Les Etats-Unis ayant envisagé de taxer les vins et fromages français, un accord est finalement intervenu en 1987.

C - Caractéristiques des OCM

Les mécanismes généraux originaires présentés ne s'appliquent pas uniformément à toutes les organisations communes de marché. Chacune d'entre elles possède sa propre spécificité et offre ainsi un degré variable de garantie et de protection. Par souci de clarté on peut en distinguer 3 types.

- Un premier groupe est constitué des organisations communes de marché dotées d'un dispositif renforcé de soutien : céréales, riz, sucre, lait, viande bovine. Outre la pratique d'achat automatique par les organismes d'intervention appliquée à tous les produits (qui offre un prix garanti) s'y adjoint le mécanisme des prélèvements restitutions, ainsi parfois que des aides à la production (telle par exemple l'aide directe versée aux producteurs de froment dur dont les exploitations sont situées dans les zones de la Communauté où cette production constitue une part importante de la production agricole. Il s'agit d'une aide à l'hectare)[45].

---

43 *BIMA* du 27 septembre 1990, n° 1317, p. 18.

44 Claude BLUMANN, Les échanges agricoles CEE-Etats-Unis et leur encadrement juridique in Colloque CEDECE, op. cit., p. 227.

45 Règlement n° 2727/75, *JOCE* L 231.

- D'autres organisations communes de marché jouissent d'un arsenal moins étoffé, ainsi l'achat à l'intervention ne peut être que facultatif, ou ne concerner que quelques produits (filière porcine par exemple). Il peut n'exister que des achats à l'intervention assortis sur le plan extérieur de restitutions à l'exportation (telle la filière tabac).

- Une troisième catégorie d'OCM n'octroie aucun prix garantis : œufs et volailles, plantes vivantes, produits de la floriculture, lin, chanvre, houblon, semences, fourrages séchés.

§ 2 - LA POLITIQUE STRUCTURELLE

Elle consiste essentiellement en une amélioration des exploitations agricoles. Cette politique est longtemps demeurée marginale et se caractérise par des modalités d'intervention très différentes de la politique de soutien des marchés (son financement relève d'une ligne budgétaire spécifique "le FEOGA-orientation", dont les concours abondent les crédits nationaux)[46]. A l'origine la Communauté ne financait que des projets individuels que les Etats membres soumettaient pour examen à la Commission, celle-ci s'efforçant de coordonner les politiques nationales. Peu à peu à partir de 1972 s'est instaurée une politique commune des structures agricoles. A cette date 3 directives ont été adoptées. Elles concernent la modernisation des exploitations, l'aide à la cessation de l'activité agricole pour les agriculteurs de plus de 55 ans et l'aide à la formation et à l'acquisition d'une formation professionnelle[47]. L'ensemble de ces mesures qui s'inspirait des recommandations du plan Mansholt (1968) et qui avait pour objectif de réduire le nombre d'agriculteur ainsi que

---

46 Cf. *infra* : Chapitre III, Section 1 du présent Titre.

47 *JOCE* L 96 du 23 avril 1972.

d'élargir les exploitations agricoles n'obtint pas les résultats escomptés eu égard à la conjecture économique de l'époque.

A partir de 1975 se dessine une volonté de plus en plus affirmée de remédier aux déséquilibres régionaux de la Communauté (celle-ci constituant un espace hétérogène où les écarts entre les régions sont plus flagrants qu'entre les nations)[48]. Concomitamment à la création du FEDER (Fonds européen de développement régional[49]) qui constitue le fer de lance de la politique régionale communautaire, les instances de Bruxelles décident de soutenir les zones de montagne et régions défavorisées (où l'agriculture est la principale source de revenu, et où elle est confrontée à de nombreux handicaps : pauvreté des sols, rendement faible) et d'ériger un programme d'aide spéciale pour ces régions. Ce sera l'objet de la directive du 28 avril 1975 sur l'agriculture de montagne[50]. En 1977, une action est instaurée en faveur de la transformation et de la commercialisation des produits agricoles[51] (l'amélioration des produits agricoles devant permettre de trouver de plus amples débouchés et de mieux valoriser les produits).

A partir de 1979, est privilégiée l'action sur les régions les moins développées selon une approche intégrée. Celle-ci se caractérise par un ensemble cohérent d'actions et d'investissements publics et privés portant sur une aire géographique limitée, confrontée à de graves problèmes de développement. L'objectif visé consiste à favoriser le développement de ces zones grâce à l'utilisation conjointe coordonnée et programmée de divers instruments financiers de la Communauté[52] (et ceci avec le concours des autorités

---

48 Alain BUZELAY et Jean-Luc GUILLARDIN, La politique régionale communautaire, Presses Universitaires de Nancy, 1983.

49 Institué par le règlement n° 724/75 du Conseil, *JOCE* L 73 du 21 mars 1975.

50 *JOCE* L 128 du 19 mai 1975.

51 Règlement n° 355/77,*JOCE* L 51 du 27 février 1977.

52 FEOGA-orientation, FEDER, FSE.

nationales et locales de chaque Etat membre). En 1981, 3 programmes de développement intégrés sont adoptés dont l'un concerne le développement de la Lozère en France. Celui-ci s'attache à promouvoir l'agriculture et le secteur extra-agricole. En 1985, la CEE décide d'engager une nouvelle action intégrée en faveur des régions méditerranéennes afin d'aider celles-ci à faire face à l'entrée de l'Espagne et du Portugal dans le giron communautaire (dans le domaine agricole les économies françaises, grecques, italiennes, espagnoles et portugaises sont concurrentes)[53]. Les PIM (Programmes intégrés méditerranéens) sont arrêtés en juillet 1985[54] ; entre 40 et 50 % de leurs actions sont consacrées aux mesures agricoles. La politique structurelle de la PAC n'aura de cesse de compléter la politique des marchés en 1988 (date à partir de laquelle la politique structurelle de la PAC s'inscrit totalement dans le cadre de la coordination des fonds structurels selon des modalités spécifiques)[55].

SECTION 2 - LES DERIVES ET LES NECESSAIRES ADAPTATIONS DE LA POLITIQUE DES MARCHES

La Communauté fut contrainte de réviser les mécanismes originaires de la PAC afin d'enrayer une production devenue structurellement excédentaire (§ 1). Les fluctuations des taux

53 Pour l'Espagne, dans le domaine des productions agricoles, ses déficits sont les mêmes que ceux du reste de la Communauté : maïs, soja, tandis que ces excédents vont s'ajouter à ceux de la CEE pour le vin, les fruits et légumes et l'huile d'olive.

54 Règlement n° 2088/85, *JOCE* L 197 du 17 juillet 1985.
Les PIM concernent 3 pays : la Grèce (l'ensemble du territoire), l'Italie (l'ensemble du Mezzogiorno), la France (la région Languedoc-Roussillon, Corse, Provence, Alpes-Cote d'Azur, Aquitaine et Midi Pyrénées, les départements de la Drôme et de l'Ardèche).

55 Cf. Annexes Document n° 3.

de change des monnaies ont également rendu indispensable l'instauration d'un régime agri-monétaire (§ 2).

§ 1 - UNE PRODUCTION DEVENUE STRUCTURELLEMENT EXCEDENTAIRE

La surproduction dont les facteurs doivent être précisés (A) s'avère préjudiciable au budget communautaire. Afin d'y remédier, des palliatifs furent introduits au sein de la réglementation de certaines OMC dès les années 1970, puis une réforme de fond fut adoptée en mai 1992 (B).

A - Facteurs de surproduction

Pierre angulaire de la philosophie originaire de la PAC, les prix garantis reposant sur le mécanisme de l'achat automatique par les organismes d'intervention, étaient destinés à assurer une sécurité financière aux agriculteurs ne parvenant pas à écouler leurs produits sur le marché. Ce système fut progressivement dénaturé dès lors que ces derniers ont entendu produire pour "l'intervention", c'est-à-dire en faisant abstraction des possibilités d'absorption des quantités produites par le marché. Lorsque les achats par les organismes d'intervention deviennent un mode de financement normal de la production agricole, ils contribuent à forger une idéologie productiviste[56] laquelle a pour corollaire de favoriser rapidement des excédents dont les frais de stockage vont peu à peu grever considérablement le budget communautaire. La filière laitière est dès les premières années de fonctionnement de son organisation commune de marché confrontée à une surproduction drastique ; l'état des stocks de beurre qui en résulte et qui a longtemps défrayé la chronique de la presse

---

56 Sources d'altérations considérables pour l'environnement (telle la pollution des eaux et des sols) dont on commence seulement à mesurer les effets nocifs qu'elles génèrent sur la santé humaine.

internationale est particulièrement révélateur de ce constat. On relève entre 1979 et 1982, 400 000 Tonnes de beurre, 1 million de Tonnes en 1985 (1,209 si l'on inclut le stockage privé)[57] et ceci dans un marché saturé, inélastique par excellence. Concomitamment les stocks de céréales s'élèvent à 15 millions de Tonnes (ce qui est au-delà du stock normal qu'il convient de constituer selon la commision européenne)[58]. Quant la viande bovine, on note 700 000 tonnes de surplus en 1985 (filière qui connaît des excédents depuis 1981)[59]. Outre le coût sus-évoqué de la gestion du stockage[60] (y compris la dépréciation), les restitutions à l'exportation devant être mises en œuvre pour résorber les stocks, ainsi que les actions spéciales alourdissent la charge budgétaire du FEOGA de sorte

57 La situation de l'agriculture dans la Communauté, Rapport 1986 p. 104.

58 La Commission établit le "stock normal" à 5 millions de Tonnes. Toutefois des experts avancent des chiffres différents : 17 % de la consommation, ce qui représenterait pour la Communauté 20 millions de Tonnes ; d'autres indiquent que les stocks "normaux" devraient se situer au niveau zéro (grâce aux moyens de transport modernes, toute pénurie pourrait être comblée facilement et rapidement). Rapport de la Commission d'enquête du Parlement européen sur le problème des stocks dans le secteur agricole du 2 octobre 1987, p. 14. Document de séance PE 115-293/def.

59 Rapport spécial n° 3/94 de la Cour des comptes, sur la mise en œuvre des mesures d'intervention prévues par l'organisation de marché dans le secteur de la viande bovine du 6 octobre 1994, *JOCE* C 356 du 14 décembre 1994.

60 Ainsi à titre d'exemple : les dépenses budgétaires au titre du stockage public en 1986 (d'un montant de 4 747 Millions d'Ecus) se répartissent ainsi :

Produits laitiers :	1360 Millions d'Ecus
Céréales :	1342 Millions d'Ecus
Viande bovine :	1928 Millions d'Ecus
Huile d'olive :	49 Millions d'Ecus
Tabac :	16 Millions d'Ecus
Produits divers :	52 Millions d'Ecus

Rapport spécial n° 5/88 de la Cour des comptes des Communautés européennes sur la gestion et le contrôle du stockage public, *JOCE* C 274 du 24 octobre 1988.

que la Communauté européenne sera plus ou moins accusée d'exporter ses propres erreurs de gestion et l'instabilité de son marché intérieur[61].

Il convient de préciser que la constitution d'excédents devenus structurels au sein de la Communauté ne saurait résulter de la seule dénaturation du mécanisme des prix garantis à l'intervention ; la production agricole est irrémédiablement dépendante des aléas climatiques, de sorte que la situation de surproduction existait antérieurement à l'instauration de la PAC. Il s'agit d'ailleurs d'un phénomène récurrent et d'ampleur internationale.

Les progrès de la technologie, l'utilisation d'intrants, la recherche biologique, les changements progressifs des habitudes alimentaires sont autant d'autres facteurs qui contribuent également à l'accroissement de la production et à l'émergence de surplus.

B - Des premiers palliatifs à la réforme Mac Sharry de mai 1992

Les premiers correctifs instaurés (a) doivent être distingués du dispositif juridique issu de la réforme Mac Sharry de mai 1992 (b).

a) Les premiers correctifs

• Taxe de coresponsabilité, seuils de garantie, quotas

En 1968, le plan SICCO MANSHOLT (nom du Commissaire européen néerlandais à l'agriculture entre 1958 et 1973) préconisait des adaptations afin d'enrayer la surproduction : gel des prix des productions excédentaires, abattage de vaches laitières, réduction de 7 % de la surface utile de la Communauté. Le plan prévoyait également des réformes structurelles. Relevant que nombre d'exploitations

---

61 Jean RAUX, PAC publique d'exportation et politique et développement, in Colloque CEDECE - Politique agricole commune et construction communautaire, Paris, Economica, 1984, p. 257.

s'avéraient peu rentables, il recommandait l'accroissement de la taille de celles-ci. Mais sous l'influence du puissant Lobby agricole, les Etats membres ont refusé cette réforme d'ensemble optant pour une démarche plus ciblée (c'est-à-dire dans les secteurs les plus sensibles).

La première approche fut ainsi sectorielle. Elle concerna principalement (mais non exclusivement)[62] du moins avec le plus d'acuité, le marché du lait, secteur où l'autosuffisance a été atteinte en 1974. La filière lait est confrontée à des excédents chroniques corollaires d'une offre qui ne cesse de s'accroître tandis que la consommation ralentit (En 1982, la consommation intérieure de lait au sein de la Communauté était de 85,4 millions de tonnes, tandis que la production communautaire était de 107 millions de tonnes)[63].

Le premier palliatif consista à associer le producteur laitier à l'effort financier résultant de l'écoulement des stocks. Ainsi quelle que soit la quantité de lait livrée à l'organisme d'intervention, le producteur est assujetti à une taxe de coresponsabilité à l'origine (en 1977) de 1,5 % du prix indicatif du lait[64]. (Cette recette collectée par les organismes d'intervention est spécifiquement utilisée au financement de mesures relatives à la recherche de nouveaux débouchés pour le lait sur le marché intérieur et extérieur)[65]. L'intention est

---

62 Le secteur viti-vinicole étant confronté en 1974 à une augmentation de la production et à une diminution de la consommation en France et en Italie, la CEE a mis en place des incitations à l'arrachage avec l'instauration de primes d'arrachage temporaires (6 ans) et la reconversion des vignobles en d'autres cultures pendant 6 ans (règlement n° 1163/76, *JOCE* L 135 du 24 mai 1976).

63 Rapport 1986 sur la situation de l'agriculture dans la Communauté.

64 Règlement n° 1079/77 du Conseil du 17 mai 1977, *JOCE* L 131, à noter que les zones de montagne sont exemptées de cette taxe de coresponsabilité.

65 On notera que cette réglementation est contraire au principe budgétaire d'universalité (règle de non affectation d'une recette à une dépense). La Cour de justice des Communautés a toutefois entériné ce dispositif dans un arrêt du 21 février 1979.

louable mais l'efficacité dérisoire puisqu'il suffit au producteur d'accroître sa production pour combler cette perte de revenu. A partir de 1982, on s'enquiert de limiter "la quantité garantie". Un seuil de production globale est fixé par l'Etat ; en l'occurrence pour 1982 le seuil est celui de la quantité de lait livrée aux laiteries en 1981 majorée de 0,5 %, ce qui correspondait au taux prévisible d'augmentation de la consommation communautaire[66]. Au-delà, il sera procédé à une baisse du prix garanti. Si ce mécanisme marque bien la fin de la garantie complète aux producteurs, astreignant ces derniers lors du dépassement de la quantité garantie à un prélèvement, toutefois, il n'y a aucune responsabilité individuelle, chacun peut ainsi continuer à produire à sa guise en escomptant que le voisin sera plus soucieux que soi même du respect de la norme ainsi établie.

Le mécanisme des seuils de garantie a été étendu à d'autres organisations communes de marché avec des modalités spécifiques. Ainsi pour les céréales, le seuil de garantie a été fixé à 119,5 millions de tonnes pour l'ensemble des céréales à l'exception du froment dur. Le Conseil a décidé que si la production excédait ce seuil, ceci aurait pour corollaire de réduire le prix d'intervention de 1% par million de tonnes (dans la limite d'un maximum de 5 %). Le seuil de garantie pour 82/83 ayant été dépassé de plus d'une tonne, les prix d'intervention ont été réduits de 1 %. Des seuils de garantie ont été également fixés pour les fruits et légumes transformés (concentré de tomates, tomates pelées entières, raisins secs...), le tournesol, Colza, navette. On relève que les dépassements relatifs à ces produits ne sont à l'époque assortis d'aucune pénalité financière. En 1986, une taxe de coresponsabilité est introduite dans le secteur des céréales[67], elle est de 3 % du prix garanti d'intervention, laquelle est déduite du prix payé

---

66 Règlement n° 1184/82 du 18 mai 1982, *JOCE* L 140/82.

67 Règlement n° 1579/86 du Conseil, *JO* L139 du 24 mai 1986.

aux producteurs[68] (parallèlement à l'introduction de ce prélèvement, le Conseil a institué un régime d'aide directe en faveur des petits producteurs destiné à compenser l'effet du prélèvement sur leur revenu)[69]. En 1984[70] l'introduction des "quotas laitiers" marque l'effort le plus drastique pour infléchir le volume de production de la filière laitière (à noter que le sucre est soumis à un régime de quotas depuis l'instauration de l'organisation commune en 1967 ; les mesures de soutien en cas de dépassement sont supportées par les producteurs sous forme de cotisations).

Seule une certaine quantité produite par la Communauté bénéficie de la "garantie". Ces quantités ont été établies comme suit :

Campagne 1984-1985	99 917 000 tonnes
Campagne 1985-1986	99 471 574 tonnes
Campagne 1986-1987	104 381 574 tonnes
Campagne 1987-1988	98 761 640 tonnes
Campagne 1988-1989	96 105 623 tonnes
Campagne 1989-1990	97 676 738 tonnes
Campagne 1990-1991	97 864 853 tonnes[71]

Il est ensuite attribué "une quantité garantie" à chaque Etat membre, laquelle est répartie entre les producteurs sous forme de quotas selon deux formules au choix de l'Etat :

- Formule A : Le quota est déterminé sur la base des quantités de lait livrées par chaque producteur aux laiteries pendant une année de référence 1981, 1982, 1983.

---

68 Ce prélèvement a représenté 361 Millions d'Ecus de recettes en 1986 soit 8 % des dépenses relatives au marché des céréales. Rapport annuel de la Cour des comptes des communautés européennes relatif à l'exercice 1989, *JOCE* C 313 du 12 décembre 1990.

69 Règlement n° 1983/86 du Conseil, *JO* L171 du 28 juin 1986.

70 Règlement n° 856/84 du Conseil, *JO* L90 du 1er avril 1984.

71 Cahiers de la PAC 1994, "Lait et produits laitiers", Commission européenne, Direction générale de l'agriculture.

- Formule B : Le quota est fixé en s'appuyant sur la quantité de lait acheté par les laiteries.

Au-delà du quota fixé, le producteur en cas de ventes directes (formule A) ou aux laiteries (formule B) est astreint à une pénalité individualisée (il s'agit d'un "prélèvement supplémentaire" ainsi intitulé pour le différencier du prélèvement de coresponsabilité) ; celle-ci s'élève en 1987 à 100 % (puis 115 % à partir de 1989) du prix indicatif du lait[72]. La réduction de la production en 1984 et 1985, s'étant avérée insuffisante, le Conseil décida une nouvelle réduction des quantités globales garanties ainsi que l'indique le tableau ci-dessus pour les campagnes 87/88, 88/89. Parallèlement on restreint les achats à l'intervention de lait écrémé lesquels ne sont plus permanents mais limités sur une période du 1er mars au 21 août de chaque année ; un régime de cessation volontaire de la production est également mis en place. Le régime des quotas a introduit en 1984 une réforme de fond qui faisait encore défaut aux autres filières agricoles.

• Le mécanisme des stabilisateurs

En 1988, le mécanisme des stabilisateurs est instauré[73], corollaire du livre vert de la Commission (il s'agit d'un ensemble d'orientations sur les perspectives d'avenir de la PAC) lequel préconisait l'infléchissement progressif de la production dans les secteurs excédentaires grâce à une politique de prix fondée sur les besoins du marché. Le nouveau correctif consiste en une quantité maximale garantie assortie en cas de dépassement d'une réduction du prix d'intervention pour la campagne suivante ou autre pénalisation à la charge de tous les producteurs. Ce système qui ne s'applique pas à la filière laitière déjà dotée du régime des

---

72 Initialement la pénalité était de 75 % dans la formule A (vente directe), 100 % dans la formule B (ventes aux laiteries). La différence entre les deux formules est supprimée en 1987.

73 Règlements du 25 avril 1988, *JOCE* L 110 du 29 avril 1988.

quotas laitiers s'avère moins efficace que ce dernier puisqu'il ne sanctionne pas spécifiquement les auteurs de la surproduction (engendrant ce que les économistes appellent le problème du "passager clandestin")[74] mais l'ensemble des producteurs.

Si le système des stabilisateurs s'applique à tous les secteurs qui bénéficient d'un soutien de prix, les modalités d'application diffèrent d'une filière à l'autre. Ainsi par exemple, pour les céréales lorsque le seuil de garantie est outrepassé, les prix d'intervention diminuent de 3 % pour la campagne suivante quelle que soit l'ampleur de la surproduction. Si le phénomène perdure plusieurs années, les diminutions de prix se cumulent jusqu'à ce que la production diminue. Outre la réduction des prix, les céréales sont assujetties à un prélèvement de coresponsabilité supplémentaire proportionnel au dépassement. Pour les oléagineux, protéagineux, les prix diminuent automatiquement de 0,50 % pour chaque point de pourcentage correspondant au dépassement de la quantité maximale autorisée. Pour le tabac (dont il faut préciser que certaines variétés n'avaient aucun débouché d'où la constitution d'excédents s'élevant à près de 100 000 tonnes)[75], chaque variété de tabac bénéficie d'une aide à la production. Celle-ci est accordée dans les limites d'une quantité maximale globale fixée chaque année par le Conseil des Communautés. A chaque tranche de dépassement de 1 % de la quantité garantie, le prix d'intervention ainsi que les primes sont réduits d'un pourcentage identique.

Les stabilisateurs ont été conjugués à l'adoption de mesures d'ordre structurel :

---

74 "On voit mal ce qui peut inciter chaque exploitant pris individuellement à limiter ses récoltes. Chacun a intérêt à ce que les autres adoptent ce comportement tout en se gardant bien d'être soi même vertueux", Frédéric TEULON, La politique agricole commune, Paris, Que-sais-je n° 2568, PUF, 1er édition, 1991, p. 93.

75 Commentaire MEGRET, "PAC". 2ème édition 1991, p. 219.

- incitation au retrait des terres arables[76]. Les exploitants souhaitant participer à ce régime doivent s'engager à retirer au moins 20 % de leurs terres arables sur une période de 5 ans (ces terres peuvent être laissées en friche, être boisées ou être utilisées à des fins non agricoles). Les bénéficiaires reçoivent une prime pour compenser la perte de revenu ;

- aide à l'extensification[77] (régime obligatoire pour l'Etat membre mais facultatif pour le producteur). Il s'agit d'un soutien financier aux agriculteurs qui réduisent leur production dans les secteurs excédentaires (au moins 20 % pendant 5 ans) par une moindre utilisation des intrants ou par la suppression d'une partie de leur capacité de production (Pour la filière bovine : diminution du troupeau par abattage) ;

- programme anticipé de retraite[78] (régime facultatif pour les Etats membres). Il concerne les agriculteurs de plus de 55 ans qui souhaitent abandonner l'activité agricole.

L'ensemble de ces mesures qui s'inscrit dans la perspective de réduction de la production dans les secteurs excédentaires témoigne du souci des instances communautaires d'assurer une véritable cohérence entre la politique des marchés et la politique socio-structurelle.

Concomitamment aux stabilisateurs, la politique de gel des "prix garantis" engagée dès 1985 dans l'OCM des céréales est poursuivie et ceci afin de réduire l'écart entre les prix européens et les cours du marché mondial. Ainsi en 1986, le régime d'intervention des céréales est assoupli afin d'inciter les opérateurs à rechercher activement des débouchés (Pour 1986-1987, l'offre d'intervention a été limitée à la période allant du 1er octobre au 30 avril, la possibilité d'acheter à l'intervention n'a été déclenchée que lorsque le prix moyen du marché était situé au-dessous du marché).

---

76 Règlement du Conseil n° 1094/88, *JOCE* L 106 du 27 avril 1988.

77 Règlement du Conseil n° 1094/88, *op. cit.*

78 Règlement du Conseil n° 1096/88, *JOCE* L 10 du 29 avril 1988.

Dans le souci de limiter les excédents, l'OCM viande bovine a fait l'objet en 1989 d'une réforme de fond[79]. Il est mis fin dans ce secteur au système d'achat automatique à l'intervention. Cet instrument devient désormais facultatif et implique une décision de la Commission.

Il a été constaté au gré de la pratique du fonctionnement de la politique agricole commune que quatre principes gouvernaient celle-ci :

- L'unité du marché : celle-ci implique la liberté des échanges de produits agricoles dans la Communauté (et ceci grâce à la suppression des droits de douane, et des obstacles non tarifaires, à l'harmonisation des réglementations) et également l'application sur l'ensemble du territoire communautaire de règles communes de gestion, et des prix communs (ces derniers étant toutefois malmenés par les fluctuations monétaires).

- La préférence communautaire : il s'agit de privilégier la production communautaire. Le mécanisme du prélèvement à l'importation traduit un avantage très net en terme de compétitivité-prix en faveur des productions des Etats de la Communauté européenne, incitant ces derniers à s'approvisionner sur le marché communautaire (toutefois le prélèvement connaît de nombreuses brèches, et de nombreux produits importés y échappent). Quant aux restitutions, elles dynamisent les exportations communautaires, en facilitant la pénétration des marchés extérieurs.

- La solidarité financière : si toutes les dépenses afférentes à la régulation des marchés (intervention, restitution à l'exportation) sont financées par le budget agricole communautaire "FEOGA-Garantie", en revanche s'agissant des dépenses de la "section orientation" (actions structurelles), elles ne relèvent que partiellement du budget de la

79 Règlement du Conseil n° 571/89, *JOCE* L 61 du 4 mars 1989.

Communauté, un financement national complétant l'apport communautaire.

- La coresponsabilité : d'une part les producteurs sont associés à la gestion de la PAC (dans l'OCM fruits et légumes, il a déjà été souligné que la gestion du marché relève des organisations professionnelles agricoles). Les producteurs de certaines filières participent également au financement des dépenses engagées afin de résorber les excédents (une taxe de coresponsabilité a été introduite pour la première fois dans le secteur laitier en 1977 et a été étendue à d'autres secteurs avec les stabilisateurs agricoles en 1988).

La réforme de la PAC de mai 1992, ainsi que les accords de l'Uruguay Round, sans faire disparaître ces 4 principes, ont toutefois minimisé leur portée.

b) La réforme Mac Sharry de mai 1992

Les mesures adoptées en 1988 ne sont pas sans effets. "L'expansion rapide de la production a été freinée"[80] en 1988 et 1989. Concomitamment, la Communauté a entendu réduire ses stocks anciens de beurre, de lait en poudre et de céréales, en les dépréciant afin de trouver des acquéreurs.

Le tableau suivant permet de mesurer les résultats obtenus :

	1986		1988	
	Quantités	Valeur	Quantités	Valeur
Stock de beurre	1305	4285	221	584
Lait écrémé en poudre	862	1622	14	28
Céréales	14 717	2977	10 752	1509

(Quantités en milliers de tonnes ; valeur en millions d'Ecus)[81]

80 "Evolution et avenir de la politique agricole commune", Bulletin des Communautés européennes, supplément 5/91.

81 Une politique agricole commune pour les années 1990, Documentation européenne (5ème édition 1989), p. 78.

Toutefois, les signes encourageants sont éphémères. .'année 1991 marque un nouvel accroissement des stocks lans plusieurs OCM :

- viande bovine : 750 000 Tonnes
- beurre : 278 000 Tonnes
- Poudre de lait : 335 000 Tonnes
- Vin : 8 millions d'hectolitres
- Céréales : 25 millions de Tonnes

Il est manifeste que les mécanismes originaires de la PAC réés à une époque où l'Europe était déficitaire en produits gricoles devaient être revus profondément, car ils ne orrespondaient plus au contexte des années 1990. La critique ardinale porte sur le système qui conditionne le soutien ommunautaire (essentiellement les prix garantis) aux volumes roduits, ce qui a pour corollaires d'inciter à la production tout en faisant abstraction des capacités d'absorption des narchés), et de favoriser l'intensification des méthodes de roduction, technique qui a des effets particulièrement nocifs ur l'environnement (la pollution des nappes phréatiques par es nitrates n'en constitue qu'un exemple des plus lramatiques). De plus, il s'avère que le système a engendré de riantes inégalités ; ce sont les exploitations les plus grandes et es plus intensives qui ont bénéficié de la PAC (80 % du outien assuré par le FEOGA a été destiné à 20 % des xploitations)[82]. La réforme Mac Sharry (nom du commissaire uropéen à l'agriculture en 1992), introduit des aspects minemment novateurs, destinés à briser la spirale de la roduction à outrance (toutefois cette réforme apparaît parfois lus comme un aboutissement et un perfectionnement des orrectifs introduits dans certaines OCM à partir de 1990 -tels es oléagineux, protéagineux- qu'une véritable révolution au ens étymologique du terme).

---

2 "Evolution et avenir de la politique agricole commune", Bulletin des Communautés européennes, *op. cit.* p. 5.

La nouvelle réglementation affecte principalement la filière céréales, oléagineux, protéagineux, viande bovine[83]. Elle consiste à infléchir le soutien des prix. La perte de revenu qui en résulte est compensée par des aides directes aux producteurs lesquelles sont accordées non en fonction du volume de production, mais à l'hectare cultivé ou au nombre d'animaux.

•La filière végétale

- Les céréales[84]. La réforme se caractérise par une baisse des prix garantis de 29 % de sorte que les achats par les organismes d'intervention s'avèrent moins attractifs d'autant qu'ils sont limités dans le temps : du 1er août au 30 avril en Italie, Grèce, Espagne, Portugal ; du 10 novembre au 31 mai pour les autres Etats.

L'aide compensatoire[85] est allouée selon le critère cardinal de la superficie de base. Le calcul est régionalisé ou individuel ; toute latitude de choix est accordée aux Etats en la matière.

Dans le premier cas : pour chaque région (par ce terme, il faut entendre l'ensemble du territoire d'un Etat ou d'une région à l'intérieur d'un Etat membre) est établie une superficie de base régionale qui correspond à un nombre moyen d'hectares cultivés en céréales ou mis en jachère durant les trois mêmes années.

Dans le deuxième cas : la superficie est déterminée pour chaque exploitation ; on prend en compte la moyenne des hectares cultivés en céréales durant les trois dernières années.

---

83 Les filières huile d'olive, sucre, fruits et légumes, vins n'ont été concernées ni directement, ni indirectement par la réforme Mac-Sharry.

84 Règlement du Conseil n° 1766/92 du 30 juin 1992 portant organisation commune de marché dans le secteur des céréales, *JOCE* L 181.

85 Règlement n° 1765/92 instituant un régime de soutien aux producteurs de certaines cultures arables, *JOCE* L 181.

Pour déterminer le montant de l'aide, il faut tenir compte des rendements. Les Etats membres établissent des plans de régionalisation indiquant les critères de détermination des régions de production et leur rendement[86].

L'aide est conditionnée par l'instauration d'un gel rotatif des terres (cette mise en jachère n'est pas une nouveauté, elle avait été introduite en 1988, dans le cadre de la politique structurelle)[87], celui-ci est fixé à 15 % (puis 10 %)[88] de la superficie de base pour le producteur produisant plus de 92 tonnes de céréales[89]. La réglementation est extrêmement précise : la surface gelée doit être d'une superficie minimale de 0,3 hectare d'un seul tenant et avoir une largeur d'au moins 20 mètres, elle doit être entretenue. Les terres ainsi retirées peuvent être utilisées à des fins non alimentaires (culture des oléagineux, protéagineux, céréales comme l'orge, l'avoine, le maïs, la pomme de terre) ; cette faculté implique la conclusion d'un contrat entre l'exploitant et l'industriel chargé de la transformation de ces cultures. Echappent à l'obligation de gel, les "petits producteurs" (ceux dont la production est inférieure à 92 tonnes de céréales, ce qui correspond à une exploitation

---

86 Pour les modalités précises du calcul du montant du paiement compensatoire, "La nouvelle réglementation des marchés agricoles", l'Europe verte, janvier 1993.

87 Règlement n° 1094/88, *JOCE* L 106 du 27 avril 1988. A noter que le rapport annuel de la Cour des comptes des Communautés européennes relatif à l'exercice 1989 point 4.4.42 (*JOCE* C 313 du 12 décembre 1990) révèle qu'aucun élément ne permet de conclure que ce régime réduit sensiblement la production de céréales d'autant que ce sont les terres les moins performantes qui ont été mises en jachère.

88 Taux fixé par le règlement n° 2236/95. A noter que compte tenu d'un niveau de stocks de fin de campagne 95/96, historiquement bas (dû à des facteurs climatiques défavorables), le Conseil a réduit le taux de gel obligatoire à 5 % pour la récolte 97. Rapport général sur l'activité de l'Union européenne 1996, p. 202.

89 Si l'agriculteur retire un taux supérieur de terre, il peut échapper à l'obligation de rotation.

de 20 hectares). La taxe de coresponsabilité a été abrogée. Quant au régime des échanges, les céréales continuent de bénéficier du mécanisme des prélèvements-restitutions.

- Les oléagineux (Colza, tournesol, soja) et protéagineux

Il convient de rappeler que les oléagineux-protéagineux, (produit fondamental en ce qui concerne l'alimentation du bétail), pénètrent librement dans la Communauté depuis l'instauration de la PAC. Afin de réduire sa dépendance vis-à-vis des Etats-Unis, la Communauté a instauré au sein de l'OCM oléagineux, une prime à la production destinée aux transformateurs afin de les inciter à acheter la matière première dans la Communauté plutôt que sur le marché mondial. Cette aide contestée par les américains fit l'objet d'un Panel en 1988.

Afin de respecter les "recommandations du GATT", la Communauté modifia en 1991 l'OCM des oléagineux-protéagineux[90]. Il fut mis fin au régime de prix garantis et des achats publics d'intervention. Une prime directe à l'hectare est versée aux producteurs. La réforme de mai 1992 corrobore ainsi la situation antérieure puisque les oléagineux bénéficient exclusivement d'une aide à l'hectare versée directement aux producteurs. Cette aide est régionalisée en tenant compte des rendements historiques moyens. Ce régime présente une grande similitude avec celui des céréales puisque les bénéficiaires doivent geler 15 % de leurs terres arables.

• La filière viande bovine

La réforme[91] se caractérise par une réduction de 15 % du prix d'intervention sur trois ans à partir de juillet 1993, par le plafonnement régressif des achats à l'intervention : 750 000

---

90 Règlement n° 3 766/91, *JOCE* L 356 du 24 décembre 1991 (applicable pendant la campagne 1992/1993).

91 Le nouveau régime est prévu par le règlement N° 2066/92 du 30 juin 1992, *JOCE* L 215 du 30 juillet 1992 (il est entré en vigueur le 1 janvier 1993).

Tonnes en 1993, 650 000 Tonnes en 1994, 550 000 Tonnes en 1995, 400 000 Tonnes en 1996, 350 000 Tonnes en 1997 (toutefois les achats d'intervention effectués au titre du filet de sécurité ne sont pas inclus dans ces quantités[92]). Désormais l'intervention qui s'effectue par voie d'adjudication est conditionnée. Le prix moyen du marché communautaire doit être inférieur à 84 % du prix d'intervention, et le prix moyen constaté sur le marché des Etats membres doit être inférieur à 80 % du prix d'intervention.

La perte de revenu consécutive à la baisse des prix est compensée par l'octroi de primes. Afin d'éviter toute concentration abusive de bétail, le soutien par les primes (c'est le deuxième pilier de la réforme) est conditionné par une charge maximum de bétail à l'hectare de surface fourragère[93] (intitulée coefficient de densité), laquelle sert de critère pour apprécier le degré d'extensification ou d'intensification de l'exploitation. Ce facteur de densité s'est imposé progressivement :

3,5 UGB (Unité Gros Bovin) par hectare de superficie fourragère pour l'année 1993

3 UGB par hectare de superficie fourragère pour l'année 1994

2,5 UGBpar hectare de superficie fourragère pour l'année 1995

---

92 L'intervention au titre de filet de sécurité est ouverte si pendant deux semaines consécutives, le prix moyen du marché communautaire pour les bœufs et taurillons tombe en dessous de 78 % du prix d'intervention. Si dans un Etat membre ou région d'un Etat membre, le prix moyen de marché des bœufs et taurillons est inférieur à 60 % du prix d'intervention. Les achats sont réalisés pour les catégories concernées dans les Etats membres ou régions dont le niveau de prix est inférieur à cette limite.

93 La surface prise en compte correspond à la surface en herbe , prairies artificielles, temporaires ou autres surfaces fourragères de l'exploitation ne bénéficiant pas de l'aide aux cultures arables.

2 UGB par hectare de superficie fourragère à partir de 1996[94]

Pour déterminer le coefficient de densité sont pris en compte tous les animaux pour lesquels des primes sont sollicitées : bovins mâles, vaches allaitantes, brebis, chèvres ainsi que les vaches laitières permettant au producteur d'atteindre sa quantité de référence de lait.

Les UGB se convertissent en fonction du type d'animal selon le barème suivant :

1 UGB pour les taureaux, vaches et autres bovins de plus de 2 ans

0,6 UGB pour les bovins de 6 mois à 2 ans

0,15 UGB pour les brebis et chèvres.

Les producteurs peuvent bénéficier de 4 primes, lesquelles sont destinées à compenser la perte de revenu résultant de la baisse des prix garantis.

- La prime spéciale aux jeunes bovins mâles (PSBM)

Instaurée en 1987, elle est allouée à tout producteur de bovins dans la limite d'un plafond de 90 bovins par an et par exploitation. Elle est accordée à l'intérieur d'un plafond régional de référence (lequel est égal au nombre d'animaux ayant bénéficié dans cette région de la PSBM lors d'une année de référence choisie par l'Etat membre entre 1990, 1991, 1992). Si celui-ci est outrepassé le nombre des animaux primés par producteur est réduit proportionnellement. Les Etats-membres peuvent dans la limite des plafonds régionaux établir des plafonds individuels. Le montant de la prime a été progressivement porté de 48,30 Ecus à 108,70 Ecus en 1995 (depuis 1997, l'aide est de 135 Ecus pour les bovins non castrés, 108,7 Ecus pour les bovins castrés).

---

94 Les petits producteurs (ceux dont l'exploitation ne dépasse pas 15 UGB) sont exemptés du facteur de densité.

- La prime à la vache allaitante

Instaurée en 1980 (plusieurs fois modifiée), les bénéficiaires de cette aide sont les producteurs qui ne livrent pas de lait, ni produit laitier ou dont la production laitière est inférieure ou égale à 120 000 Kg. La prime est limitée pour chaque producteur, au nombre de primes acquises au titre de l'année 1990, 1991 ou 1992 (au choix de l'Etat membre) diminuées d'un prélèvement destiné à une réserve nationale (de 1 à 3 % de l'ensemble des primes). Les Etats membres peuvent accorder une aide financière complémentaire. La prime s'élèvait à 60,4 Ecus en 1992, 84,53 Ecus en 1993, 114,71 Ecus en 1994, 144,9 Ecus depuis 1995.

Elément novateur, cette prime intègre le patrimoine économique de l'exploitant. Elle peut être cédée en cas de cession de l'exploitation mais également sans transfert de l'exploitation ou lors de transfert partiel. Dans ce dernier cas de figure, un prélèvement est effectué (15 % des droits de la prime) destiné à alimenter la réserve nationale sus-évoquée.

- La prime à la transformation des veaux

La prime est octroyée pour des jeunes veaux mâles abattus avant l'âge de 10 jours (L'objectif de cette prime est de réduire le nombre de jeunes veaux à engraisser et ainsi de diminuer l'offre du marché). Son montant est de 100 Ecus en 1994. Les Etats membres peuvent ne pas instituer cette prime.

- La prime à l'élevage extensif

Afin de favoriser une production extensive soucieuse de l'environnement, la prime spéciale bovin mâle et la prime à la vache allaitante sont augmentées de 30 Ecus par animal (36 Ecus en 1997) dans les exploitations où les producteurs peuvent établir que leur densité de charge au cours de l'année est inférieure à 1,4 UGB par hectare de superficie fourragère.

• Les autres produits

- Le tabac.

En juin 1992[95], une nouvelle OCM est instaurée, laquelle rompt avec le dispositif antérieur. Les mécanismes d'achat à l'intervention disparaissent, ainsi que les restitutions à l'exportation. La prime versée aux producteurs livrant leur tabac à une entreprise de transformation repose sur un contrat de culture (entre planteurs et transformateurs).

Afin d'équilibrer le marché, une quantité maximale garantie de tabac est fixée par la Communauté (370 000 Tonnes pour 1993, 350 000 Tonnes à partir de 1994). Dans la limite de cette quantité, le Conseil a fixé des seuils de garantie spécifiques pour chaque groupe de variété de tabac. Afin d'assurer le respect de ces derniers, chaque entreprise de transformation de 1993 à 1997 se voit attribuer un quota individuel.

- La filière lait.

Elle continue de bénéficier de prix à l'intervention. Le régime des quotas, pièce cardinale de la politique laitière a été maintenu, il est prorogé jusqu'en l'an 2000 et fait l'objet d'un nouveau règlement[96], lequel conserve la philosophie de la réglementation originelle en la matière. Quelques aménagements ont été cependant introduits : désormais c'est l'acquéreur qui doit assurer le paiement des pénalités (prélèvement supplémentaire),celui-ci déduit le montant correspondant aux prix payés au producteur qui a outrepassé le quota. Enfin, à partir du 1er juillet 1993 le prélèvement de coresponsabilité est supprimé[97].

---

95 Règlement n° 2075/92, *JOCE* L 215 du 30 juillet 1992.

96 Règlement n° 3950/92, *JOCE* L 405.

97 Règlement n° 1029/93, *JOCE* L 108.

- La viande ovine.

La réforme du 21 mai 1992 n'a fait que renforcer le dispositif qui a été introduit en 1989[98] et qui mettait fin à la singularité de la filière ovine. En effet celle-ci fut longtemps caractérisée par l'absence de marché unique, corollaire de l'entrée de la Grande Bretagne et de l'Irlande dans le giron de la CEE en 1972. Les relations commerciales privilégiées des deux nouveaux Etats membres avec la Nouvelle Zélande (important producteur de moutons auprès duquel ces derniers s'approvisionnent abondamment à un prix inférieur au prix français) ne pouvaient que heurter les producteurs de l'hexagone.

Une situation duale avait finalement été instaurée par la réglementation communautaire en 1980[99] pour tenir compte des intérêts de chacun. Les Etats membres avaient la possibilité de choisir entre un régime d'achat à l'intervention (stockage public et stockage privé) et un régime de prime variable à l'abattage ; un régime de prime annuelle aux brebis étant adjoint aux deux dispositifs. La France a opté pour l'intervention et le Royaume-Uni pour la prime variable à l'abattage[100]. La viande ovine britannique se situant constamment à un prix très inférieur à celle de la viande ovine continentale fut instauré un mécanisme spécifique (intitulé le clawback). Ainsi en cas d'exportation intra communautaire, si la prime variable avait été payée, la viande ovine britannique était assujettie à un prélèvement équivalent à la prime versée. Un nouveau dispositif est introduit en 1989 (lequel prévoit un régime unifié en 1993), il réalise une combinaison entre soutien des prix par des interventions sur le marché et des primes aux producteurs. Annuellement, le conseil fixe un "prix

98 Règlement n° 3013/89, *JOCE* L 289.

99 Règlement n° 1837/80, *JOCE* L 183.

100 Les autres Etats membres se contentent d'appliquer le régime de primes aux brebis, "L'Europe verte, la viande ovine", n° 261, mai 1989.

de base" pour les carcasses d'ovins fraîches et réfrigérées, en tenant compte de la situation existante du marché pendant l'année en cours, des perspectives de développement de la production, de la consommation de viande ovine, de la situation du marché dans les autres secteurs de produits animaux. Le Conseil fixe également des prix de base "saisonnalisés" pour tenir compte des variations saisonnières normales du marché. Les prix de base sont utilisés pour calculer les mesures d'intervention et la prime au producteur. Les premières peuvent être prises sous forme d'aide au stockage privé pour les carcasses d'agneaux et leurs découpes lorsque les prix d'une zone de cotation[101] se situent à un niveau inférieur de 90 ou 85 % du prix de base saisonnalisé (si les prix descendent au-dessous de 70 % pendant deux semaines consécutives, la Commission doit décider l'ouverture d'une procédure d'adjudication en vue de l'octroi des aides au stockage privé).

Quant à la prime à la brebis, elle est destinée à compenser la perte de revenu des producteurs. L'aide est fixée par brebis maintenue sur l'exploitation, mais calculée en fonction de la production moyenne annuelle de viande d'agneau par brebis.

La réglementation de 1989 fixe la quantité maximale garantie à 63 400 000 têtes de brebis. A chaque dépassement de 1 % de la garantie, la prime susmentionnée est diminuée dans la même proportion.

Le règlement du Conseil n° 2 069/92[102] (issu de la réforme Mac Sharry) tout en renforçant le dispositif juridique instauré en 1989 restreint le montant des primes (et ceci afin de freiner ultérieurement l'augmentation de la production). Il introduit des limites individuelles par producteur pour l'octroi de ces aides. Le droit à la prime est attaché aux producteurs auxquels

---

101 Par zone de cotation on entend : la Grande-Bretagne, l'Irlande du Nord, chaque autre Etat membre pris séparément, Article 4 du règlement 3013/89, *op. cit.*

102 *JOCE* L 215, du 30 juillet 1992.

la prime a été octroyée au titre de la campagne 1991 affecté d'un coefficient (exprimant le rapport entre le nombre d'animaux éligibles ayant droit à la prime en 1989, 1990 ou 1991 et le nombre d'animaux admis à la prime en 1991)[103]. Les Etats membres doivent constituer une réserve nationale de droit aux primes, égale au moins à 1 % et au maximum à 3 % de la somme des limites individuelles applicables aux producteurs et ceci afin d'allouer des primes aux producteurs justifiant de circonstances exceptionnelles. Enfin, à l'instar des quotas laitiers, le droit à la prime devient une composante du patrimoine économique de l'exploitant. En cas de vente ou transfert d'une exploitation, le repreneur se voit transférer le droit à la prime. Ce cas n'est pas exclusif car un exploitant peut tout aussi bien céder son droit de prime, intégralement ou partiellement, à d'autres producteurs sans transfert de son exploitation. Dans ce cas, 15 % au maximum des droits sont versés à la réserve nationale de l'Etat membre.

Enfin, la réforme Mac Sharry ne porte pas exclusivement sur la gestion de certaines OCM, elle intégre également des mesures structurelles, lesquelles sont cofinancées par le budget communautaire. Outre l'instauration d'un nouveau régime de préretraite[104] (démarche récurrente depuis 1972) est instauré un dispositif d'aides au boisement et reboisement[105] ainsi que des aides financières destinées à inciter les agriculteurs à adopter des méthodes de production soucieuses de l'environnement[106]. Dans le cadre de cette dernière mesure qui

---

103 1000 animaux par producteur dans les zones défavorisées, 500 animaux par producteur dans les autres zones. Au-delà de ces limites, la prime est réduite de 50 %.

104 Règlement n° 2079, *JOCE* L 215 du 30 juillet 1992.

105 Règlement n° 2080, *JOCE* L 215 du 30 juillet 1992.

106 Règlement n° 2078, *JOCE* L 215 du 30 juillet 1992. En 1957, le traité de la CEE n'abordait aucunement les questions environnementales. C'est depuis l'acte unique (entré en vigueur en 1987) que l'environnement fut introduit dans la sphère de compétence de la communauté. La prise en compte de la protection de

entend remédier aux désastres écologiques consécutifs à l'"idéologie productiviste" longtemps dominante de la PAC, sont aidés les exploitants qui s'engagent pendant au moins 5 ans à diminuer l'utilisation d'engrais et de pesticides, à extensifier les productions végétales et animales, à exploiter les terres agricoles en prenant en compte la protection de l'environnement, de l'espace naturel, des paysages et des sols[107].

§ 2 - LE SYSTEME AGRI-MONETAIRE

C'est afin de préserver l'unité des prix agricoles malmenée par les fluctuations monétaires qu'il fut nécessaire d'instaurer des montants compensatoires monétaires (A). Ceux-ci ont fait l'objet de critiques virulentes (B), depuis plusieurs années leur démentèlement est programmé (C).

A - L'instauration des montants compensatoires monétaires

Les prix agricoles ont été fixés en unité de compte (définie par rapport à l'or) puis en Ecu (European Currency Unit) depuis la création du système monétaire européen en 1979.

A défaut d'une monnaie unique[108], il est nécessaire de convertir les prix communs arrêtés par le Conseil dans les

---

l'environnement a peu à peu imprégné la réglementation agricole communautaire, tel le règlement n° 1760 du 15 juin 1987, (*JOCE* L 167), lequel entend inciter à des pratiques culturales protectrices de l'environnement. Des aides sont allouées aux producteurs qui s'engagent dans cette démarche afin de compenser la perte de revenu qui peut en résulter.

107 Sur les moyens prévus pour atteindre ces objectifs et les modalités de l'aide, Simon CHARBONNEAU, "Les paradoxes écologiques de la PAC à travers ses fondements juridiques", Revue de droit rural, n° 234, juin-juillet 1995.

108 En 1970, le rapport "Werner" (nom du Premier ministre luxembourgeois) envisage une union monétaire européenne qui

monnaies nationales. Pour que l'unité du marché agricole soit maintenu, il est indispensable que les prix après conversion soient identiques d'un Etat à l'autre, ceci impliquant que les parités entre monnaies demeurent stables. Mais ce système a été mis à mal par diverses modifications du taux de change depuis 1969 (le 11 août 1969, la France dévalue sa monnaie de 11 %, en octobre de la même année, la RFA réévalue le DM de 9,29 %). Le 15 août 1971, l'annonce par le Président Nixon de l'inconvertibilité du dollar en or, (puis sa dévaluation le 18 décembre 1971 laquelle est suivie d'une seconde dévaluation le 13 février 1973) met fin à la période des taux fixes qui existaient depuis les accords de Bretton Woods de juillet 1944 et ouvre une période de taux de change flottants (la Communauté parviendra toutefois en 1979 avec l'instauration du SME[109] à constituer une zone de relative stabilité).

---

implique à l'intérieur la convertibilité totale et irréversible des monnaies, l'élimination des marges de fluctuations des cours de change, la fixation irrévocable des rapports de parité et la liberté des mouvements de capitaux. Elle peut s'accompagner souligne le rapport du maintien des signes monétaires nationaux ou consacrer l'établissement d'une monnaie communautaire unique.
Ce plan a échoué du fait de la détérioration des conditions économiques générales (crises pétrolières, récession).

109 Les composantes du système monétaire européen sont les suivantes :
1) L'Ecu. Il représente une moyenne de monnaies nationales d'où le terme "monnaie panier". La valeur de l'Ecu est calculé quotidiennement sur la base du cours des échanges de monnaies le composant. Chaque monnaie à un cours pivot rattaché à l'Ecu ; en croisant les cours pivots en Ecus, on obtient pour chaque monnaie participant au mécanisme d'intervention une série de cours pivots bilatéraux.
2) Les mécanismes de change. Une monnaie ne peut fluctuer par rapport à une autre que dans une certaine limite : jusqu'au 2 août 1993 les monnaies se répartissaient entre celles qui respectaient une marge de fluctuation de plus ou moins 2, 25 % (BLF, DKR, DM, FF, IRL, HFL), celles qui s'autorisaient une marge de plus ou moins 6 % (PTA, ESC). Enfin certaines monnaies ne s'engageaient sur aucune marge (DRA, LIT, UKL). Depuis le 2 août 1993, il n'existe plus qu'une marge de fluctuation de plus ou moins 15 %.

Afin d'éviter l'éclatement du marché commun agricole consécutif à ces fluctuations monétaires, il fut décidé d'introduire dans chaque monnaie un taux de change spécifique aux produits agricoles dénommé "taux vert" ou taux représentatif, ce qui permet d'éviter de répercuter automatiquement les variations du taux de change sur les prix agricoles. Les taux verts peuvent ainsi s'écarter des taux du marché. Mais comme il en résulte des écarts de prix agricoles d'un Etat à un autre, et afin de neutraliser les effets qui ne manqueraient pas de se produire sur les échanges intra-communautaires ou extérieurs, des montants compensatoires monétaires ont été instaurés. Ils ont été appliqués pour la première fois en 1969 puis pérennisés ensuite[110] (dispositif validé par la Cour de justice des Communautés européennes)[111].

Il existe deux montants compensatoires monétaires (MCM) :

- les MCM positifs : ils sont appliqués par les Etats à monnaie forte dont les prix agricoles en monnaie nationale sont supérieurs au niveau des prix communs (taux verts inférieurs aux taux du marché). Les montants compensatoires sont appliqués sous forme d'un prélèvement à l'importation[112] et d'une subvention à l'exportation[113].

- les MCM négatifs : ils sont appliqués par les Etats à monnaie faible dont les prix agricoles en monnaie nationale sont inférieurs aux prix communs (taux verts supérieurs aux taux du marché). Les montants compensatoires sont appliqués

---

110 Règlement n° 974/71, *JOCE* L 106 du 12 mai 1971 ; règlement n° 509/73, *JOCE* L 50 du 23 février 1973 ; règlement n° 1616, 1677, 1678/85, *JOCE* L 164 du 24 juin 1985.

111 Arrêt BALKAN, *CJCE* du 23 octobre 1973, Rec. p. 1091.

112 Lequel s'ajoute au prélèvement à l'importation lorsqu'il y a échange extracommunautaire.

113 Laquelle est déduite des restitutions à l'exportation lors d'un échange extracommunautaire.

comme une subvention à l'importation[114] et un prélèvement à l'exportation[115].

Les montants compensatoires monétaires ne sont pas appliqués à tous les produits, mais seulement aux produits de base (dont les prix sont stabilisés par des mesures d'intervention) ainsi qu'aux produits "dérivés" (ceux dont le prix dépend de celui des produits de base)[116]. Ils sont à la charge du FEOGA "garantie", le budget agricole de la Communauté (les prélèvements constituent des recettes, les subventions des dépenses).

Ce sont les exportateurs de produits agricoles à monnaie dépréciée et les importateurs à monnaie appréciée qui fournissent les plus importantes contributions au FEOGA. A l'inverse, ce sont les exportateurs à monnaie appréciée et les importateurs à monnaie dépréciée qui sollicitent le plus le budget communautaire.

B - Les critiques du dispositif

Si les MCM ont représenté une incidence budgétaire non négligeable pour le budget agricole avec un point culminant en 1978 avec un milliard d'UCA (Unité de compte agricole) soit 14 % des dépenses de la section garantie du FEOGA (ensuite le coût s'amenuise progressivement)[117] ; ils se sont surtout révélés de redoutables facteurs de distorsion de concurrence. Dans les Etats bénéficiant de MCM positifs (pays à monnaie

---

114 Laquelle est retranchée du prélèvement à l'importation dans le cadre des échanges extérieurs à la Communauté.

115 il s'ajoute aux restitutions à l'exportation dans le cadre des échanges extérieurs à la Communauté.

116 - Article 4 du règlement n° 1677/85 relatif aux MCM (*JOCE* L 164) cité in Commentaire MEGRET, La PAC, édition 1991, *op. cit.*, p. 119.

117 En 1980, ces dépenses ne représentaient plus que 1,8 % de la section" garantie" du FEOGA, Rapport agriculture 1981, cité par BLUMANN, "La crise du marché commun agricole" (étude juridique et économique), Paris, Economica, 1982.

forte), les agriculteurs sont incités à produire plus ; ils concurrencent ainsi les producteurs qui peuvent être plus efficaces mais moins rémunérés des pays à monnaie faible[118]. De plus, les pays à monnaie appréciée peuvent importer des biens intermédiaires (matériels et certaines denrées ne faisant pas l'objet de MCM comme les tourteaux de soja, manioc, engrais) utilisés dans le processus de production, lesquels sont ainsi acquis à moindre coût sur le marché mondial.

Ce n'est pas un hasard si l'agriculture allemande et néerlandaise a ainsi gagné des parts de marché, devenant de plus en plus performante. Cependant cet encouragement à la production a pour corollaire de contribuer au développement d'excédents structurels grevant le budget communautaire.

Enfin il faut souligner que les MCM ont fait l'objet de fraudes et d'irrégularités ainsi que le révèle le tableau suivant.

---

118 Dominique CARREAU, Système agro-monétaire de la CEE, Revue trimestrielle de droit européen, oct.-déc. 1979, p. 607 et suivantes.

Fraudes et irrégularités communiquées par les Etats membres
1980-1987
MCM relatifs aux échanges intra-communautaires[119]

Nombre de cas

Etat membre	1980	1981	1982	1983	1984	1985	1986	1987	Total
Belgique	2	0	1	1	0	2	1	0	7
Danemark	3	0	1	0	0	0	2	1	7
RF d'Allemagne	10	4	3	3	3	10	2	0	35
France	3	5	4	0	3	1	3	0	19
Grèce	0	0	0	0	0	0	0	0	0
Irlande	0	0	0	1	0	0	0	0	1
Italie	0	0	0	0	0	0	0	0	0
Luxembourg	0	0	0	0	0	0	0	0	0
Pays-Bas	8	1	0	1	2	2	0	1	15
Royaume-Uni	17	12	8	3	8	9	1	0	58
Total EUR 10	43	22	17	9	16	24	9	2	142

Les fraudes ont essentiellement concerné les échanges intra-communautaires. Ainsi entre 1980 et 1981, les irrégularités ont principalement porté sur la frontière entre l'Irlande du Nord (sous souveraineté britannique) et la République d'Irlande. Les MCM positifs étant élevés au Royaume-Uni, les exportateurs irlandais afin d'éviter les prélèvements à l'importation acheminaient bovins et porcins en fraude, en Irlande du Nord (ULSTER) ; ce bétail était ensuite réexporté en toute légalité vers la république d'Irlande et bénéficiait à ce titre d'une subvention à l'exportation. Ce trafic a cessé lorsque les écarts monétaires entre le Royaume-Uni et la république d'Irlande se

119 Rapport spécial de la Cour des *comptes* des Communautés européennes n° 1/89 sur le système agrimonétaire, JOCE C 128 du 24 mai 1989, p. 20.

sont amenuisés. Lorsqu'en 1986, les disparités monétaires sont réapparues corollaire d'une dépréciation de la livre sterling (entraînant des écarts importants entre les MCM de l'Etat irlandais et du Royaume-Uni), des bovins élevés en Irlande du Nord étaient conduits en fraude en République d'Irlande évinçant le prélèvement à l'importation, puis les opérateurs exportaient cette viande légalement en Grande-Bretagne et percevaient ainsi d'importantes subventions[120].

C - Le démantèlement des montants compensatoires monétaires (MCM)

Il semblait que les MCM n'avaient plus de raisons d'être[121] dès lors que les taux de change des monnaies étaient stabilisés autour de taux pivots. Or le taux pivot peut ne pas correspondre avec le taux vert d'où le maintien des MCM. La solution a consisté à faire coïncider le taux vert de la monnaie avec le taux pivot (pour les Etats participant au SME), ainsi les pays à monnaie faible en dévaluant leur monnaie verte éliminent les MCM négatifs ; demeuraient cependant les MCM positifs.

En 1984, est introduit le mécanisme du "switch over"[122]. En cas de réalignement monétaire, l'augmentation des prix agricoles n'est pas obtenue en fixant un prix plus élevé en Ecu, mais en créant un Ecu vert à usage agricole indexé sur la monnaie la plus forte du SME, en pratique le Deutsche Mark. Ainsi on évite la création à venir de MCM positifs. Par contre, les autres Etats membres (à supposer que la valeur de leur

---

120 Le trafic aurait représenté 160 Ecus par tête de bétail à la charge du budget communautaire. Rapport spécial de la Cour des comptes n° 1/89, *op. cit.*

121 Depuis 1979, les Etats membres s'étaient entendus pour un démentellement progressif des MCM (en 4 ans) et la suppression en 2 ans de ceux qui viendraient à être créés. Cependant, cet objectif n'a pu aboutir, eu égard aux réalignements sucessifs qui sont intervenus depuis lors.

122 Règlement n° 855/84, *JOCE* L 90 du 1er avril 1984.

monnaie reste inchangée) se voient appliqués des MCM négatifs.

Ce régime (destiné à éviter des baisses de prix en monnaie nationale à la suite d'une réévaluation et à transformer celles-ci en dévaluation des autres monnaies) a contribué à une augmentation des prix communautaires avec d'inéluctables conséquences sur la production agricole et sur le budget de la Communauté. Un nouveau plan de démantèlement des MCM a été décidé en juillet 1987[123]. L'achèvement du marché intérieur au 1er janvier 1993, la suppression des contrôles aux frontières rendaient indispensable la révision du régime agri-monétaire. Le Conseil "agriculture" de décembre 1992[124] décide que l'Ecu est utilisé comme unité de compte pour la fixation des prix agricoles (les taux verts sont maintenus) de sorte que les montants compensatoires sont abolis. Cependant les désordres monétaires ne sont pas pour autant écartés (en cas de baisse du taux vert ou représentatif d'un Etat, des aides financières sont allouées afin de compenser la baisse de prix en monnaie nationale).

Afin d'éviter que les pays à monnaie forte subissent une dévalorisation des primes compensatoires octroyées depuis la réforme de la PAC de mai 1992[125], le Conseil "agriculture" du 29 juin 1995[126] a décidé de geler le taux vert des monnaies utilisées pour la conversion des aides directes aux producteurs jusqu'au 1er janvier 1999. Le système actuel tout en évitant une répercussion immédiate des événements monétaires sur l'agriculture essaie de rapprocher les taux verts de la réalité

---

123 *JOCE* L 182. Sur le contenu précis de ce plan, commentaire MEGRET, PAC, édition 1991, p. 127 et s.

124 *JOCE* L 387 du 31 décembre 1992.

125 Ces primes étant fixées en Ecus, si une monnaie se réévalue par rapport à l'Ecu, le montant des primes diminuent d'autant.

126 Règlement n° 1527/95 du 29 juin 1995, *JOCE* L 148 du 30 juin 1995.

monétaire. L'adoption de la monnaie unique[127] fera irrémédiablement disparaître le système agri-monétaire, toutefois celui-ci s'imposera pour les monnaies nationales des Etats membres qui n'accèderont pas à la zone Euro.

SECTION 3 - LE NOUVEAU CONTEXTE INTERNATIONAL

Dans le cadre du GATT, les négociations de l'Uruguay Round qui furent longues, difficiles et conflictuelles aboutirent à l'acte final de Marrakech en 1994 (§ 1). Le contenu agricole de cet accord (§ 2) introduit une nouvelle donne ayant des incidences notables sur le fonctionnement de la PAC.

§ 1 - LES NEGOCIATIONS DE L'URUGUAY ROUND DE 1986 A 1994

Il convient de rappeler que les négociations de l'Uruguay Round ont débuté à Punta del Este en septembre 1986 et n'ont pu aboutir au terme prévu en 1990, corollaire d'une vive controverse entre les Etats-Unis et la Communauté européenne relative aux subventions à l'exportation. L'objectif des américains en 1986 est de parvenir à éliminer totalement les subventions à l'exportation dans un délai de 10 ans. La Commission européenne laquelle négocie au nom des 12 Etats membres de la CEE ne pouvait que réfuter de telles prétentions, lesquelles si elles étaient mises en œuvre aboutiraient à soumettre totalement le secteur agricole aux lois

---

127 A partir du 1er janvier 1999, le système européen des Banques centrales (composé de la Banque centrale européenne et des Banques centrales nationales) définira et mettra en œuvre la politique monétaire unique en Euros et conduira les opérations de change en Euros.

du marché et ainsi à briser les objectifs de la PAC. Le différend entre la Communauté européenne et les Etats-Unis portait également sur l'étendue de l'accord. Si la première souhaitait une négociation globale qui portât sur l'ensemble des aides directes et indirectes à l'agriculture où elles consentait une réduction des soutiens dans ce cadre, les seconds exigaient une approche sectorielle portant des engagements spécifiques sur chacun des instruments de soutien (soutien interne, obstacles à l'accès des marchés, subvention à l'exportation)[128]. Il est patent que la préoccupation majeure des américains est d'obtenir le démantèlement des restitutions à l'exportation, la disparition du soutien interne à l'exception des aides directes au revenu, la conversion des prélèvements agricoles en droit de douane fixe (tarification). Telle était la situation lorsque s'engagea en décembre 1988 à Montréal la session ministérielle à mis parcours de l'Uruguay Round. Le projet d'accord cadre de M. Zeeuw[129] (juillet 1990) lequel reprend les thèses américaines (c'est-à-dire conversion en droits de douane des obstacles aux importations- mais en excluant l'idée de tarification partielle retenue par les européens ; distinction des trois volets de soutien à l'agriculture, à savoir l'accès, le soutien interne et l'exportation) est rejeté par les 12 (le cycle des négociations de l'Uruguay Round n'a ainsi pas pu se conclure comme prévu en décembre 1990). A nouveau en 1991, les propositions "pro-américaines" de M. Arthur DUNKEL (Secrétaire général du GATT) conduisent à un échec[130].

Concomitamment à ces négociations, la réforme Mac Sharry est finalement adoptée en mai 1992. On ne saurait nier

---

128 L'Uruguay Round, depuis 1986, *BIMA* n° 1317 du 27 septembre 1990.

129 Président du groupe des négociations sur l'agriculture du GATT

130 Sur le contenu précis du document DUNKEL les "Négociations agricoles de l'Uruguay Round", Jim Cloos - TUNG-LAÏ MARGUE-RMC n° 376, mars 1994.

que si celle-ci vise à remédier au dysfonctionnement des mécanismes originaires de la politique agricole commune ; elle constitue également "une concession", "une marque de bonne volonté" aux exigences américaines dans le cadre de l'Uruguay Round puisqu'elle instaure une baisse de prix (29 % pour les céréales, 15 % pour la viande bovine) et incite à limiter les productions (avancée dont les américains n'entendront aucunement se satisfaire).

Cependant, fin 1992, du fait de l'élection présidentielle américaine, les négociations s'accélèrent et aboutissent au pré accord de Washington dit de '"Blair Hause" en novembre 1992 lequel porte sur les oléagineux (objet d'un différend bilatéral entre la Communauté européenne et les Etats-Unis)[131] et sur le volet agricole de l'Uruguay Round. Ce dernier fit l'objet d'une virulente opposition française ; le gouvernement n'entendait nullement céder en la matière ce qu'illustre bien les propos du Ministre de l'agriculture dans sa conférence de presse du 12 janvier 1993 : "je fais mienne la devise des princes d'orange : je maintiendrai"[132]. Le gouvernement issu de la nouvelle majorité élue en mars 1993 corrobore cette position, allant jusqu'à menacer ses partenaires de faire usage du veto au sein du Conseil[133], si une majorité qualifiée se

---

131 Dans cet accord, la Communauté accepte de limiter les surfaces d'oléagineux à 5,128 millions d'hectares pour l'ensemble du territoire communautaire. Ces surfaces sont assujetties à un gel des terres de 10 % (disposition parfaitement compatible avec la réforme Mac Sharry qui a arrêté un taux de gel de 15 % en 1992). Les terres retirées peuvent être utilisées à des fins non alimentaires (production de bio-carburants).

132 L'année agricole 1992, L'uruguay Round, *BIMA* n° 1400-1401 du 26 février 1993, p. 18.

133 Ce droit de véto résulte du "compromis du Luxembourg" (30 janvier 1966) selon lequel lorsqu'au cours d'une discussion au Conseil des Ministres de la Communauté, un Etat allégue des "intérêts très importants", le Conseil doit s'efforcer dans un "délai raisonnable" d'arriver à une solution de consensus. Le même texte indiquait qu'au

dégageait en faveur de l'accord (la France estimant que les réductions des restitutions à l'exportation prévues par le pré accord menaçaient les intérêts vitaux de l'agriculture française). Finalement les accords définitifs lesquels mettent un terme à l'Uruguay Round sont conclus le 15 décembre 1993 à Genève. L'acte final est signé à Marrakech le 15 avril 1994.

"terme de ce délai raisonnable" si les positions des 6 demeuraient divergentes :
1) pour la France, il fallait continuer de discuter jusqu'à l'obtention de l'unanimité.
2) Pour les 5 autres partenaires, le retour aux règles du traité, c'est-à-dire le vote à la majorité qualifiée s'imposait.

§ 2 - LE CONTENU DES ACCORDS DE MARRAKECH (volet agricole)[134]

- Concernant les importations

Les prélèvements agricoles disparaissent. Ils sont convertis en droit de douane lesquels seront abaissés progressivement de 36 % (c'est le principe de la tarification) d'ici l'an 2000. Ce dispositif est assorti d'une double clause de sauvegarde, laquelle est mise en œuvre si il s'avère :

- 1ère hypothèse : un accroissement exceptionnel des importations (entre 5 et 25 % de la moyenne des trois dernières années selon le produit).

- 2ème hypothèse : une chute d'au moins 10 % des prix sur le marché mondial. Dès lors, des droits de douane additionnels sont instaurés (ainsi si la préférence communautaire n'est plus automatique, elle est cependant sauvegardée).

---

134 Il intègre l'ordre juridique communautaire par le règlement n° 3290, *JOCE* L 349, du 31 novembre 1994 (entré en vigueur le 1er juillet 1995). A noter qu'au cours de la conférence de Marrakech, a été également adoptée une décision relative à la transition du GATT vers la nouvelle organisation mondiale du commerce. Celle-ci est appelée à se substituer progressivement au GATT et à régler les différends commerciaux d'une manière multilatérale (à la différence du Panel dans le cadre du GATT, cf. note 41, dorénavant chaque partie à un différend pourra solliciter la constitution d'un panel ; celui-ci rendra des "sentences" quasi obligatoires, sous réserve d'une possibilité d'appel devant l'organe de règlement des différends. Si les recommandations ou décisions de l'ORD sont d'application immédiate, un "délai raisonnable" peut être accordé à la partie qui éprouverait des difficultés à remplir ses obligations. Si finalement elle ne s'y conforme pas, elle devra offrir des compensations aux parties affectées. Enfin en cas d'échec sur les discussions relatives aux compensations, les parties affectées pourront suspendre les concessions jusque là octroyées à la partie contractante adverse).
L'acte signé à Marrakech comporte également un accord sur l'application des mesures sanitaires et phytosanitaires dont l'objectif est de contribuer à la réduction des effets défavorables que les barrières sanitaires et phytosanitaires peuvent avoir sur les échanges.

Enfin un droit d'accès au marché communautaire est reconnu aux pays tiers. Cette "clause d'accès minimum" leur permet d'entrer sur le territoire de chaque Etat membre de la Communauté européenne un volume minimum de 3 % (jusqu'à l'an 2000), puis 5 % de leur consommation intérieure de produits agricoles de la période 1986-1988[135] (l'évaluation s'effectue secteur par secteur et non produit par produit, ce qui autorise des compensations entre produit au sein d'un même secteur). Si les Etats membres de la Communauté bénéficient également de cette clause d'accès minimum, elle risque cependant de leur être peu favorable eu égard à la situation excédentaire de nombre de leurs productions agricoles.

- Concernant les exportations

Les quantités exportées bénéficiant de subventions sont diminuées de 21 % d'ici l'an 2000.

Les dépenses budgétaires afférentes à ces subventions sont réduites de 36 % d'ici la même période.

Initialement le pré accord de Washington dit de "Blair House" avait fixé la moyenne des années 1986-1990 comme base de référence à partir de laquelle seraient effectuées les réductions. Cette dernière s'avérait peu avantageuse pour la Communauté européenne car elle correspondait à un volume d'exportation particulièrement au deçà de celui du début des années 1990 (période caractérisée pour certains produits par une forte augmentation de leurs exportations). Finalement il fut décidé de retenir la moyenne des années 1991-1992 comme base de calcul des réductions (dès lors que les niveaux d'exportations et de restitutions atteints en 1991-1992 étaient

---

135 Intègrent ces contingents d'importation : les importations à droit préférentiels existant en 1986-1988. Les accords préférentiels, conclus par la Communauté depuis 1988, pourront dans certains cas intégrer partiellement ou intégralement les contingents ouverts au titre de l'accès minimum, tels les accords d'association avec les pays d'Europe centrale et orientale pour les secteurs des produits laitiers, de la viande de porc, et des volailles.

supérieurs aux niveaux atteints en 1986 et 1990). Cette opération intitulée "lissage" qui ne concerne que certains produits (blé, fromage, autres produits laitiers, viande bovine, volailles, œufs, tabac) permet de réduire les diminutions à opérer lors des premières années d'entrée en vigueur des accords du GATT ; elle se traduit également par un gain du volume d'exportations subventionnées jusqu'à l'an 2000, comme l'indique le tableau suivant.

EFFETS DU LISSAGE SUR LES ENGAGEMENTS DE REDUCTION
DU VOLUME DES EXPORTATIONS[136]

(en milliers de tonnes)

	1995	1996	1997	1998	1999	2000	gain du lissage
BLE-FARINE							
. Pré-accord du 20/11/1992	16 412,8	15 817,5	15 222,2	14 627,0	14 031,7	13 436,4	8 116
. Accord du 15/12/1993	19 118,6	17 982,1	16 895,7	18 709,3	14 572,8	130436,4	
FROMAGES							
. Pré-accord du 20/11/1992	372,7	359,2	345,6	322,1	318,6	305,1	102
. Accord du 15/12/1993	406,7	386,4	366,1	345,7	325,4	305,1	
AUTRES PRODUITS LAITIERS							
. Pré-accord du 20/11/1992	1 146,3	1 104,7	1 063,2	1 021,6	980,0	938,4	
. Accord du 15/12/1993	1 161,4	1 116,8	1 072,2	1 027,6	983,0	938,4	44
VIANDE BOVINE							
. Pré-accord du 20/11/1992	998,1	961,9	925,7	889,5	853,3	817,1	361,8
. Accord du 15/12/1993	1 118,7	1 058,4	998,1	937,7	877,4	817,7	
VIANDE DE VOLAILLE							
. Pré-accord du 20/11/1992	354,9	342,1	329,2	316,3	303,4	290,6	255,6
. Accord du 15/12/1993	440,1	410,2	380,3	350,4	320,5	290,6	

- Concernant les soutiens publics à l'agriculture

Sont pris en compte l'ensemble des soutiens publics dont bénéficie le secteur agricole. Mais toutes les aides ne sont pas classées "à la même enseigne", d'où le recours à la métaphore des boîtes jaunes, bleues ou vertes destinées à faciliter l'appréhension et l'évocation des différentes catégories retenues.

136 Rapport d'information n° 1066 de la délégation de l'Assemblée nationale pour les Communautés européennes du 5 avril 1994 sur les résultats du cycle d'Uruguay du GATT présenté par P. Hoguet.

. La boite jaune : elle englobe les aides considérées comme ayant l'effet de distorsion le plus drastique sur les échanges (aides au soutien des prix, aides budgétaires directes). Toutes filières confondues, ces aides sont assujetties à une réduction de 20 % par rapport au niveau atteint en 1986-1988. Cette disposition ne pénalise pas les agriculteurs de la Communauté, puisque la réforme de la PAC de mai 1992, avait déjà anticipé cette réduction du soutien de plus de 20 % (ainsi par exemple pour les céréales, dès 1986, le Conseil avait engagé un processus de réduction des "prix garantis" ; en 1992 ces dernières subissent à nouveau une baisse des prix de 29 %, de sorte qu'entre 1986 et 1992, l'effet cumulé se traduit par une diminution de prix de près de 70 %). La diminution obligatoire de 20 % relevant d'une approche globale, les efforts déjà réalisés au sein de la filière céréales permettront par compensation d'accroître le soutien dans d'autres secteurs.

. La boîte bleue : sont regroupées les aides liées à un programme de limitation de production. Elles sont exemptes de toute contrainte de réduction dès lors qu'elles respectent l'une des trois conditions suivantes :

- être attribuée pour 85 % maximum du niveau de base de la production
- être calculée sur une surface de référence et un rendement forfaitaire fixes
- être (pour les primes à l'élevage) versées forfaitairement sur la base d'un nombre d'animaux fixe.

Les primes compensatoires issues de la réforme Mac Sharry de mai 1992 relèvent de la boite bleue puisqu'elles sont accordées dans le cadre d'une politique de limitation de la production.

. La boîte verte : elle intègre les aides qui n'étant source d'aucune distorsion sur les échanges ne sont assorties d'aucun plafonnement. Il s'agit de concours financiers ayant pour finalité un objectif d'ordre social (aide à la cessation d'activité, programme de garantie de revenus dans l'hypothèse d'une chute brutale de ces derniers), ou d'intérêt général : lutte contre les parasites et la maladie, détention de stocks publics à des fins de sécurité alimentaire, indemnisation de catastrophes naturelles, protection de l'environnement (liée aux coûts supplémentaires ou aux pertes de revenus consécutifs à l'observation d'un programme public environnemental).

- L'instauration d'une clause de paix

Il s'agit d'une avancée primordiale pour les européens. Les Etats-Unis ne dénonceront pas les aides internes de la Communauté européenne devant le GATT jusqu'en 2004, pourvu que la Communauté respecte ses engagements dans le domaine extérieur.

CHAPITRE II
LE PROCESSUS DECISIONNEL AU SEIN DE LA POLITIQUE AGRICOLE COMMUNE

Le processus de décision au sein de la Communauté européenne s'avère extrêmement complexe, (corollaire de l'existence de multiples procédures), ce qui ne contribue guère à la transparence, ni ne facilite l'appréhension par les citoyens européens du fonctionnement des institutions communautaires (quand il n'en constitue pas pour ces derniers un motif de détournement). En matière de PAC, la prise de décision s'avère traditionnelle (Section 1), puisque s'applique la procédure de droit commun. Quant aux modalités d'application des textes adoptés (Section 2), elles sont assujetties à des règles plus ou moins contraignantes.

SECTION 1 - UNE PRISE DE DECISION TRADITIONNELLE

C'est le Conseil des quinze ministres de l'agriculture de l'Union européenne qui adopte les actes juridiques (règlements[137], directives[138], décisions[139]) à la majorité

---

137 Le règlement : est un acte à portée générale, il n'est pas applicable à des destinataires limités, désignés ou identifiables, mais à des catégories envisagées abstraitement dans leur ensemble.
Il est obligatoire pour tous les sujets de droit (particuliers, Etats, institutions,...) ; il est directement applicable (il s'insère automatiquement dans les ordres juridiques nationaux). Les règlements entrent en vigueur à la date qu'ils fixent ou à défaut le vingtième jour de leur publication au Journal officiel des Communautés européennes (série législative).

138 La directive : elle a pour destinataire l'Etat membre. Elle lie tout Etat membre quant au résultat à atteindre, tout en laissant aux instances nationales la compétence quant à la forme et aux moyens

qualifiée[140] sur proposition de la Commission européenne (l'instance supra-nationale dispose du quasi monopole du pouvoir d'initiative en la matière) après consultation du Parlement européen et du Comité économique et social[141]. Les avis formulés par les deux instances précitées ne lient aucunement les Etats membres réunis au sein du Conseil lequel s'avère être le véritable législateur de la Communauté. Les deux assemblées consultatives ne sont toutefois pas sur un même pied d'égalité. L'avis du Parlement européen occupe une place prépondérante. Il ressort de la jurisprudence de la Cour de justice des Communautés européennes que le Parlement doit être reconsulté, chaque fois que le texte finalement adopté s'écarte dans sa substance de celui sur

---

de la transposer dans les délais fixés, dans l'ordre juridique de l'Etat membre.

Aux termes de l'article 191 du Traité CE, les directives adoptées selon la procédure de codécision, ainsi que les directives adressées à tous les Etats membres doivent être publiées. Elles entrent en vigueur à la date qu'elles fixent ou à défaut le vingtième jour suivant leur publication. Pour les autres directives, elles sont notifiées à leur destinataire et prennent effet par cette notification.

139 La décision : il s'agit d'une mesure individuelle adressée soit aux Etats, soit aux personnes physiques ou morales. Elle est obligatoire pour les destinataires qu'elle désigne.

Les décisions sont notifiées à leur destinataire et prennent effet par cette notification. Désormais, aux termes de l'article 191 du Traité CE, les décisions adoptées selon la procédure de codécision doivent être publiées au Journal officiel des Communautés européennes.

140 L'article 48 alinéa 2 du traité CE établit la pondération suivante :

Belgique : 5	Irlande 3	Danemark : 3	Italie : 10
Allemagne : 10	Luxembourg : 2	Grèce: 5	Pays-Bas : 5
Espagne : 8	Portugal : 5	France : 10	Royaume-Uni : 10
Autriche : 4	Finlande : 3	Suède : 4	

Les délibérations sont acquises si elles ont recueilli au moins 62 voix.

141 Sur la composition des institutions et organes intervenant lors du processus décisionnel, cf. ANNUAIRE interinstitutionnel de l'Union européenne, avril, 1997.

lequel le Parlement a été consulté une première fois[142] (à l'exception des cas où le texte final reprend pour l'essentiel les amendements qui ont été adoptés par les parlementaires lors de la phase consultative).

La description de ce processus décisionnel serait incomplète si n'était pas précisé le rôle de la Commission européenne et du Comité "Agriculture". La Commission avant d'arrêter sa proposition s'entoure de l'avis d'une kyrielle d'experts nationaux. Le lobby agricole est puissamment représenté à Bruxelles, son efficacité étant d'ailleurs renforcée par l'existence de deux associations agricoles, le COPA (Comité des organisations professionnelles agricoles) et le COGECA (Comité général de la coopération agricole). Une fois la proposition de la Commission achevée, elle est transmise au Comité "Agriculture". Cette instance composée de hauts fonctionnaires des Ministères de l'Agriculture des Etats membres (présidée par le pays assurant la présidence du Conseil) est spécifique aux propositions relatives à l'agriculture. Son rôle consiste à préparer les décisions du Conseil "agriculture". A cette fin, elle est assistée par de multiples groupes de travail spécialisés par produits agricoles (ceux-ci sont également composés de représentants de chaque Etat membre) dont la vocation est d'arriver à un consensus sur les textes. Mais c'est le Comité "Agriculture" au vu des préoccupations et souhaits de chaque délégation nationale qui effectue la synthèse et arrête le texte qui sera soumis pour adoption au Conseil (des représentants de la Commission assistent à ces réunions et peuvent ainsi peser sur les négociations).

L'Acte unique et le Traité sur l'Union européenne n'ont pas modifié la procédure décisionnelle s'appliquant à la PAC.

---

142 CJCE du 15 juillet 1970, aff. 41/69, chemiefarma, *Rec*. p. 661. CJCE du 16 juillet 1992, aff. C 65/96, Parlement c/ Conseil, *Rec*. p. 4593.

Qu'il s'agisse de la procédure de coopération instaurée par l'Acte unique (laquelle a introduit au profit du Parlement européen un véritable droit d'amendement des propositions de la Commission[143]) de la codécision qui associe cette fois étroitement les élus européens à la prise de décision, (leur conférant un véritable droit de veto selon une procédure longue et complexe[144]) ; ou encore de l'avis conforme, procédure selon laquelle certains actes ne peuvent être adoptés par le Conseil sans l'avis positif du Parlement ; il s'avère que la politique agricole commune n'intègre aucunement le domaine d'action des formes d'intervention législatives précitées[145].

La Conférence intergouvernementale de Turin (qui s'est déroulée de mars 1996 à juin 1997) dont l'objet était la révision du Traité de Maastricht devait entre autre, procéder à l'élargissement du champ d'application de la procédure de codécision ainsi que l'indique l'article 189 B (alinéa 8) du Traité CE. Des propositions ont été émises lors de la Conférence pour que les décisions relatives à la PAC relèvent de la codécision.

---

143 A noter que si la Commission décide de ne pas reprendre les amendements parlementaires dans sa proposition, le Conseil peut toutefois les retenir en se prononçant à l'unanimité. Cf. article 189 c du Traité CE.

144 Sur les étapes de la procédure de codécision, cf. article 189 B du Traité CE ; pour une présentation schématique : guide de l'intégration européenne, WERNER WEIDEN FELD, WOLFGANG WESSELS, Documentation européenne, 1997.

145 A noter que la base juridique de l'article 100 A du Traité de la Communauté européenne laquelle sert de fondement à un certain nombre de mesures liées à la santé et à la sécurité des produits agricoles et alimentaires implique le vote à la majorité au sein du Conseil et l'application de la procédure de coopération.

L'affaire de l'encéphalopathie spongiforme bovine ou maladie de la "vache folle"[146] qui a révélé de graves dysfonctionnements lors du processus de décision des comités de réglementation (dont le rôle est précisé dans le paragraphe suivant) a conduit le président de la Commission Jacques Santer à préconiser l'extension de la codécision à la PAC[147] (mais également aux autres secteurs de l'activité communautaire) flattant ainsi, tandis que la Commission était sérieusement menacée du vote d'une motion de censure[148], une revendication ancienne du Parlement. Le Traité d'Amsterdam (signé en octobre 1997, il n'entrera en vigueur qu'après ratification unanime[149] des quinze Etats membres de

---

146 Cette maladie neuro-dégénérative résulte de l'alimentation des ruminants par des farines carnées lesquelles ont été insuffisamment chauffées lors de la cuisson (par mesure d'économie !), ce qui aurait permis de ne pas détruire l'agent infectant. Depuis le 20 mars 1996, il est établi un lien entre une nouvelle forme de maladie de Creutzfeld-Jakob qui frappe les humains et l'ESB.

147 *Le Monde* du 20 février 1997.

148 Le Parlement a la possibilité de censurer la Commission (article 144 Traité CE). Afin d'être adoptée, la motion doit recueillir au moins deux tiers des suffrages exprimés représentant au moins la majorité des membres composant le Parlement. La Commission doit collectivement démissionner si la motion de censure est adoptée. Situation qui ne s'est encore jamais présentée.

149 Dans tous les Etats membres, il incombe au Chef de l'Etat de ratifier les traités. Mais lorsqu'il s'agit d'un traité important, il doit y être autorisé par les assemblées parlementaires, voire par une procédure référendaire. On se rappelle que le peuple danois, le 2 juin 1992, s'était prononcé contre la ratification du Traité de Maastricht rendant juridiquement impossible l'entrée en vigueur du Traité. Ayant obtenu un certain nombre de dérogations dans les domaines de la monnaie unique, citoyenneté, ..., le Danemark approuva la ratification du Traité le 18 mai 1993. La ratification d'un traité peut également nécessiter préalablement une révision de la constitution lorsque se pose un problème de compatibilité du traité avec la constitution. Concernant le Traité de Maastricht, plusieurs Etats ont dû réviser leur constitution pour tenir compte des dispositions relatives au droit d'élection et d'éligibilité découlant de la citoyenneté européenne (bien

l'Union) si il se contente de reporter la réforme institutionnelle de fond tant attendue (dans le cadre d'une conférence des représentants des gouvernements des Etats membres laquelle devra se tenir un an au moins avant que l'Union européenne ne compte plus de 20 membres[150]), a cependant simplifié les procédures décisionnelles. Subsistent désormais la procédure de consultation ordinaire dont relève la PAC, la codécision et l'avis conforme[151]. Quant au champ d'application de la codécision, il a été élargi, sans toutefois y inclure la PAC[152]. Si le rôle institutionnel du Parlement européen (élu au suffrage universel depuis juin 1979) paraît fort modeste dans le cadre du processus décisionnel de la PAC, il ne faut pas mésestimer l'influence qu'il a réellement exercé sur la politique agricole. En effet, il a adopté un nombre considérable de rapports d'initiative[153] dans tous les secteurs de l'agriculture contribuant à l'évolution de la législation en la matière.

---

que signé en février 1992, le Traité de Maastricht est entré en vigueur en novembre 1993).

150 Article 2 du protocole sur les institutions annexé au Traité d'Amsterdam.

151 La procédure de coopération est maintenue exclusivement en ce qui concerne les dispositions relatives à l'Union économique et monétaire.

152 A noter que les mesures vétérinaires et phytosanitaires ayant pour objectif la protection de la santé publique relèveront désormais de la base juridique de l'article 129 du Traité CE (et non plus du régime juridique spécifique à l'agriculture - article 43 CE). En conséquence, ces mesures relèveront de la codécision. Il s'agit de la première brèche dans l'intégrité de la base juridique agricole.
Maurice LIGOT, *Rapport d'information n° 39 de la délégation de l'Assemblée nationale pour l'Union européenne du 2 juillet 1997 sur la révision des traités européens après Amsterdam.*

153 Ces résolutions d'initiative sont dépourvues d'effets juridiques contraignants. La Commission européenne disposant du droit d'initiative peut les reprendre dans ses propositions. Le Traité de Maastricht (article 138 B alinéa 2) a attribué au Parlement la faculté de demander à la Commission d'élaborer des propositions qu'il juge

SECTION 2 - MODALITES D'APPLICATION DES TEXTES ADOPTES

Le pouvoir réglementaire délègué doit être défini (§ 1) préalablement à l'examen des modalités d'exercice de la délégation (§ 2).

§ 1 - LE POUVOIR REGLEMENTAIRE DELEGUE

L'article 155 du Traité CEE énonce "que la Commission exerce les compétences que le Conseil lui confère pour l'exécution des règles qu'il établit". Cependant, le Conseil avait tendance à accaparer le pouvoir exécutif et ne déléguait que rarement à la Commission, ce qui avait pour corollaire de ralentir très sérieusement le processus d'adoption des normes exécutives. L'Acte unique adopté en 1986 (entré en vigueur le 1er juillet 1987) a remédié à cette dérive, en introduisant au sein de l'article 145 un alinéa 3 selon lequel le Conseil est désormais tenu de déléguer le pouvoir d'exécution des normes communautaires ("le Conseil confère à la Commission, dans les actes qu'il adopte, la compétence d'exécution des règles qu'il établit").

Cette règle qui érige la Commission en exécutif de droit commun admet toutefois deux limites. D'une part, le Conseil peut se réserver dans des "cas spécifiques" (lesquels ne sont pas précisés par les dispositions du traité) l'exercice des compétences d'exécution[154]. La Cour de Justice des

---

importantes. En fait, le traité consacre ici la pratique des résolutions d'initiative.

154 D'après Claude BLUMANN (*La fonction législative*, Paris, LGDJ, 1995), cette auto-limitation devrait jouer dans trois séries de cas :

Communautés a exigé que le Conseil motive le recours à cette faculté de "façon circonstanciée"[155].

Ensuite, il appartient au Conseil de définir dans son règlement de base, les grandes orientations qui s'imposent à la Commission dans l'exercice de son pouvoir d'exécution. Si celles-ci n'apparaissent pas, la Commission est libre d'agir.

§ 2 - LES MODALITES D'EXERCICE DE LA DELEGATION : "LA COMITOLOGIE"

Lorsque le Conseil délègue son pouvoir exécutif à la Commission, il peut assujettir celle-ci à une procédure de comités laquelle lamine plus ou moins intensément la latitude d'action de la Commission. La pratique de ces comités est née entre 1962 et 1964 de la nécessaire mise en œuvre des modalités d'application des règlements de base de la PAC (ceci impliquant l'adoption de milliers de règlements), elle s'est ensuite étendue aux autres domaines d'action de la Communauté et a été entérinée par la Cour de Justice[156]. Les comités sont composés de représentants des instances nationales (deux par Etat membre) et d'experts compétents de la Commission. La prise de décision s'effectue à la majorité qualifiée selon une pondération identique à celle instaurée au sein du Conseil (cf. note 140). Devant la prolifération des procédures de comités, il a paru pertinent de clarifier et de

---

- haute politisation d'une question,
- risque de résistance de la part de certains Etats,
- caractère peu intégré de la matière à exécuter.

155 CJCE, arrêt du 24 octobre 1989 : Commission c/ Conseil, Aff. 16/88, *Rec.*, p.69

156 Cour de justice des Communautés européennes, arrêt Koster, 17 décembre 1970, Aff. 25/70, *Rec.* 1970, p. 1161.

simplifier celles-ci. Ce fut l'objet de la "décision comitologie" du 13 juillet 1987[157].

Il convient de préciser que le Conseil n'est aucunement tenu d'assujettir la Commission à une procédure de comité lorsqu'il délègue les compétences d'exécution des règles qu'il établit. Trois procédures de comités ont été retenues :

- La procédure du comité consultatif. La Commission est tenue de soumettre ses propositions au comité. Toutefois, ce dernier ne peut émettre que des avis qui ne lient pas la Commission, mais dont elle doit "tenir le plus grand compte". Si la procédure est rapide, elle est peu utilisée.

- La procédure du comité de gestion. Il existe un comité par organisation commune de marché[158]. Leur rôle consiste à fixer à intervalles réguliers le taux des restitutions à l'exportation, etc. Concomitamment à ces mesures de gestion courante du marché, et contrairement au nom qu'il porte, le comité de gestion peut également avoir une activité réglementaire[159]. Les réunions peuvent être hebdomadaires pour les produits dont les conditions de marché évoluent rapidement comme les céréales, le sucre, ou bimensuelles (pour les produits laitiers, huile, matières grasses).

Le processus décisionnel se déroule ainsi :

Le représentant de la Commission soumet un projet de règlement d'application au comité (par exemple : modification du taux des restitutions), ce dernier émet un avis (seuls les représentants des Etats peuvent prendre part au vote selon les

---

157 *JOCE* L 197 du 18 juillet 1987.
Ici, il ne s'agit pas d'une décision au sens de l'article 189 du Traité CE (cf. note 139), il s'agit d'un acte institutionnel mettant en œuvre l'article 145 alinéa 3 du Traité CE.

158 Pour une liste précise des comités de gestion, cf. annexes document n° 4.

159 Commentaire MEGRET, PAC, Edition 1991, p. 133, note 180.

modalités précédemment énoncées). Si l'avis est positif ou si le comité garde le silence, la Commission adopte le règlement qui est immédiatement applicable. Si l'avis se révèle négatif, le Conseil est saisi, il dispose d'un délai de quatre semaines pour modifier s'il le souhaite le texte à la majorité qualifiée. Si le Conseil ne se prononce pas ou s'il garde le silence, la Commission recouvre sa compétence pour adopter le texte.

La procédure venant d'être décrite (intitulée variante a) comporte une autre variante (dite variante b) : en cas d'avis négatif du comité de gestion, le Conseil dispose d'un délai de trois mois pour statuer. Il peut à la majorité qualifiée abroger ou modifier la mesure. Si le Conseil reste silencieux au-delà du délai fixé, la Commission peut prendre sa décision conformément à sa proposition initiale.

La procédure des comités de gestion fonctionne de manière satisfaisante. En 1996, 365 réunions se sont tenues au sein des divers comités de gestion. Sur 1557 votes, 1367 étaient favorables et 229 ont abouti à une absence d'avis. Il a été recensé un seul avis négatif[160].

- La procédure du comité de réglementation.

Elle s'applique dans les domaines les plus divers : harmonisation des législations des produits agricoles et agro-alimentaires, normes sanitaires et vétérinaires (on peut citer à cet égard, le comité vétérinaire permanent , le comité phytosanitaire permanent, le comité permanent de l'agriculture biologique)[161]. Le processus décisionnel se présente ainsi : la Commission élabore une proposition et le comité doit se prononcer dans le délai fixé par elle. Si le comité approuve le projet par un vote à la majorité qualifiée conformément à la

---

160 Emile NOEL, *Les institutions de la Communauté et de l'Union européenne*, (ouvrage posthume), Office des publications officielles des Communautés européennes, 1997.

161 Pour une liste complète, cf. annexes, document n° 4.

pondération des voix prévue à l'article 148 al. 2 du Traité CE (c'est cette modalité de votation qui a été fustigée concernant le comité vétérinaire permanent lors de l'affaire de l'ESB)[162], la Commission prend immédiatement sa décision.

Dans l'hypothèse contraire, c'est-à-dire si le comité rejette le projet (ou garde le silence), le Conseil est immédiatement saisi. Il dispose de trois mois pour statuer à la majorité qualifiée sur la proposition initiale de la Commission. Si celui-ci ne parvient pas à statuer (ou en cas de silence), deux variantes se présentent.

. Variante a : la Commission recouvre pleinement son pouvoir de décision.

. Variante b : si le Conseil a simplement rejeté à la majorité simple la proposition de la Commission, celle-ci ne peut plus prendre aucune décision.

On perçoit que le comité de réglementation s'avère plus rigoureux que le comité de gestion. Il réduit drastiquement le pouvoir décisionnel de la Commission, plus particulièrement la variante b puisqu'il suffit qu'une majorité simple, hostile à la proposition se dégage au sein du Conseil, pour que la Commission soit paralysée (ceci explique que cette dernière soit opposée à cette procédure qui constitue une limite sérieuse à son pouvoir d'exécution). Le Parlement européen qui n'est pas associé aux comités a toujours stigmatisé le

162 Le Comité vétérinaire permanent est chargé de donner à la Commission des avis techniques.
Il semble singulier d'utiliser la procédure du vote qualifié en matière de santé pour rendre un avis sur une question scientifique. "Ou bien l'on part du présupposé que chaque expert se vaut scientifiquement et dans ce cas on ne voit pas pourquoi l'opinion du Luxembourgeois vaudrait indéfiniment moins que celui de l'Allemand ou celle du Néerlandais moins que l'Italien ; ou bien l'on considère qu'il s'agit d'un avis politique et alors nul besoin de réunir des scientifiques".
Martin HIRSCH, Philippe DUNETON, *L'affolante histoire de la vache folle*, Paris, Balland, 1996, p. 150.

fonctionnement de la comitologie[163]. Le Traité d'Amsterdam a prévu que la Commission européenne présentera au Conseil avant fin 1998 une proposition de modification de la décision comitologie.

Enfin, il faut souligner que la gestion de la PAC implique pour la Commission l'adoption d'un nombre considérable de délibérations. Le strict respect de la règle de la collégialité (selon laquelle les décisions sont prises par l'ensemble des vingt commissaires) aurait paralysé le processus décisionnel. Le tempérament consista à habiliter le membre de la Commission chargé des affaires agricoles[164] à prendre les décisions dans un cadre défini de manière collégiale. Cette procédure d'habilitation (née de la gestion de la PAC) et qui s'applique également aux autres secteurs d'activité de la Communauté a été entérinée par la Cour de Justice[165].

---

163 Les parlementaires ont également estimé qu'ils devaient participer à la fonction exécutive relative aux actes adoptés conjointement par le Parlement et le Conseil (procédure de codécision), position rejetée par le Conseil. Finalement, le conflit aboutit à la conclusion d'un *modus vivendi* (il s'agit d'un accord interinstitutionnel) le 20 décembre 1994. Le Parlement jouit désormais d'un droit de consultation au sein de la procédure exécutive.
Sur une analyse précise du *modus vivendi*, Claude BLUMANN, "Le Parlement européen et la comitologie", *Revue trimestrielle de droit européen*, janvier-mars 1996.

164 Il s'agit aujourd'hui depuis janvier 1995 de Frank Fischler (Autrichien).

165 CJCE, Arrêt Akzo-Chemie du 23 septembre 1986, Aff. 5/85, *Rec.* p. 2585.

CHAPITRE III
BUDGET AGRICOLE ET FINANCEMENT DE LA POLITIQUE AGRICOLE COMMUNE

Le budget agricole présente des caractéristiques et règles de gestion particulières (Section 1), sa détermination (Section 2) raduit le rôle primordial du Conseil en la matière. Quant au montant financier alloué à cette ligne budgétaire, il a provoqué plusieurs crises entre les partenaires de la Communauté (Section 3).

SECTION 1 - CARACTERISTIQUES ET GESTION DU BUDGET AGRICOLE

Prévu par le Traité de Rome (article 40 al. 4), le FEOGA "Fonds européen d'orientation et de garantie agricole" a été créé en 1962. Dépourvu de toute personnalité juridique, il constitue une ligne budgétaire représentant les dépenses agricoles. Un règlement adopté en 1964[166] a scindé le FEOGA en deux sections :

- une section "garantie" laquelle a vocation à couvrir en otalité le financement de la gestion des marchés agricoles ;
- une section "orientation" destinée à financer les dépenses relatives aux mesures de politique structurelle. (Les deniers communautaires viennent abonder les crédits nationaux. Ce financement communautaire partiel n'est pas uniforme, les Etats les plus défavorisés bénéficient de concours financiers plus élevés, seules certaines zones du territoire sont éligibles à l'aide[167]).

---

166 Règlement n° 17/64, *JOCE* n° 34 du 27 février 1964.

167 Sur les modalités d'intervention du FEOGA-orientation, cf. Document n° 3 en annexe.

Depuis la réforme Mac Sharry de mai 1992, le FEOGA-garantie finance des opérations ne relevant plus exclusivement de la gestion des marchés comme les actions en faveur de l'environnement, de la politique forestière ou du régime des préretraites. Les deux premières mesures précitées font l'objet d'un cofinancement, modalité dont il a été souligné qu'elle caractérisait jusqu'à l'adoption de la réforme de la PAC de 1992, la seule section "orientation" du FEOGA.

On relève également dans le cadre de la nouvelle OCM fruits et légumes (issue de la réforme d'octobre 1996[168]) que le budget communautaire ne finance plus intégralement la gestion des marchés de ce secteur. La part de l'aide publique (Union européenne et Etat membre) est de 50%, la contribution professionnelle (apportée par les producteurs) représentant l'autre moitié.

Le FEOGA-garantie a longtemps constitué la masse financière prépondérante (dont la France est la première bénéficiaire)[169], réduisant la dotation de la deuxième section du FEOGA à la portion congrue.

---

168 Règlement n° 2200/96 du Conseil, *op. cit.*

169 Pourcentage du FEOGA-garantie par Etat membre :
France : 24,5% ; Allemagne : 15,5% ; Italie : 10,8% ; Espagne 10,4% ; Royaume-Uni : 8,9% ; Grèce : 7,2% ; Irlande : 4,4% Pays-Bas : 3,1% ; Danemark : 3,5% ; Autriche : 3,1% ; Belgique 2,9% ; Portugal : 1,7% ; Finlande : 1,7% ; Suède : 1,6% Luxembourg : 0,6%.
Rapport annuel de la Cour des comptes européenne relatif à l'exercice 1996, *JOCE* C 348 du 18 novembre 1997.

	Section garantie (MIO Ecus)	Section orientation (MIO Ecus)[170]
1975	4 522	184,3
1980	11 507	533
1983	15 812	718
1987	22 989	847
1990	26 582	1 927
1993	35 352	3 029
1995	36 897	3 566
1996	40 828	3 772

Source[171].

Les crédits du FEOGA-garantie (et en partie ceux du FEOGA "orientation") sont évaluatifs. Les prévisions en la matière sont délicates à effectuer eu égard aux multiples aléas qui peuvent contribuer à moduler le volume de production, mais également à des facteurs telles que l'évolution de la consommation, les potentialités d'exportation, l'évolution du cours du dollar.

La ventilation des dépenses au sein du FEOGA-garantie a évolué, ainsi que le révèlent les données suivantes :

170 Il s'agit de dépenses sur crédits d'engagements (ces derniers permettant de contracter au cours de l'exercice des obligations juridiques pour des actions dont la réalisation s'étend sur plusieurs exercices).

171 Tableau établi d'après les données figurant dans les rapports annuels de la Commission européenne sur la situation de l'agriculture et le Bulletin de l'Union européenne du mois de décembre des années citées.

	1976	1980	1986	1991	1994	1995	1996
Restitutions	1551	5452	7,239	10079	8160	7802	5705
Dépenses d'intervention[172]	3880	5620	14 652	21811	25112	26205	31954
Mesures d'accompagnement[173]					490	832	1853

En millions d'écus[174]

Si entre 1980 et 1990, les restitutions à l'exportation représentaient un tiers du budget agricole, elles se sont peu à peu amoindries (elles ne représentent plus que 14,5% du total des dépenses en 1996), corollaires des réformes progressivement instillées au sein des mécanismes originaires de la PAC et de la transposition de l'Uruguay Round. Quant aux dépenses d'intervention, depuis 1993, elles connaissent une véritable mutation en leur sein. Les aides dites compensatoires s'élèvent à près de 12.000 millions d'écus pour l'exercice 1994 (soit 36,2% du budget FEOGA) et occupent une place de plus en plus prépondérante ; 15.690 millions d'Ecus en 1995 (soit 45,5% du budget FEOGA),

172 Pour rappel, elles incluent :
- L'achat-stockage
- L'aide au stockage privé - les aides à la transformation de produit
- Le retrait du marché
- L'aide à la production
- L'aide compensatrice de prix.

173 Il s'agit du régime agri-environnemental, aide au boisement, régime de préretraite.

174 Tableau établi d'après les rapports de la Commission européenne sur la situation de l'agriculture.
Pour une connaissance de l'évolution des dépenses d'intervention et de restitution par secteur (1992-1996), cf. annexes document n° 5.

20.120 millions d'écus en 1996 (soit 51,4% du budget agricole)[175].

• La gestion du FEOGA-garantie

Si le financement est centralisé, la procédure de paiement est décentralisée. A partir de 1970, la Commission versait des avances mensuelles aux Etats membres, que ces derniers répartissaient aux organismes d'intervention[176] (qu'il s'agisse des dépenses liées au stockage public, des aides à la production, des restitutions à l'exportation) sur présentation avant le 20 de chaque mois d'un état des paiements du mois passé, et d'un état prévisionnel pour le trimestre suivant. C'est sur le fondement de ces documents que la Commission, après avis du comité du FEOGA[177], décidait de l'avance.

En 1988, une réforme est introduite au sein du dispositif[178] susmentionné. Elle consiste pour la Commission à verser les avances mensuelles deux mois après la réalisation effective de la dépense par les organismes payeurs, de sorte que la contribution communautaire devient un simple remboursement. Les dépenses FEOGA-garantie font également l'objet d'une procédure d'apurement. A ce titre, la Commission est ainsi habilitée à vérifier au regard des documents transmis : comptes annuels, ainsi que les pièces nécessaires à l'apurement (lesquelles sont plus détaillées que

---

175 Projet du 26è rapport financier concernant le FEOGA section garantie (exercice 96), *COM (97) 589 final*, Annexe 25 C, p. 81.

176 Ceux-ci sont connus de la Commission. Selon le règlement 729/70, les Etats membres doivent déclarer à la Commission les services habilités à procéder au paiement, ainsi que le descriptif de leur structure administrative et comptable.

177 Il est composé de représentants des Etats membres (5 au maximum par Etat). Sa présidence est assurée par la Commission qui en fixe également l'ordre du jour.

178 Règlement du Conseil n° 2048/88, *JOCE* L 185 du 15 juillet 1988.

les déclarations mensuelles sus évoquées)[179], si les crédits ont été dispensés conformément à la réglementation communautaire (ces contrôles sont effectués au sein de la Commission par la Direction générale de l'agriculture DG VI et par le contrôleur financier) ; dans le cas contraire, les dépenses ne sont pas imputées au budget de la Communauté, mais relèvent de l'Etat membre.

En 1994, est introduite au sein de la législation communautaire une disposition selon laquelle, lorsque les déclarations de dépenses ou les renseignements y afférents communiqués par les Etats membres, ne permettent pas à la Commission de constater que les règles communautaires applicables ont été respectées, celle-ci peut réduire ou suspendre temporairement les avances mensuelles[180] aux Etats membres.

Dans le passé, cette procédure était exécutée par un personnel insuffisant (six fonctionnaires en 1981)[181]. Souvent la Commission n'accomplissait les vérifications que six ou

179 Eu égard à la complexité du système, la Commission a établi un aide-mémoire pour les Etats membres afin de faciliter l'établissement des comptes annuels.

180 Préalablement à ces mesures coercitives, la Commission doit demander à l'Etat membre concerné de lui fournir des renseignements complémentaires dans un délai qu'elle fixe. Ce n'est qu'après avoir apprécié la réponse fournie (en l'occurrence si la réponse est jugée insatisfaisante ou s'il a été relevé une utilisation manifestement abusive des fonds communautaires) que la Commission peut prendre une décision. Quant aux réductions ou suspensions, elles sont effectuées sans préjudice des décisions qui sont prises dans le cadre de l'apurement des comptes.
Article 13 de la décision du Conseil du 31 octobre 1994 concernant la discipline budgétaire, *JOCE* L 293 du 12 novembre 1994.

181 FLAESCH-MOUGIN, "La CEE et la lutte contre les fraudes au détriment du budget communautaire", *Cahiers du droit européen*, 1983, note 36.
Le dernier rapport annuel de la Cour des Comptes souligne à nouveau l'insuffisance du personnel affecté à cette tâche.

ept ans après l'emploi des fonds communautaires et ceci bien que le règlement 729/70 stipulât que l'apurement devait être ffectué au plus tard dans l'année même qui a suivi la dépense. Ainsi, en 1979, furent apurées les dépenses de 1973, en 1980, elles de 1974[182]. La situation s'est améliorée rogressivement depuis quelques années, mais on relève oujours des retards. Ainsi l'apurement des dépenses 1992 a té effectué sur la base des décisions prises les 10 avril et 20 novembre 1996. La procédure d'apurement a été réformée en 995, ce qui a eu pour corollaire d'imposer de nouvelles bligations aux Etats membres quant au statut des organismes ayeurs nationaux, et quant à la teneur des documents inanciers que ces derniers doivent transmettre à la Commission. L'opération d'apurement a été également scindée n deux procédures de contrôle distinctes (l'ensemble de cet spect qui contribue à renforcer la protection des intérêts inanciers de la Communauté est présenté au Titre III, Chapitre I, Section 1).

SECTION 2 - LA DETERMINATION DU BUDGET

Si le Parlement européen est cantonné dans un rôle onsultatif dans le cadre de la procédure législative relative à la PAC ; en matière budgétaire, depuis le Traité de Luxembourg 22 avril 1970) et le Traité de Bruxelles (22 juillet 1975), ses rérogatives ont été accrues (cf. procédure budgétaire, annexes locument n° 6). Toutefois, le rôle du Parlement est étroitement irconscrit, il n'intervient aucunement dans la fixation des ecettes de la Communauté. Concernant les dépenses, il ne lispose que de la faculté de proposer des modifications aux dépenses obligatoires" (DO), le dernier mot revenant à la

---

82 Gilbert ORSONI, *La Cour des comptes des Communautés européennes*, Paris, Economica, 1984.

deuxième branche de l'autorité budgétaire : le Conseil. Pour les "dépenses non obligatoires" (DNO), le Parlement jouit par contre d'un véritable droit d'amendement. Il peut ainsi à la majorité absolue des membres qui le composent et des 3/5è des suffrages exprimés modifier la répartition de ces dépenses, voire augmenter leur volume[183]. Cependant, toute la difficulté réside dans l'identification des DO et des DNO. Le Traité se contente seulement de définir les dépenses obligatoires (article 203 alinéa 4 du Traité CE), sans fournir de précisions en la matière. Cet état a contribué à alimenter un conflit virulent entre le Conseil et le Parlement sur la classification des dépenses, ce dernier revendiquant sans cesse un élargissement des DNO.

Plusieurs accords interinstitutionnels ont eu pour finalité de remédier à ce *vacuum* juridique. La déclaration commune du Parlement, du Conseil et de la Commission du 30 juin 1982[184] définit les "DO" comme les dépenses que l'autorité budgétaire est tenue d'inscrire au budget afin de permettre à la

183 Toutefois, ce droit est limité par l'article 203 alinéa 9 du Traité CE. Cet article prévoit l'existence d'un taux maximal d'augmentation par rapport aux dépenses de même nature de l'exercice en cours qui est fixé chaque année. Ce taux maximal constaté par la Commission résulte de trois critères : évolution du PNB en volume dans la Communauté, variation moyenne des budgets des Etats membres, inflation constatée au cours du dernier exercice. Le taux est communiqué avant le 1er mai à toutes les institutions de la Communauté. Celles-ci sont tenues de le respecter au cours de la procédure budgétaire. L'article 203 alinéa 9 du traité CE prévoit deux exceptions à l'obligation de respecter le taux maximal d'augmentation :

- si pour les DNO le taux d'augmentation qui résulte du projet de budget établi par le Conseil est supérieur à la moitié du taux maximal, le Parlement européen dans l'exercice de son droit d'amendement peut encore augmenter le montant total desdites dépenses dans la limite de la moitié du taux maximal.
- la fixation d'un nouveau TMA peut également résulter d'un accord entre le Conseil et le Parlement.

184 *JOCE* C 194 du 28 juillet 1982.

communauté de respecter ses obligations internes ou externes telles qu'elles résultent des traités ou des actes arrêtés en vertu de ceux-ci. Dès lors, il s'avère qu'a contrario les autres dépenses sont non obligatoires. En annexe de la déclaration commune, figure la liste de toutes les lignes budgétaires classées en DO et DNO. Les dépenses agricoles intègrent la première catégorie. L'accord entre les institutions instaure également une procédure nouvelle ("la trilogie") entre les présidents des trois institutions dont l'objet est de déterminer la classification des lignes budgétaires futures et celles dont la base juridique viendrait à être modifiée[185].

En 1992, le Parlement européen poursuit son offensive revendicatrice en matière de classement des dépenses, en s'appuyant sur la réforme Mac Sharry. Il constate que les dépenses relatives aux mesures agri-environnementales, boisement, préretraite, relèvent des DO (FEOGA-garantie) et préconise à cet égard qu'elles intègrent les DNO (antérieurement, des mesures similaires étaient financées dans le cadre des Fonds structurels et relevaient à l'époque des DNO). Cette position n'a pas été retenue par le Conseil[186]

Dans un nouvel accord interinstitutionnel conclu en 1993[187], les institutions communautaires (Commission, Parlement, Conseil) conviennent que les dépenses "actions structurelles" et politiques internes sont des DNO. Sont classées en dépenses obligatoires :

---

185 Dans le cadre de cette procédure, la Commission propose une classification des dépenses dans son avant-projet de budget.
En cas de désaccord de l'une ou l'autre branche de l'autorité budgétaire sur cette classification, les présidents se réunissent en trilogue et s'efforcent de résoudre la question avant l'établissement du projet de budget.

186 Catherine REGNIER-HELDMAIER, "La distinction DO-DNO", *RMC*, n° 375, février 1994, p. 94.

187 Accord interinstitutionnel du 29 octobre 1993 relatif à la discipline budgétaire et à l'amélioration de la procédure budgétaire, *JOCE* C 311 du 7 décembre 1993.

. les dépenses du FEOGA-garantie,

. certaines dépenses extérieures (accords de pêche, souscription au capital d'organismes financiers internationaux),

. dépenses de pensions au bénéfice d'anciens fonctionnaires ou agents des institutions.

Afin d'atténuer les frustrations du Parlement relatives aux DO, l'accord interinstitutionnel de 1993 a également instauré une procédure de concertation entre les deux autorités budgétaires (laquelle est appliquée à l'initiative du Parlement ou du Conseil et notamment lorsque le Conseil envisage de s'écarter de l'avant-projet de budget). Elle réunit les représentants de la Commission, du Parlement et du Ccnseil afin d'établir un accord sur le montant des DO qu'il conviendrait d'inscrire au budget (ce trilogue débute entre la présentation de l'avant-projet de budget par la Commission et l'établissement du projet de budget par le Conseil)[188].

Nonobstant l'accord sus-mentionné, lors du budget 1995, le Parlement avait de manière unilatérale, procédé à une reclassification des dépenses obligatoires et non obligatoires. Le Conseil par requête du 17 février 1995 a demandé à la Cour de justice l'annulation de l'acte du président du Parlement constatant l'arrêt définitif du budget général de Union pour l'exercice 1995. La Cour de justice, dans son arrêt du 7 décembre 1995, a annulé le budget 1995 au motif que le président du Parlement n'a pu légalement constater l'arrêt définitif du budget dans la mesure où les deux autorités budgétaires étaient en désaccord sur la classification[189]

188 Si l'autorité budgétaire ne parvient pas à un accord sur le montant des DO au terme de la concertation, c'est au Conseil qu'il incombe de décider en dernier ressort des DO.

189 Joseph LENTZ, *RMC*, n° 401, septembre-octobre 1996, p. 585.

SECTION 3 - LES CRISES LIEES AU FINANCEMENT DE LA PAC

A l'origine, ce sont les Etats membres qui alimentent par leurs contributions financières le budget communautaire, celles-ci étaient déterminées par une clé de répartition fixée par le Traité à l'article 200 du Traité de Rome (disposition aujourd'hui abrogée).

En 1960, la Commission européenne, alors présidée par l'éminent professeur de droit Walter Hallstein, avait préconisé (dans le cadre d'une conférence de presse) que les dépenses de la PAC puissent relever du FEOGA lequel serait alimenté par des ressources propres à la Communauté : droits douanes, prélèvements agricoles, etc. Cette proposition qui prônait également un renforcement du contrôle budgétaire du Parlement qui était à l'époque dépourvu de toutes prérogatives en la matière, provoqua une forte réticence française (il s'agit d'un euphémisme) et fut à l'origine de la crise de "la chaise vide" laquelle consista pour les dirigeants français à déserter les séances du Conseil. En réalité, la question agricole n'était pas la seule source de controverse entre la France et ses partenaires. L'hostilité du Général de Gaulle qui présidait alors aux destinées de la France portait tant sur le rôle de la Commission européenne, (que le Général présentait comme un "aréopage technocratique et apatride" et dont il ne pouvait concevoir que l'on l'a dotât de ressources propres[190]), que sur le mode de votation au sein du Conseil. Finalement les esprits n'étaient pas mûrs pour que l'on s'achemine vers des ressources propres en 1965 ; l'évolution vers un tel système était pourtant inéluctable au sens de l'article 201 du Traité de la CEE. Conformément à cette disposition, la Communauté s'est

---

190 Critique curieuse souligne Edmond Jouve dans sa thèse (*Le Général de Gaulle et la construction de l'Europe, 1940-1966*, Paris, LGDJ, 1967), car ce n'est pas la Commission qui était dotée d'un budget propre, mais la Communauté.

dotée de ressources propres à partir de 1970 (décision du Conseil des ministres de la CEE du 21 avril 1970)[191]. Celles-ci sont constituées de prélèvements agricoles, des cotisations sucre, des droits de douane perçus au frontières de la Communauté, d'une quote-part de la TVA nationale (avec un plafond de 1% de l'assiette de TVA, c'est-à-dire de la valeur de l'ensemble des transactions soumises à la TVA). Le financement du budget de la Communauté par les ressources propres a été progressif, il n'a débuté intégralement qu'à partir du 1er janvier 1980.

Cependant, les dépenses agricoles progressent rapidement (4,5 milliards d'Ecus en 1975, 11,3 en 1980, 18,3 en 1984) et les recettes diminuent, corollaire du succès de la PAC. Sur nombre de produits, la Communauté est autosuffisante, ce qui réduit les prélèvements agricoles et incite les Etats à exporter massivement d'où le coût très élevé des restitutions à l'exportation. L'accroissement budgétaire est fustigé par les Etats membres et nourrit peu à peu un climat de crise entre les différents partenaires de la Communauté. Ce phénomène est renforcé par l'attitude des britanniques lesquels estiment qu'ils contribuent trop lourdement au budget communautaire[192] exigeant un "juste retour", principe selon lequel toute contribution au budget de la Communauté doit revenir à son donateur sous quelque forme que ce soit (prétention dont Claude Blumann souligne pertinemment qu'elle s'oppose directement aux principes de base de la construction

---

191 Les décisions du Conseil "ressources propres" constituent des accords internationaux soumis à l'accomplissement de formalités constitutionnelles dans les Etats membres, condition *sine qua non* de leur entrée en vigueur.

192 Cette situation résulte du fait que la Grande-Bretagne dès son entrée dans le marché commun a entendu continuer de commercer avec les pays du Commonwealth (ses anciens dominions) de sorte que ses importations ont été assujetties aux prélèvements agricoles. Par ailleurs, pays peu exportateur de produits agricoles, elle bénéficiait peu des restitutions à l'exportation.

européenne, sans compter qu'elle tourne le dos à tout esprit de redistribution des richesses au sein de la Communauté)[193]. Confrontée à ces deux crises intrinsèquement liées, la Communauté aboutit progressivement à un compromis. Une compensation financière est accordée à la Grande-Bretagne (plusieurs mécanismes correcteurs de sa contribution financière ont été établis depuis 1976. En 1984, il fut également décidé au Conseil européen de Fontainebleau d'alléger sa contribution TVA). Afin d'accroître les recettes, le plafond de la TVA est relevé à 1,4% à partir de janvier 1986[194]. L'effort financier s'étant avéré insuffisant, en 1988, au Conseil européen de Bruxelles, les chefs d'Etat et de gouvernement décident la création d'une quatrième ressource propre laquelle est fondée sur le PNB. Chaque Etat membre contribue au budget en fonction de sa richesse sur la base d'un taux uniforme fixé chaque année dans le cadre de la procédure budgétaire (En 1988, il a été décidé d'écrêter l'assiette de la TVA à 55% du PNB de l'année aux prix du marché, le taux maximal d'appel étant maintenu à 1,4%. Par ailleurs, un plafond global exprimé en pourcentage du PNB de la Communauté était instauré pour l'ensemble des ressources propres)[195].

Le Conseil européen décide également d'instituer un système destiné à freiner les dépenses agricoles. Cette discipline budgétaire[196] s'applique entièrement aux dépenses

---

193 "La crise du marché commun agricole", *in La CEE en crise* (études juridiques et économiques), Paris, Economica, 1982, *op. cit.*

194 Décision du Conseil "ressources propres" du 7 mai 1985 (elle abroge la décision précédente du 21 avril 1970), *JOCE* L 128 du 7 mai 1985.

195 Pour 1988 : 1,15% ; 1989 : 1,17% ; 1990 : 1,18% ; 1991 : 1,19% ; 1992 : 1,20% (Décision ressources propres n° 88/376 du 24 juin 1988, *JOCE* L 185).

196 Elle résulte de la décision n° 88/377 du 24 juin 1988 (*JOCE* L 185 du 15 juillet 1988) complétée par un accord interinstitutionnel du 29 juin 1988 (*JOCE* L 185 du 15 juillet 1988 lequel a été remplacé par

du FEOGA-garantie, elle se traduit par l'instauration d'un plafond maximum pour ces dernières (ligne directrice). Le taux de croissance des dépenses des marchés entre 1988 et une année donnée ne peut dépasser 74% du taux de croissance annuel du PNB communautaire, soit à l'époque 2% par an (tandis que depuis 1975, les dépenses s'étaient accrues en termes réels de 7,5% par an)[197]. Le montant des dépenses pour 1988, soit 27 500 millions d'écus a été retenu comme base de référence pour la définition de la ligne directrice agricole[198]. Si la dépréciation relative aux stocks nouvellement constitués et éventuels est financée dans le cadre de la "ligne directrice", le coût de la dépréciation des stocks accumulés dans le passé (politique décidée en 1988) relève d'une autre ligne budgétaire.

Afin de garantir le respect de cette ligne directrice, un système d'alerte a été instauré. Avant le début de chaque exercice budgétaire, la Commission définit des profils de dépenses pour chaque chapitre du FEOGA-garantie ; si celle-ci s'aperçoit que le rythme d'évolution des dépenses effectives risque de dépasser les profils prévus (Conseil et Parlement doivent être tenus informés de 'l'accroissement des dépenses par des rapports mensuels), elle exerce les pouvoirs de gestion dont elle dispose (stockage, réduction de garantie,...).

La ligne directrice n'inclut pas le coût budgétaire relatif à l'impact des fluctuations du dollar, ainsi que celui lié aux réalignements monétaires au sein du système monétaire européen lesquels alourdissent considérablement la charge du FEOGA-garantie. Ainsi une réserve d'un milliard d'écus, puis

---

un accord interinstitutionnel du 29 octobre 1993 (*JOCE* C 331 du 7 décembre 1993). Cette décision a été remplacée par la décision n° 94/729 du 31 octobre 1994, *JOCE* L 293 du 12 novembre 1994.

197 "La réforme de la PAC", *Les dossiers de la PAC*, Ministère de l'Agriculture et de la Forêt agricole, n° 2, décembre 1990, p. 54.

198 Les finances publiques de l'Union européenne, Document de la Commission européenne, édition 1995.

de 500 millions d'écus à partir de 1995[199] est inscrite au budget chaque année. A partir de 1993, consécutivement aux conclusions du Conseil européen d'Edimbourg[200], est fixé un nouveau cadre financier pour la période 1993-1999.

Il a été décidé de relever le plafond des ressources propres de 1,20% du PNB communautaire à 1,27% (pour la période susmentionnée)[201]. Concernant l'agriculture, l'évolution des dépenses agricoles reste régie par la ligne directrice selon des modalités inchangées (augmentation annuelle limitée à 74% de la croissance du PNB communautaire). Le contenu des dépenses est modifié puisqu'il inclut les mesures dites d'accompagnement de la PAC (préretraite, boisement et reboisement, normes agri-environnementales) et le fonds européen de garantie pour la pêche.

---

199 Cette réduction de la réserve monétaire s'explique par la mise en œuvre progressive de la réforme de la PAC laquelle est de nature à s'accompagner d'une moindre sensibilité de la dépense aux variations de la parité dollar/Ecu.

200 Lequel s'est réuni les 11 et 12 décembre 1992.

201 Ainsi chaque année les pourcentages du PNB communautaire à ne pas dépasser sont les suivants :
1995 : 1,21% ; 1996 : 1,22% ; 1997 : 1,24% ; 1998 : 1,26% ; 1999 : 1,27%.
Décision du Conseil n° 94/728 du 31 octobre 1994 relative au système des ressources propres des Communautés européennes, *JOCE* L 293 du 12 novembre 1994.

CONCLUSION : BILAN ET PERSPECTIVES DE LA PAC A L'AUBE DU XXIè SIECLE

La réforme Mac Sharry de mai 1992 s'est traduite par un incontestable succès. Elle a permis de réduire substantiellement les stocks publics dans la plupart des secteurs relevant de la réforme susmentionnée. Ainsi par exemple de 33 millions de tonnes de céréales en 1991-1992, on relève 9 millions de tonnes pour la campagne 1993-1994 (la filière bovine présente à cet égard une singularité puisque après avoir fléchi, la courbe des stocks s'est ensuite inversée corollaire de la crise de l'ESB en 1996[202]).

La Pac n'est cependant pas exempte de critiques. Si les aides directes sont transparentes, elles sont toujours largement proportionnelles aux dimensions de l'exploitation. Une grande partie des crédits du FEOGA-garantie (80%) continue de bénéficier à 30% des producteurs. La Cour des comptes, dans son dernier rapport, n'a pas manqué de stigmatiser ce travers. (Ainsi elle cite les exemples suivants : en Allemagne, une exploitation de 8.916 hectares a perçu en 1995 3,34 millions d'Ecus sous forme d'aides directes, au Royaume-Uni 2,63 millions d'Ecus ont été versés à un *farmer* cultivant 6.449

---

202 Les stocks étaient d'un million de tonnes avant la réforme de mai 1992, 120.000T fin 1994, 20.000T fin 1995, 41.800T en décembre 1996.

Afin d'enrayer les effets sur le revenu des producteurs de la chute de la consommation de viande bovine, la Communauté a arrêté des mesures exceptionnelles de soutien en faveur de la filière bovine. Parmi celles-ci, on note le relèvement du plafond des volumes achetés à l'intervention de 400.000T (chiffre prévu pour l'année 1996 dans le cadre de la réforme Mac Sharry) à 460.000T et 550.000T.

Des paiements supplémentaires ont été consentis à l'ensemble des producteurs de l'Union européenne bénéficiant de la prime spéciale aux bovins mâle et de la prime à la vache allaitante.

hectares, plusieurs subventions équivalentes ont été accordées à de grands propriétaires en Espagne et en Italie, en France 4,5 millions de francs ont été alloués à un agriculteur disposant de 1.785 hectares)[203]. Quant aux effets de la réforme Mac Sharry sur l'environnement, ils sont mitigés ; si certains résultats s'avèrent positifs (telle l'utilisation plus rationnelle des engrais et des pesticides), ils ne sont toutefois pas véritablement en adéquation avec les attentes de l'opinion publique en la matière. Les citoyens de l'Union européenne aspirent à une agriculture plus respectueuse de l'environnement et exigent des garanties relatives à la qualité et à la sécurité des aliments qu'ils consomment. Consécutivement à l'affaire de l'ESB, le président de la Commission européenne Jacques Santer avait déclaré "que notre agriculture devra être davantage orientée vers la qualité, l'environnement, le bien-être des animaux, le retour à des productions plus naturelles"[204]. Il est vrai que trop d'exemples ont démontré ces dernières années le caractère "contre-nature"[205] de la PAC ; outre la crise de la vache folle, la pollution des nappes phréatiques par les nitrates résultant d'une concentration à outrance de l'élevage[206] (laquelle

---

203 Tableau 3-5, p. 75, Rapport annuel de la Cour des comptes relatif à l'exercice 1996, *JOCE* C 348 du 18 novembre 1997.

204 *Tribune pour l'Europe*, février 1997.

205 Eric FOTTORINO, Une agriculture contre-nature, *Le Monde* du 28 mars 1996, p. 1

206 En France, de nombreuses villes sont obligées d'interdire la consommation d'eau du robinet aux consommateurs, car on y a décelé plus de pesticides que la norme. Il faut souligner également que six ans après son adoption, la directive Nitrate du 12 décembre 1991 (*JOCE* L 375 du 31 décembre 1991) visant à lutter contre la pollution par les nitrates d'origine agricole n'est toujours pas correctement appliquée dans l'Union européenne. La plupart des Etats font l'objet de procédures en manquement pour avoir omis de transposer la directive ou de l'avoir appliquée de façon incorrecte. Les Etats avaient jusqu'au 20 décembre 1993 pour le faire. Or, seuls l'Espagne, la France, le Danemark et le Luxembourg ont rempli leurs obligations.

s'explique par l'attraction des centres de commercialisation et d'échanges : bassins portuaires, axes routiers, centres de consommation, mais également usines de transformation alimentaire ou de fabrication des aliments du bétail)[207], les incertitudes pesant sur l'introduction du maïs transgénique, sont autant de facteurs qui ne manquent pas à juste titre d'inquiéter sérieusement les consommateurs.

La politique agricole commune doit inéluctablement faire l'objet de nouvelles adaptations. D'après la Commission, elle sera confrontée à de nouveaux déséquilibres à l'horizon 2005, comme l'accumulation de nouveaux excédents, corollaires des limitations à l'exportation des produits subventionnés issues de l'Uruguay Round. Ainsi, pour les céréales, les stocks (1,8 millions de tonnes en 1996) atteindraient 58 millions de tonnes en 2005 dont 45 millions pour le blé. Quant à la viande bovine, le surplus s'établirait à 1,4 millions de tonnes contre 500.000 tonnes en 1997[208].

De nouvelles négociations commerciales multilatérales devraient également débuter en 1999 à la suite du cycle de l'Uruguay Round lesquelles impliqueront une réforme du dispositif d'aides publiques. Ainsi les aides de la "boîte jaune" (aides à l'exportation) devraient disparaître ; quant aux aides directes de la "boîte bleue", elles bénéficient d'une clause de paix jusqu'en 2004 ; seules les aides de la "boîte verte" (qui intègrent notamment les aides à l'environnement) seraient maintenues[209].

---

207 Bertrand HERVIEU et Edgar PISANI, Quelle agriculture pour l'Europe, *Le Monde* du 12 mars 1996, p. 1

208 Concernant la filière lait, l'excédent net atteindrait 9,95 millions de tonnes (pour la période 1996-2005).

209 La réforme en ce sens est d'autant plus probable qu'aux Etats-Unis, la nouvelle loi (Fair Act) sur l'agriculture aboutit à la conversion du système d'aides en mesures "boîte verte" déconnectées de la production.

La PAC devra également intégrer les défis posés par l'élargissement à l'Est. L'adhésion des pays d'Europe centrale et orientale entraînera une augmentation du potentiel de production agricole de 50%, tandis que l'accroissement de la population sera de l'ordre de 29 % de sorte que l'ensemble de la Communauté se verra adjoindre des capacités excédentaires qui pourront avoir des répercussions en particulier dans le domaine des "grandes cultures"[210].

En juillet 1997, la Commission a présenté devant le Parlement européen un programme intitulé "Agenda 2000", document qui concerne concomitamment le cadre financier 2000-2005, la réforme de la PAC, les nouvelles politiques structurelles et les conditions de l'élargissement de l'Union européenne[211].

La Commission suggère de réformer simultanément la politique structurelle[212] et la PAC. Concernant cette dernière, la Commission afin de rapprocher les prix européens des prix mondiaux propose de réduire les prix de soutien (20% pour les céréales, 30% pour la viande bovine et 10% pour le lait)[213]. La compensation de cette perte de revenu par les aides directes ne serait que partielle : 50% pour les céréales[214], 80% pour la viande bovine. La Commission envisage également un plafonnement des aides directes par exploitation tout en autorisant les Etats membres à appliquer des critères de

---

210 Avis du comité des régions du 16 janvier 1997 sur la PAC et l'élargissement à l'Est.

211 *Com (97)* 20è Final, Volumes 1 et 2.

212 Sur la proposition de l'Agenda 2000 relative aux fonds structurels, cf. document n° 10 en annexe.

213 L'agenda 2000 prévoit un maintien des quotas laitiers jusqu'en 2005 et une baisse graduelle entre 2000 et 2002 des prix d'intervention du beurre et de la poudre de lait écrémé.

214 Le taux de référence de mise en jachère obligatoire serait fixé à 0% ; la mise en jachère volontaire serait autorisée.

différenciation conformément à des règles arrêtées en commun.

Quant au cadre financier, la Commission propose pour la période 2000-2006 le maintien de la ligne directrice agricole (45 milliards d'Ecus moyennant ensuite une progression de ce plafond des dépenses limitée à 74% de l'augmentation du PIB de la Communauté). Seraient imputées au FEOGA-garantie, outre les traditionnelles dépenses de soutien et de revenus, et les mesures d'accompagnement (issues de la réforme Mac Sharry) des actions financées actuellement au sein de la politique structurelle, à savoir :

- le régime des régions défavorisées[215] y compris dans les zones de l'objectif 1 ;

- dans les zones rurales éligibles au nouvel objectif 2 des fonds structurels[216] : les actions menées au titre des actuels objectifs 5a (amélioration de la production et de la commercialisation) et objectif 5b (développement rural) ;

- dans toutes les zones rurales ne relevant pas des objectifs 1 et 2 : les mesures de développement rural destinées à accompagner et compléter la politique des marchés.

Outre ces mesures de politique rurale, le FEOGA-garantie financerait, pour les pays candidats à l'entrée au sein de l'Union européenne, une aide pré-adhésion (500 millions d'Ecus par an) destinée à la modernisation des exploitations et des circuits agro-alimentaires, ainsi que les dépenses liées à l'adhésion d'un premier groupe de pays[217] (1,1 milliard au titre des OCM, 0,6 à 2,5 milliards pour les mesures d'accompagnement renforcées et pour les aides spécifiques à la

---

[215] Lequel est actuellement financé par la section "orientation" du FEOGA.

[216] Cf. Annexe document n° 7.

[217] Il s'agirait d'après la Commission des Etats suivants : Hongrie, Pologne, République tchèque, Estonie, Slovénie et Chypre.

modernisation, lesquelles compléteraient ainsi les crédits pré-adhésion).

Durant l'année 1998, la Commission va soumettre au Parlement européen des propositions pour la mise en œuvre de la politique agricole commune préconisée dans l'Agenda 2000. Les premières propositions de la Commission ont été arrêtées en mars, elles reprennent la philosophie développée dans "l'Agenda 2000" assortie de quelques correctifs[218]. Les négociations qui aboutiront à l'adoption de la réforme promettent d'être rudes et ne manqueront pas -si la France n'obtient pas de concessions notables- de provoquer tumultes et effervescences dans les campagnes.

---

218 *Le Monde* du 18 mars 1998 : "La Commission européenne aménage la PAC".

TITRE II
FACTEURS ET CHAMP DES IRREGULARITES AU SEIN DE LA POLITIQUE AGRICOLE DES MARCHES

La législation agricole communautaire se singularise par son extrême densité (des milliers de règlements sont adoptés chaque année) par d'incessantes modifications, de sorte qu'il s'avère parfois difficile de déterminer quel est finalement le texte applicable. Il est patent qu'une réglementation complexe, délicate à contrôler (Chapitre I), ainsi que le laxisme des Etats membres, conjugués à des normes communautaires insuffisamment contraignantes (Chapitre II), constituent de véritables incitations aux détournements des deniers communautaires.

CHAPITRE I
UNE REGLEMENTATION COMPLEXE ET DELICATE A CONTROLER

La technicité des textes rend particulièrement malaisés tant le contrôle des restitutions à l'exportation (Section 1), que celui relatif au stockage et aux primes (section 2).

SECTION 1 - LES RESTITUTIONS A L'EXPORTATION

L'étude du dispositif réglementaire (§ 1) permet de percevoir aisément les difficultés auxquelles se heurtent les autorités chargées du contrôle des textes en la matière. L'importance des détournements révélés (§2) est manifestement le corollaire de ce constat.

§ 1 - LE DISPOSITIF REGLEMENTAIRE

Les dispositions examinées portent sur les positions taritaires (A), les conditions d'octroi (B), la détermination des taux (C), le paiement (D).

A - Les positions taritaires

Le mécanisme des restitutions à l'exportation dont il a déjà été mentionné qu'il a vocation à promouvoir l'écoulement des produits agricoles européens hors de la Communauté recèle une mosaïque de contrastes. Le montant de la restitution varie selon la classification du produit agricole au sein du tarif douanier commun (la nomenclature officielle ne comptait pas moins de 1200 références dans les années 1985-1990[0], ce qui

---

0 Dont 400 pour les produits laitiers et 80 pour la viande bovine.

impliquait une kyrielle de positions et sous-positions tarifaires extrêmement affinées), mais il peut être également modulé selon le pays destinataire, cette dernière modalité étant désignée sous le vocable de "restitutions différenciées". Ainsi, selon un exemple issu d'un rapport spécial de la Cour des comptes des Communautés européennes[1], le fromage de type Parmigiano-Reggiano autre que râpé ou en poudre d'une teneur en poids de matières grasses n'excédant pas 40% et d'une teneur en poids d'eau n'excédant pas 47% bénéficie d'un taux de restitution de 190 écus pour 1000 kilogrammes en cas d'exportation vers la Suède, mais d'un taux zéro vers la Norvège et la Finlande[2], [ces trois pays sont en 1990, membres de l'Association européenne de libre-échange (AELE)].

On perçoit aisément qu'un tel dispositif assorti d'une réglementation extrêmement affinée, s'avère particulièrement délicat à contrôler et ainsi propice à la fraude.

B - Les conditions d'octroi

Chaque organisation commune de marché ayant ses propres règles d'octroi des restitutions, il s'est avéré judicieux par souci de clarté et de simplification de poser des règles communes. Ce fut l'objet du règlement 3665/87[3] de la Commission, maintes fois modifié depuis lors (chaque OCM conserve toutefois en la matière des modalités d'intervention qui leur sont propres).

Rapport de la Cour des comptes de la Communauté européenne relatif à l'exercice 1987, *JOCE* C 316 du 12 décembre 1988, point 4-21.

1 Rapport spécial n° 2/90 sur la gestion et le contrôle des restitutions à l'exportation, *JOCE* C 133 du 31 mai 1990, point 3-5, p. 25.

2 Dans le secteur lait, produits laitiers, les restitutions différenciées ne s'appliquent qu'aux fromages.

3 *JOCE* L 351 du 14 décembre 1987.

Préalablement à l'opération d'exportation, l'opérateur doit généralement obtenir une habilitation à exporter dénommée "certificat d'exportation"[4]. La délivrance de ce dernier relève de la compétence des Etats membres ; elle est conditionnée par le paiement d'une caution qui garantit l'engagement d'exporter les quantités de produits désignés pendant la durée de validité du certificat[5] (à défaut de respect de l'engagement dans le délai requis, la caution est perdue pour l'exportateur, ce qui constitue une sanction particulièrement dissuasive laquelle a été source d'un important contentieux devant la Cour de justice[6], toutefois la caution est libérée en cas de force majeure).

L'exportateur qui souhaite bénéficier d'une restitution doit la solliciter, son octroi étant dépourvu de toute automaticité. La demande doit figurer sur la déclaration d'exportation (document de douane sur lequel sont indiquées précisément les marchandises exportées, leur classification tarifaire, ...).

Seules sont éligibles aux restitutions, les marchandises qui sont d'une qualité saine, loyale et marchande, caractéristiques dont était dépourvue une cargaison de beurre bénéficiant de restitution à l'exportation (à destination de l'Egypte) laquelle

---

4 Le certificat d'exportation (ainsi que le certificat d'importation) constitue pour la Communauté européenne un précieux instrument d'information sur les mouvements des échanges projetés dans la filière considérée. En cas de crise économique ou politique,..., leur suspension temporaire ou leur rejet constitue une mesure de sauvegarde du marché.

5 Celle-ci varie selon les produits et peut atteindre en moyenne de 7 à 8 mois.

6 La Cour de justice a reconnu la légalité du système de cautionnement dans deux arrêts du 17 décembre 1970 : International Handelsgesellschaft, aff. 11/70, *Rec.* 1970, p. 1125 et Koster, aff. 25/70, *Rec.*, p. 1161.

fut sévèrement endommagée en cours de route et s'avérait ainsi impropre à la consommation[7].

Lorsque la restitution est préfixée, son montant est déterminé le jour de la demande du certificat d'exportation et non pas le jour où les marchandises sont exportées (ce mécanisme protège l'exportateur des baisses du niveau des restitutions pendant la période de validité des certificats). Toutefois, un correctif peut être fixé destiné à infléchir ou accroître le taux de la restitution eu égard aux perturbations sur le marché mondial.

Si jusqu'en juin 1995, la restitution préfixée était une faculté, depuis lors le droit à restitution est subordonné à la présentation obligatoire d'un certificat d'exportation[8], (ce qui permet d'assurer une surveillance régulière des contraintes en volume de marchandises bénéficiant de subventions à l'exportation, corollaire du volet agricole des Accords de Marrakech de 1994), celui-ci doit comporter fixation à l'avance de la restitution, sauf en ce qui concerne les exportations de produit ne relevant pas de l'annexe II du Traité de Rome et les exportations concernant des opérations d'aide alimentaire[9]. L'exigence de la préfixation permet d'assurer le respect des limites en valeur du montant des restitutions issues de l'accord agricole précité. Un opérateur peut également se voir délivrer un certificat d'exportation comportant fixation à l'avance de la restitution dans le cadre d'une adjudication ouverte par un pays tiers importateur. Au moment de la demande, l'exportateur est

---

7 Rapport spécial n° 2/92 de la Cour des comptes sur le contrôle des restitutions à l'exportation versées à de grandes entreprises dans le secteur des produits laitiers, *JOCE* C 101 du 22 avril 1992.

8 Toutefois, aucun certificat n'est exigé lorsque le montant de la restitution est inférieur ou égal à 60 Ecus. Article 2 du règlement n° 1384/95 de la Commission modifiant le règlement n° 3865/87 en ce qui concerne les adaptations nécessaires à la mise en œuvre de l'accord agricole du cycle Uruguay, *JOCE* L 134 du 20 juin 1995.

9 Règlement n° 1384/95 précité.

tenu d'accompagner celle-ci de documents comportant des indications sur : le pays tiers importateur, l'organisme duquel émane l'adjudication, la date limite pour le dépôt des offres à l'adjudication, la quantité de produits sur laquelle porte l'avis d'adjudication.

C - La détermination des taux[10]

Elle fait l'objet de deux procédures distinctes :

. le taux peut être fixé à l'avance.

C'est la Commission qui fixe périodiquement le taux des restitutions après avis du Comité de gestion de la filière concernée. Les taux sont publiés, ils sont fréquemment modifiés par la Commission après consultation du Comité de gestion, soit de sa propre initiative ou à la demande d'un Etat membre.

. le taux peut être déterminé dans le cadre d'une adjudication.

Le mécanisme consiste pour les opérateurs en un dépôt d'offres. Celles-ci indiquent la nature, les quantités de produits, le niveau de la restitution sollicitée. La Commission décide ensuite de la fixation d'une restitution maximale laquelle permettra de ne retenir que les offres situées à un niveau inférieur ou égal à cette restitution.

D - Le paiement

Les conditions générales de paiement (a) doivent être distinguées de la spécificité du préfinancement (b).

---

10 Il faut bien percevoir que la fixation du taux de restitution est une arme commerciale considérable. La Commission s'appuie pour leur détermination sur la différence entre le prix communautaire et le prix mondial, mais intègre également d'autres facteurs, tels les frais de commercialisation et frais de transport les plus favorables à partir des marchés de la Communauté jusqu'aux ports ou autres lieux d'exportation de la Communauté, les objectifs de l'OCM concernée, l'intérêt qu'il y a d'éviter des perturbations sur le marché de la Communauté,...

a) Les conditions générales

Le paiement relève des organismes d'intervention dits "organismes payeurs" identifiés précédemment (Cf. Titre I). Les restitutions ne sont versées que sur la preuve fournie aux organismes payeurs que les produits ont quitté le territoire douanier de la Communauté sous soixante jours. Cette condition est renforcée pour les restitutions différenciées, puisqu'il est exigé que les marchandises aient été importées par un pays tiers dans les douze mois qui suivent la date d'acceptation de la déclaration d'exportation. Le produit est considéré comme importé lorsque les formalités douanières de mise à la consommation dans le pays tiers ont été accomplies. Celles-ci ont été précisées par un règlement en 1987[11], elles consistaient à l'époque en la production de documents douaniers émanant du pays destinataire. A défaut de présentation de ces derniers ou si ils étaient considérés comme insuffisants, il était exigé de fournir une attestation de déchargement ou des documents bancaires (la Cour de justice a estimé que la preuve de l'accomplissement des formalités douanières est un indice réfutable). En 1992, les preuves d'arrivée à destination ont été renforcées (cf. Titre III, Chapitre 1, Section 1, § 2). Parfois la preuve de la mise à la consommation peut faire défaut, car il est en effet très difficile de la fournir. Ainsi, les pays tiers peuvent être dépourvus de la logistique nécessaire. Les conditions d'importation par camions, voire par dos de chameaux dans certains pays d'Afrique, rendent tout à fait anachronique les exigences réglementaires qui supposent des "postes de douane" sur chaque route conduisant au pays de destination[12].

---

11 Règlement de la Commission n° 3665, JOCE L 351 du 14 décembre 1987.

12 Edouard DIDIER, Joël GRANGE, "Les preuves d'arrivée à destination finale", *Les Petites Affiches*, 9 juillet 1993.

b) La spécificité du préfinancement[13]

Ce paiement est effectué préalablement à l'opération d'exportation, il implique le placement des marchandises destinées à l'exportation sous contrôle douanier. Les produits doivent être placés en entrepôts publics ou privés lorsqu'ils sont destinés à être exportés en l'état, en entrepôt privé s'ils doivent être transformés avant d'être exportés. Dès que les marchandises sont déclarées en entrepôt, elles sont considérées comme exportées et le paiement peut être effectué par les organismes d'intervention.

Le préfinancement est lié au dépôt d'une caution par l'opérateur laquelle garantit ainsi le remboursement de la restitution dans l'hypothèse où l'exportation n'est pas réalisée dans les délais prescrits ou si les preuves de la destination finale ne sont pas présentées à l'organisme payeur dans les douze mois qui suivent l'exportation.

§ 2 - LES DETOURNEMENTS

Plusieurs techniques frauduleuses peuvent être mises en œuvre.

La première consiste à déguiser la nature ou la qualité d'un produit pour lequel une restitution est sollicitée. Ceci est d'autant plus aisé qu'il existe une multitude de positions tarifaires pour un même produit. Ainsi du babeurre a été déclaré irrégulièrement comme du lait demi écrémé afin de bénéficier d'un taux de restitution plus élevé (1,5 millions d'écus ont été ainsi illégalement perçus pour cette opération[14]).

---

13 Règlement n° 565/80, *JOCE* L 62 du 7 mars 1980.

14 Rapport spécial de la Cour des comptes des Communautés européennes, n° 2/92 sur le contrôle des restitutions à l'exportation versées à de grandes entreprises dans le secteur des produits laitiers, JOCE c 101 du 22 avril 1992, point 3-1-d.

Des marchandises sont déclarées de premier choix, alors qu'il ne s'agit que de déchets (des restitutions ont même été versées pour des exportations prétendues de viande bovine alors que les lots étaient constitués d'abats de poulet[15]). La déclaration intentionnellement erronée peut porter sur le poids de la marchandise ou sur la quantité exportée. Ainsi il est arrivé que l'emballage plastique soit inclus dans le poids du fromage déclaré[16]. Ce premier type d'irrégularité relatif aux caractéristiques intrinsèques du produit a été fréquemment dénoncé au cours des années 1980.

Un second procédé consiste en une opération fictive d'exportation par falsification des documents douaniers. Plusieurs cargaisons de beurre et de poudre de lait destinées à la Pologne ont bénéficié de restitutions à l'exportation, bien qu'en réalité les marchandises aient été acheminées en Espagne. Les fraudeurs ont bénéficié de faux documents d'importation polonais justifiant leur demande d'aide ; 150 camions ont été ainsi détournés entre octobre 1993 et mai 1994, ce qui représente 3,3 millions d'écus indûment versés[17]. En 1992, il a été clairement établi que 37 000 tonnes de lait ont fait l'objet de ventes fictives en ex-URSS bénéficiant de restitutions à l'exportation alors que deux ans après exportation, ce lait était toujours en entrepôt sous douane[18].

Une autre technique est désignée sous le vocable de "carrousel". La marchandise est réellement exportée dans un pays tiers, mais elle est ensuite réimportée en contrebande dans

---

15 1,4 millions d'Ecus ont ainsi été illégalement perçus.
Rapport annuel de la Cour des comptes des Communautés européennes relatif à l'exercice 1987, *op. cit.*

16 Rapport spécial de la Cour des comptes des Communautés européennes n° 2/92, point 3.1.k.

17 Rapport annuel de l'Uclaf 1995, p. 69.

18 Rapport annuel de la Commission sur la lutte contre les fraudes, Bilan 1992, point 2-3-2, p. 24.

un Etat de la communauté afin de bénéficier à nouveau de restitutions.

Un dernier procédé consiste à s'appuyer sur la technicité des textes réglementaires, plus précisément sur la terminologie usitée. Ainsi du lait congelé avait bénéficié de restitutions lesquelles étaient destinées au "lait solide", c'est-à-dire au lait en poudre[19].

SECTION 2 - STOCKAGE PUBLIC ET PRIMES

La réglementation relative au stockage public (§ 1) et aux primes s'avère également perméable à la fraude.

§ 1 - LE STOCKAGE PUBLIC

Le mécanisme de fonctionnement de cette mesure de soutien des marchés agricoles doit être précisé (A), il se révèle un terreau propice aux irrégularités (B).

A - Le mécanisme de fonctionnement

Il convient de rappeler que lorsque l'offre de produits agricoles est trop forte par rapport à la demande, elle a pour corollaire une chute des prix malmenant les objectifs de la PAC. Afin d'y remédier, le surplus est retiré du marché. Il est acheté par les organismes d'intervention pour être stocké (en France, les offices d'intervention délèguent ces opérations à des sociétés interprofessionnelles)[20]. L'écoulement intervient ultérieurement lorsque les possibilités d'absorption du marché

---

19 Rapport d'information n° 1948 de la délégation de l'Assemblée nationale pour l'Union européenne, *op. cit.*

20 Interlait pour le compte d'Onilait.
Sibev pour le compte de l'Ofival.
SAV pour le compte de l'Onivins.

le permettent par décision de la Commission laquelle a la responsabilité de la gestion globale des stocks[21]. Le financement de l'opération d'achat relève des deniers des Etats membres mis à la disposition des organismes d'intervention. La Communauté ne rembourse aux Etats que les pertes enregistrées au niveau de la vente (ce qui est l'occurrence la plus fréquente, toutefois si des profits sont réalisés, ils doivent être reversés à la Communauté) ainsi que les dépenses engagées par les autorités nationales dans l'activité de stockage. Les modalités de remboursement communautaire diffèrent selon les dépenses. Si les frais techniques, de manutention, d'entreposage, de conservation des marchandises font l'objet d'un remboursement communautaire sur la base d'un taux forfaitaire déterminé pour chaque produit et pour chaque type d'opération ; on applique aux frais financiers (c'est-à-dire les frais d'intérêt résultant de l'investissement en capital nécessaire pour les achats) un taux forfaitaire uniforme. Le tableau suivant retrace l'évolution des dépenses de stockage entre 1979 et 1987.

---

21 Ainsi, c'est la Commission qui lors d'une vente de stocks par adjudication publique adjuge celle-ci au soumissionnaire le plus offrant dès lors que le prix de ce dernier n'est pas inférieur à un prix minimal fixé par la Commission après consultation du comité de gestion.

Ventilation des dépenses de stockage public par type de dépenses[0]

(Mio ECU)

	1979	1980	1981	1982	1983	1984	1985	1986	1987
Dépenses totales au titre du stockage public	1 260	1 133	1 052	1 031	2 007	2 710	3 542	4 747	2 934
Frais techniques (%)	184 (15)	235 (21)	238 (23)	262 (25)	436 (22)	542 (20)	733 (21)	701 (15)	508 (17)
Frais financiers (%)	186 (15)	180 (16)	190 (18)	205 (20)	420 (21)	515 (19)	615 (17)	658 (14)	537 (18)
Autres frais (%)	890 (70)	718 (1) (63)	624 (2) (59)	564 (55)	1 151 (57)	1 654 (61)	2194(3) (62)	3 388(4) (71)	1 889 (65)

(1) Dont 66 Mio de dépréciation

(2) Dont 105 Mio de dépréciation

(3) Dont 439 Mio de dépréciation

(4) Dont 468 Mio de dépréciation

---

0 Rapport spécial de la Cour des comptes des Communautés européennes n° 5/88 sur la gestion et le contrôle du stockage public, *JOCE* C 274 du 24 octobre 1988.

B - Un terreau propice aux irrégularités

La gestion du stockage doit répondre à plusieurs exigences.

- Les comptes doivent refléter la situation réelle des stocks tant en ce qui concerne la quantité et la valeur. Les mouvements de fonds enregistrés dans le cadre des opérations d'achat et de vente et les mouvements physiques d'entrée et de sortie des stocks doivent se recouper.

- Les produits stockés doivent demeurer d'une bonne qualité, ils ne doivent aucunement se dégrader.

- Les produits retirés du marché à des fins de régulation ne doivent pas être remis sur le marché à la suite d'une opération autre qu'une opération de vente.

Il est patent que seul le contrôle physique des marchandises lequel est à la charge des autorités nationales permet de s'assurer que les obligations susmentionnées sont bien garanties. Or la réglementation communautaire régissant le stockage recèle peu de dispositions relatives au contrôle physique (les Etats sont toutefois tenus responsables financièrement des pertes de quantité et de qualité dépassant une limite de tolérance liée à la nature des produits). Il est pourtant indéniable que les risques de surestimation de la qualité, de substitution d'une marchandise au cours du processus de stockage par un produit analogue (mais d'une qualité moindre), de détérioration du produit par manque de soin, sont inhérents au stockage. De nombreux rapports de la Cour des comptes ont souligné qu'il existait de sérieuses potentialités d'irrégularités sur la qualité et sur les quantités des stocks de sorte que le FEOGA-garantie finance des montants injustifiés de pertes sur vente. Ainsi des enquêtes menées par la Commission dans le secteur du blé dur en Italie ont révélé des stocks déclarés qui s'avèrent en réalité inexistants[22].

---

22 Rapport annuel de l'Uclaf 1994, p. 50.

§ 2 - LES PRIMES

Les primes s'avèrent particulièrement délicates à contrôler. Deux exemples sont retenus : l'aide à la production pour le blé dur (A) et la prime à la brebis (B).

A - L'aide à la production pour le blé dur[23]

L'aide octroyée est calculée sur la superficie cultivée. Ce sont les surfaces déclarées lors de la demande d'aide qui constituent la pièce cardinale du contrôle. Si la vérification sur place d'une partie des demandes est prévue par la réglementation communautaire[24], il est néanmoins tentant pour le bénéficiaire de fournir la déclaration en indiquant une superficie inexacte ou inexistante ou bien encore en déclarant du blé fourrager pour du blé dur, la substitution étant particulièrement délicate à détecter[25]. La Cour des comptes a comparé pour l'Italie les superficies ensemencées de blé dur d'après les statistiques de l'Eurostat (organisme de statistiques de la Communauté) avec les superficies alléguées des demandes d'aides telles qu'elles ont été fournies à l'organisme payeur italien (AIMA). Il en ressort que les surfaces déclarées étaient supérieures de 5,6 à 12,5 % des données chiffrées de l'Eurostat pour les années 1984 à 1987[26]. D'après un rapport

---

23 Elle a été instaurée en 1976 (règlement n° 3103 du 16 décembre 1976, *JOCE* L 351 du 21 décembre 1976)
Les principaux Etats bénéficiaires de cette prime sont la Grèce, la France, l'Italie, l'Espagne lesquels ont reçu 80% du total de cette aide entre 1986 et 1988.

24 Le taux minimum de contrôle sur place est de 5% [et ceci jusqu'à l'adoption d'un nouveau règlement adopté en juin 1989 (*JOCE* L 171 du 20 juin 1989) lequel a renforcé les exigences en la matière].

25 Rapport annuel de la Cour des comptes des Communautés européennes relatif à l'exercice 1991, point 3-26, p. 81.

26 Rapport annuel de la Cour des comptes des Communautés européennes relatif à l'exercice 1988, *JOCE* C 312 du 12 décembre 1989, p. 71.

de l'Uclaf de 1992, des contrôles effectués en Grèce en 1989 ont révélé qu'un certain pourcentage de superficies déclarées en blé dur ne sont pas cultivées. Il est patent que se pose avec acuité le problème de l'absence de techniques fiables de contrôle des surfaces déclarées, ce qui est une incitation à la fraude. La réglementation communautaire se contente d'indiquer un taux minimum de contrôle sans en préciser les modalités (lesquelles relèvent exclusivement des autorités nationales), mais surtout elle s'avère guère dissuasive, puisque aucune disposition n'indique de sanctions à l'encontre des producteurs introduisant de fausses déclarations. Le seul risque auquel s'exposent ces derniers est le rejet ou la correction de leurs demandes d'aides.

B - La prime à la brebis

Elle constitue la mesure de soutien principal de l'OCM viande ovine. La réglementation en vigueur en 1988[27] recèle des dispositions dont le contrôle s'avère délicat à effectuer. Ainsi, les brebis éligibles à la prime sont des femelles saillies pour la première fois, c'est-à-dire des agnelles de moins d'un an et visiblement pleines ou qui ont agnelé au moins une fois à l'exclusion des brebis de réforme (c'est-à-dire des brebis qui ne sont plus reproductrices). Les brebis doivent être maintenues sur l'élevage pendant cent jours à partir du dernier jour de la période de dépôt des demandes.

La Cour des comptes des Communautés souligne que la "brebis visiblement pleine" qui relève de la prime et la "brebis de réforme"" qui en est exclue sont impossibles à contrôler même par des inspecteurs expérimentés ; difficulté qui ne

---

27 Règlement n° 1837 du Conseil, JOCE L 183 du 16 juillet 1980. Règlement n° 3007 de la Commission, JOCE L 283 du 27 octobre 1984.

saurait être négligée puisque ces catégories peuvent représenter jusqu'à 15% des troupeaux[28].

Si la législation communautaire a prévu des contrôles administratifs et physiques sur place pendant la période de cent jours, le comptage qu'il implique s'avère particulièrement malaisé dans les régions où les moutons sont élevés de façon extensive, c'est-à-dire dans des lieux vastes et parfois difficilement accessibles. Cette difficulté caractérise également les primes allouées dans le cadre de l'OCM viande bovine où l'absence d'un système d'identification des animaux à l'échelle communautaire soulève de graves problèmes de contrôle.

La réglementation communautaire n'est pas seulement complexe, elle est également insuffisamment contraignante en matière de contrôle (phénomène accentué par l'attitude des Etats souvent peu empressé de vérifier la régularité des dépenses agricoles).

---

28 Rapport annuel de la Cour des comptes des Communautés européennes relatif à l'exercice 1988, *op. cit.*

CHAPITRE II
LAXISME DES ETATS MEMBRES ET NORMES COMMUNAUTAIRES DE CONTROLE INSUFFISAMMENT CONTRAIGNANTES

Dès 1970, les obligations des Etats membres et de la Commission sont précisées concernant le contrôle des dépenses du FEOGA-garantie (Section 1). Toutefois les vérifications opérées par les instances nationales s'avèrent déficientes (Section 2) d'autant que la Communauté n'a pas toujours jugé bon d'imposer des règles minimales de contrôle.

SECTION 1 - LES OBLIGATIONS ORIGINAIRES DES ETATS MEMBRES ET DE LA COMMISSION

La Communauté ne s'est pas contentée d'ériger des soutiens financiers pour la régulation des marchés agricoles ; elle a veillé au contrôle des dépenses que ceux-ci généraient en instaurant un dispositif spécifique objet du règlement du Conseil 729/70[30]. Celui-ci répartit la responsabilité du contrôle des dépenses agricoles entre les Etats membres et la Commission. Les premiers sont assujettis à une triple obligation :

- ils doivent s'assurer de la réalité et de la régularité de l'ensemble des opérations financées par le FEOGA-garantie ;
- ils sont tenus de prendre des mesures efficaces de prévention et de répression des irrégularités ;
- enfin ils leurs appartient de recouvrir les fonds indûment perçus (à défaut de récupération totale, les conséquences financières des irrégularités ou des négligences sont supportées par la Communauté, sauf si elles résultent

30 *JOCE* 1970-L 94 du 28 avril 1970.

d'irrégularités ou de négligences imputables aux administrations ou aux organismes des Etats membres).

Quant à la Commission dont il faut rappeler qu'elle tire des dispositions du Traité de Rome (articles 155 et 205) la mission de veiller à l'exécution correcte des dépenses et des recettes de la Communauté ; en vertu du règlement précité elle peut demander à l'Etat membre d'effectuer des contrôles supplémentaires ou être associée à des contrôles organisés par les autorités nationales. Le législateur communautaire a ainsi fixé les fondements de la coopération entre l'organe supranational et les Etats membres qui n'aura de cesse d'être renforcé par la suite (et ceci pour d'autres dépenses ainsi que pour les ressources propres de la Communauté). Mais la véritable originalité réside dans le fait que la Commission dispose d'un véritable pouvoir de contrôle autonome, c'est-à-dire qu'elle est habilitée à effectuer des vérifications sur place auprès des opérateurs économiques bénéficiaires du FEOGA-garantie (cette prérogative est longtemps demeurée spécifique aux dépenses agricoles, ainsi pour les recettes communautaires, la Commission ne pouvait aucunement se rendre sur place afin de vérifier dans les Etats si les droits de douanes, les prélèvements agricoles étaient perçus selon les procédures administratives prévues à cette fin [31], ce pouvoir lui fut reconnu en 1989[32], comme il le fut pour les dépenses des fonds structurels)[33]. Une autre spécificité relevant de la réglementation de 1970 est la procédure d'apurement. Il convient de rappeler à cet égard que la Commission est tenue de contrôler les comptes des organismes nationaux d'intervention dispensateurs des deniers communautaires

---

31 John A.E. VERVAELE, *La fraude communautaire et le droit pénal des affaires*, Paris, PUF, 1994.

32 Article 18, paragraphe 3 du règlement du Conseil n° 1552 sur les ressources propres, *JOCE* L 155 du 7 juin 1989.

33 Article 23, paragraphe 2 du règlement du Conseil n° 4253, *JOCE* L 374.

agricoles ; elle doit ainsi relever si les crédits ont été alloués en conformité avec les règles établies. Dans le cas contraire, la dépense est imputée à l'Etat membre. Cette sanction *a posteriori* spécifique aux dépenses du FEOGA-garantie est puissamment dissuasive, elle incite les Etats membres à veiller avec plus d'acuité à l'application de la réglementation communautaire et à renforcer leur dispositif de contrôle ; elle fait également l'objet d'un riche contentieux devant la Cour de Justice, les autorités nationales étant souvent enclines à contester l'exclusion par la Commission de certaines dépenses[34] (en effet, parfois, il ne suffit pas que l'Etat ait respecté telle réglementation relative à l'octroi d'un concours financier, il faut pouvoir en fournir la preuve. Or, celle-ci peut s'avérer particulièrement difficile à établir, comme pour la mise à la consommation des produits exportés bénéficiant de restitutions différenciées).

Si le contrôle des dépenses FEOGA-garantie apparaît bien co-partagé entre des entités biens distinctes (Commission, Etats membres), il n'en demeure pas moins que le rôle cardinal est dévolu aux instances nationales puisqu'il incombe à ces dernières de concevoir et de mettre en œuvre un dispositif propre à prévenir et à sanctionner efficacement toute irrégularité aux dépenses agricoles. (C'est bien le sens du règlement 729/70, argument que ne cesse de réitérer la Commission lorsque les parlementaires européens dénoncent au travers des questions écrites qu'ils adressent à cette dernière l'existence de telle ou telle pratique frauduleuse dans un Etat membre[35]).

L'examen de la réglementation originaire précitée révèle également qu'il n'est aucunement imposé aux Etats membres

---

34 Ce n'est qu'en 1995 qu'une phase amiable entre la Commission et les Etats membres a été introduite afin de limiter les différends et ainsi les recours devant la Cour de justice, cf. *infra*, Titre III, Chapitre II, Section 1.

35 Par exemple, *JOCE* C 113 du 16 mai 1978, p. 13 et 14.

le recours à une quelconque technique destinée à assurer le respect des obligations qui leur incombent. La latitude d'action des Etats en la matière est totale. On mesure immédiatement les avantages et les inconvénients d'un tel système ; respectueux de la souveraineté nationale, il engendre toutefois une disparité des dispositifs juridiques répressifs (cf. Titre III, Chapitre II, Section 2).

Afin de remédier aux réticences de plusieurs Etats membres à collaborer avec la Commission et à reconnaître à celle-ci un pouvoir de contrôle interne, la Communauté a entendu dès 1972 renforcer ses exigences relatives aux dépenses agricoles vis-à-vis des instances nationales, en érigeant une réglementation que l'on peut intituler de "première génération" (car elle est présentement abrogée, mais n'en constitue pas moins le socle et le ferment de la réglementation actuelle). Un règlement adopté en 1972[36] contraint les Etats membres à communiquer régulièrement chaque trimestre à la Commission les irrégularités constatées (à noter que cette obligation de communication est entrée en vigueur en 1988 pour les fonds structurels[37] et les ressources propres[38]). L'objectif est de permettre à la Commission mieux informée de déclencher plus facilement des enquêtes. La seconde disposition essentielle du règlement précité renferme une obligation énoncée dans le règlement de 729/70, laquelle contraint l'Etat membre à indiquer à la Commission les opérations mises en œuvre en matière de recouvrement des sommes indûment perçues.

Les obligations introduites par le règlement de 1972 ont été malmenées par les Etats membres. La réglementation s'est avérée en partie inopérante, les autorités nationales négligeant de porter à la connaissance de la Commission les irrégularités

---

36 Règlement n° 283, *JOCE* L 36 du 10 décembre 1972.

37 Article 23, paragraphe 1 du règlement du Conseil n° 4253, *op. cit.*

38 Il y a une obligation de communication semestrielle en cas de fraude, article 6 du règlement du Conseil n° 1552, *op. cit.*

constatées. La Cour des comptes des Communautés européennes a relevé qu'entre 1984 et 1986 certaines fraudes signalées par voie de presse ne l'ont pas été dans le cadre de ce règlement[39] ; en 1989, la Grèce membre de la Communauté économique européenne depuis 1981 n'a adressé aucune communication jusqu'alors à la Commission[40]. Entre 1972 et 1991, (c'est-à-dire avant que ne soit adopté un règlement plus drastique en la matière[41]) on relève une grande disparité entre les Etats concernant le nombre de cas notifié, ainsi que les taux de recouvrement des sommes illégalement perçues.

---

39 Rapport spécial de la Cour des comptes n° 7/93 sur les contrôles relatifs aux irrégularités et aux fraudes dans le domaine agricole, JOCE C 53 du 19 février 1994.

40 Rapport spécial de la Cour des comptes, n° 7/93, *op. cit.*

41 Règlement n° 595/91, *JOCE* L 67 du 14 mars 1991 (présenté Titre III).

Cas de fraudes et d'irrégularités communiqués entre 1972 et 1991[30]

1	2	3	4	5	6	7	8	9
Etats membres	Nombre de cas notifiés	Valeur Mio ECU	Montant recouvré Mio ECU	Montant recouvré en % (4/3)	Montant irrécouvrable Mio ECU	Montant irrécouvrable en % (6/3)	Montant à recouvrer Mio ECU	Montant à recouvrer en % (8/3)
Belgique	91	17,613	1,251	7,1	0,008	0	16,353	92,9
Danemark	373	18,645	6,359	34,1	0,587	3,1	11,699	62,8
Allemagne	1 653	146,060	26,685	18,3	2,100	1,4	117,274	80,3
Grèce	30	0,816	0,034	4,2	0	0	0,782	95,8
Espagne	137	3,578	0,488	13,6	0	0	3,090	86,4
France	751	26,885	14,835	55,2	0,698	2,6	11,351	42,2
Irlande	121	8,055	2,238	27,8	1,102	13,7	4,714	58,5
Italie	783	452,605	11,470	2,5	0,621	0,1	440,514	97,4
Luxembourg	1	0,0	–	–	0	0	0,0	0
Pays-Bas	554	27,681	7,646	27,6	0,034	0,1	20,000	72,3
Portugal	66	1,274	0,641	50,3	0	0	0,632	49,7
Royaume-Uni	1 215	22,270	6,038	27,1	3,149	14,1	13,082	58,8
Total (1)	5 775	725,482	77,685	10,7	8,299	1,1	639,491	88,2

Source : Base de données de la Commission (COMA 35) au 16 mars 1992 et analyse de la Cour des Comptes.

(1) Les différences mineures apparaissant dans les totaux tiennent au fait que certains montants ont été arrondis.

30 Tableau 4, p. 20, rapport spécial de la Cour des comptes, n° 7/93, *op. cit.*

Parfois, lorsque les données sont fournies, celles-ci sont empreintes d'une telle imprécision qu'elles ne permettent aucunement à l'instance supranationale de déclencher une enquête. La Commission n'est cependant pas toujours exempte de toute critique, les membres de la Cour des Comptes estiment qu'elle n'use pas suffisamment de ses pouvoirs de vérification qu'elle tient de l'article 9 du règlement 729/70.

En 1977, est adoptée une directive[42], destinée à accroître le dépistage des irrégularités ; elle oblige ainsi les Etats membres à procéder à titre préventif à des contrôles systématiques des documents commerciaux des entreprises bénéficiaires du FEOGA-garantie (réglementation qui ne sera guère appliquée). L'origine de cette directive doit être précisée, car elle procède des propositions émises par la mission extraordinaire de contrôle (groupe de travail de la Commission) mis en place, afin d'examiner le problème de la fraude dans le secteur agricole entre 1973 et 1979[43].

Enfin, la coopération administrative dans le domaine douanier et agricole entre les Etats membres de la Communauté et la Commission européenne est instaurée[44] (il s'agit d'un instrument qui vise non seulement à protéger les dépenses, mais également les recettes du budget communautaire). La philosophie du système consiste en un échange d'informations entre les Etats membres destiné à

---

42 Directive du Conseil du 27 juin 1977, *JOCE* L 172 du 12 juillet 1977.

43 Cité par John A.E. VERVAELE, *in* DELMAS-MARTY (sous la direction de), *Quelle politique pénale pour l'Europe ?*, actes du colloque de Royaumont, Paris, Economica, 1993, p. 220.

44 Règlement n° 1468 du Conseil du 19 mai 1981 relatif à l'assistance mutuelle entre les autorités administratives des Etats membres et à la collaboration entre celles-ci et la Commission en vue d'assurer la bonne application de la réglementation douanière ou agricole, *JOCE* L 144 (règlement amendé par le règlement n° 945/87, *JOCE* L 90 du 2 avril 1987.

s'assurer du respect de la réglementation agricole et douanière. Ainsi, une administration nationale (autorité requérante) peut demander à une administration d'un autre Etat membre (autorité requise) de lui fournir tout document conforme dont elle dispose relatif à l'application de la réglementation précitée, de mettre en place une surveillance spécifique (ou de procéder à des enquêtes) sur les personnes, lieux, ou mouvements de marchandises lorsqu'il est suspecté une infraction à la législation. La Commission doit être tenue informée par les autorités nationales des méthodes utilisées ou présumées pour violer les réglementations, des marchandises concernées par les transgressions, des lacunes et insuffisances des textes y ayant contribué[45]. Ainsi, la Commission peut être à même d'y puiser sa réflexion afin de formuler de nouvelles propositions destinées à lutter contre les détournements des deniers communautaires.

SECTION 2 - DES CONTROLES NATIONAUX GENERALEMENT DEFICIENTS

L'insuffisance des contrôles nationaux destinés à s'assurer de la réalité et de la régularité des opérations financées par les crédits communautaires a été mise en exergue et stigmatisée par la Cour des comptes des Communautés et par le Parlement européen (§ 1). L'état précis de ces contrôles qui résulte essentiellement des rapports de la Cour des comptes révèle sans ambiguïté l'ampleur du phénomène (§ 2).

---

45 Cette obligation résulte du règlement n° 945, *op. cit.* Antérieurement, le règlement n° 1468 adopté en 1981 ne prévoyait pour les Etats membres qu'une simple faculté de transmission d'information à la Commission.

§ 1 - DES CONSTATS EMANANT DE LA COUR DES COMPTES ET DU PARLEMENT EUROPEEN

La mission spécifique de contrôle incombant à la Cour des comptes (A) et celle à vocation générale relevant du Parlement européen (B) doivent être explicitées, puisque c'est dans le cadre respectif de ces dernières que les deux institutions susmentionnées ont pu alerter tant la Communauté que l'opinion publique sur les pratiques frauduleuses et sur les carences des autorités nationales en la matière.

A - La Cour des comptes : organe de contrôle budgétaire externe

La Cour des comptes créée par le Traité de Bruxelles du 22 juillet 1975, (laquelle s'est ainsi substituée à la Commission de contrôle de la CEE) procède de la volonté de lutter contre les détournements des deniers communautaire. Elle fournit par là-même au Parlement européen qui est également doté par les dispositions du Traité précité de prérogatives budgétaires accrues, des moyens techniques lui permettant un contrôle plus efficace du budget communautaire. La Cour des comptes érigée par le Traité de Maastricht au rang d'institution communautaire est un organe collégial composé de 15 membres nommés pour une période de six ans par le Conseil statuant à l'unanimité après consultation du Parlement européen. Chaque membre est spécialisé dans un domaine précis de l'activité de la Cour (FEOGA-garantie, FEDER, etc)

Les caractéristiques (a) et les manifestations du contrôle (b) doivent être précisées.

a) Les caractéristiques du contrôle (étendue, méthode et moyens de contrôle)

Le contrôle effectué par la Cour des comptes est externe[46] et *a posteriori*. Non juridictionnel, il est ainsi dépourvu de toutes sanctions lesquelles demeurent pourtant "le meilleur moyen de réformer un comportement illégal ou regrettable"[47].

Le contrôle porte sur la totalité des recettes et des dépenses, ainsi que sur les comptes des organes créés par la Communauté. Les membres de la Cour des comptes doivent s'assurer de la régularité et de la légalité de toutes les dépenses effectuées ou recettes perçues. A ce titre, ils doivent contrôler la conformité des recettes et dépenses avec les règles communautaires applicables ; c'est dans ce cadre qu'ils sont amenés à relever des pratiques frauduleuses. Enfin, il leur appartient également de procéder au contrôle de la bonne gestion financière. Cet examen vise à établir le degré de réalisation des objectifs de gestion préalablement fixés et à vérifier si les moyens financiers mis en œuvre pour les atteindre sont adéquats.

Le contrôle a lieu sur pièces et au besoin sur place auprès des institutions communautaires et/ou dans les Etats membres. Ces derniers ont l'obligation de communiquer à la Cour des comptes, sur sa demande, les documents et les informations qui lui sont nécessaires pour l'accomplissement de sa mission (selon l'article 188 C § 3 du Traité CE, la Cour des comptes doit entretenir des liens étroits avec les institutions de contrôle externe des finances publiques des Etats membres).

Le Traité d'Amsterdam élargit les pouvoirs d'investigation de la Cour des comptes. Celle-ci sera habilitée à opérer des contrôles dans les locaux de tout organisme gérant des recettes

---

46 Quant au contrôle interne, il relève du contrôleur financier de chaque institution, mais ce système d'auto-surveillance est insuffisant.

47 Gilbert ORSINI, *La Cour des comptes des Communautés européennes*, Paris, Economica, 1983.

ou des dépenses au nom de la Communauté, ainsi que dans les locaux de toute personne physique ou morale bénéficiaire de versement provenant du budget communautaire ; elle pourra demander communication d'informations aux organismes, personnes physiques ou morales susmentionnées. Ce nouveau droit primaire confirme et explicite une pratique qui a cours jusqu'à présent et que ne conteste pas les Etats membres.

b) Les manifestations du contrôle

Outre "une déclaration d'assurance concernant la fiabilité des comptes (ainsi que la légalité et la régularité des opérations sous-jacentes") devant être communiquée au Parlement et au Conseil[48], la Cour des comptes doit établir un rapport annuel après la clôture de chaque exercice. Ce dernier est transmis aux autres institutions de la Communauté et publié au Journal officiel des Communautés européennes (série C) accompagné des réponses des institutions. La publication de ce document lui confère une portée considérable et constitue inéluctablement un moyen de pression sur les institutions et les Etats responsables des irrégularités mises en exergue. Le rapport annuel contient des observations sur l'ensemble des rubriques du budget, de sorte que les dépenses du FEOGA-garantie y sont inéluctablement abordées. Généralement, c'est une aide spécifique et/ou les dépenses d'une OCM qui font l'objet d'un examen soutenu[49].

---

48 Article 188 C alinéa 2 du Traité CE (disposition introduite par le Traité de Maastricht).

49 Ainsi, à titre d'exemples, examen d'une aide spécifique : "Aide à la production de froment dur, prime à la brebis" et examen de l'OCM sucre, Rapport annuel de la Cour des comptes relatif à l'exercice 1988, *JOCE* C 312 du 12 décembre 1989 ; examen de la légalité et de la régularité des dépenses de l'OCM fruits et légumes, Rapport annuel de la Cour des comptes relatif à l'exercice 1994, *JOCE* C 303 du 14 novembre 1995, point 2.1 à 2.135.

Des rapports spéciaux peuvent être également adoptés à l'initiative de la Cour des comptes, ils sont généralement publiés[50]. Certains d'entre eux ont d'ailleurs eu un retentissement considérable. Sur près d'une centaine de rapports spéciaux adoptés depuis 1978, un tiers a été destiné au suivi de la gestion du FEOGA-garantie, au sein duquel on relève entre 1985 et 1996 pas moins de quatre rapports consacrés spécifiquement aux restitutions à l'exportation[51] (dont deux sont relatifs à la filière lait). Les membres de la Cour se sont également penchés sur les dépenses de stockage public[52] ou sur le fonctionnement d'une filière spécifique[53].

Tels les rapports annuels, les rapports spéciaux dénoncent les abus et les dysfonctionnements relatifs aux dépenses agricoles ; ils analysent et décortiquent les mécanismes

---

50 Avec quelques exceptions. Rapport spécial n° 1/92 relatif au régime d'aide aux graines oléagineuses (16 janvier 1992).

51 Rapport spécial 2/85 du 26 juin 1985, *JOCE* C 215 du 26 août 1985.
Rapport spécial 2/90 du 5 avril 1990, *JOCE* C 133 du 31 mai 1990.
Rapport spécial 2/92 du 12 mars 1992, *JOCE* C 101 du 22 avril 1992.
Rapport spécial 1/94 du 27 janvier 1994, *JOCE* C 75 du 12 mars 1994.

52 Rapport spécial n° 5/88 du 8 septembre 1988, *JOCE* C 274 du 24 octobre 1988.

53 A titre d'exemples :
- Rapport spécial n° 3/84 sur le fonctionnement de l'organisation commune des marchés dans le secteur de la viande ovine du 19 juillet 1984, *JOCE* C 234 du 4 septembre 1984.
- Rapport spécial n° 1/85 relatif à l'organisation des marchés dans le secteur de l'huile d'olive du 25 avril 1985, *JOCE* C 134 du 26 août 1985.
- Rapport spécial n° 3/87 relatif à l'organisation commune des marchés dans le secteur du tabac brut du 15 juillet 1987, JOCE C 297 du 6 novembre 1987.
- Rapport spécial n° 4/91 relatif à l'organisation commune du marché dans le secteur du sucre et de l'isoglucose du 12 septembre 1991, JOCE C 290 du 7 novembre 1991.

aboutissant aux irrégularités. Mais ils ne se contentent pas de stigmatiser les pratiques frauduleuses, ils émettent également de vives recommandations lesquelles peuvent être assimilées à des "propositions"[54] qui peuvent se révéler de précieuses sources de législation communautaire. Toutefois, le laps de temps entre la formulation de la proposition et sa concrétisation normative peut être très long (telle l'instauration d'un taux minimum, de contrôle physique sur les marchandises bénéficiant de restitutions à l'exportation)[55], ce que déplore la Cour des comptes.

La Cour des comptes peut également prendre l'initiative de présenter des "observations" sur des questions particulières. Ainsi en 1981, elle a émis des observations sur la proposition de règlement du Conseil relatif au financement par le FEOGA section garantie de certaines mesures d'intervention et notamment de celles consistant en achat, stockage et vente de produits agricoles par les organismes d'intervention. Cependant leur portée est moindre que les rapports puisque la publication n'est pas autorisée. Enfin, la Cour peut être saisie par les institutions communautaires (Parlement, Conseil, Commission, Cour de justice) pour avis lesquels ne lient pas[56].

---

54 Celles-ci devront être reprises par la Commission qui détient le pouvoir d'initiative de la législation communautaire.

55 Préconisé par la Cour des comptes depuis le début des années 1981-82, ce n'est qu'en 1990 (règlement n° 386/90, cf. Titre III, chap. I, section 1, § 2) qu'un taux minimum d'au moins 5% de contrôle physique des déclarations d'exportations fut instauré (pour les marchandises bénéficiant de restitutions à l'exportation).

56 Ainsi, l'avis n° 5/94 de la Cour des comptes des communautés sur la proposition de règlement du Conseil modifiant le règlement n° 729/70 du Conseil relatif à la politique agricole commune avait été demandé par le Conseil (*JOCE* C 383 du 31 décembre 1994).

B - Le Parlement : "organe de contrôle politique"

Si le Parlement européen n'est aucunement le véritable législateur de la Communauté (ni co-législateur en matière de PAC puisque celle-ci ne relève pas du champ d'application de la procédure de codécision) il n'en demeure pas moins que les élus européens exercent la mission essentielle dévolue à une assemblée parlementaire traditionnelle, à savoir le contrôle politique de l'exécutif (a). Concomitamment, ils jouissent de prérogatives non négligeables en matière de contrôle budgétaire (b).

a) Le contrôle politique général

Pour contrôler, il est indispensable d'être informé. A cette fin, les parlementaires disposent de plusieurs instruments.

• Les questions et débats

Les questions peuvent être écrites, elles sont alors posées librement par tout député à la Commission européenne ou au Conseil. Existent également des questions orales avec débat (elles peuvent être posées par une commission parlementaire, un groupe politique ou vingt-neuf députés au moins), des questions orales sans débat. Toutefois, ce sont les questions écrites lesquelles sont publiées avec leurs réponses au Journal officiel des Communautés (série C) qui constituent l'essentiel de l'intervention parlementaire en la matière.

Bien qu'il n'ait pas été procédé à un inventaire exhaustif, il est manifeste que les "questions écrites" relatives aux fraudes aux dépenses agricoles jalonnent l'histoire parlementaire de la Communauté européenne. Ce constat s'avère peu surprenant eu égard au poids financier du FEOGA au sein du budget de la Communauté. Ainsi, à titre d'exemple, en 1975, les parlementaires attirèrent l'attention de la Commission sur une fraude relative à la prime à l'abattage du bœuf. Il s'agissait de la double ou triple perception de cette aide financière par les éleveurs britanniques qui remplaçaient l'oreille trouée de l'animal (preuve de l'octroi de la première subvention) par une autre oreille cousue sur le même animal[57]. En 1989, suite aux déclarations de Madame Thatcher, Premier Ministre britannique, un député italien a demandé comment les aides (des primes à la vache allaitante) pouvaient porter sur 210.000, têtes de bétail en Sicile alors que le cheptel n'atteint pas 40 à 45.000 têtes[58]. En 1993, un député italien évoqua dans son pays une falsification de 7 millions d'hectolitres de vin,ainsi que des fraudes relatives au bétail (bovins, chèvres, brebis)[59] ; en 1995, des irrégularités concernant des restitutions à l'exportation de viande bovine furent dénoncées[60].

Bien que les questions ne constituent pas des révélations puisque généralement les faits qu'elles dénoncent ont pour origine une source journalistique, elles présentent néanmoins l'intérêt d'inciter la Commission, mais également l'Etat membre incriminé à réagir promptement afin d'enrayer les manœuvres frauduleuses dénoncées. Généralement, la Commission dans la réponse qu'elle fournit aux parlementaires indique qu'elle tirera "les conséquences nécessaires de telle ou telle irrégularité dans le cadre de sa décision d'apurement".

Le Parlement européen est par excellence un lieu d'intenses débats (ceux-ci peuvent être ou non suivis du vote d'une

---

57 Question écrite n° 657/74 de M. Glinne, *JOCE* C 86 du 17 avril 1975, p. 49.

58 Cité par Francesco Paolo GIORDANO (Magistrat auprès du tribunal de Catania), actes du séminaire sur la protection juridique des intérêts financiers de la Communauté, novembre 1989 (Bruxelles), Office des publications officielles des Communautés européennes, 1990, p. 67.

59 Question écrite E.2819/93 posée par Carlos Robles Piquer (Parti populaire européen) le 4 octobre 1993, *JOCE* C 300 du 27 octobre 1994, p. 27.

60 Question écrite E.2594/95 posée par Marianne Thyssen (Parti populaire européen) le 27 septembre 1995, *JOCE* C 51, p. 21.

résolution), certains portent sur des rapports que les institutions sont tenues de présenter, tel le "rapport général sur l'activité des Communautés", temps fort de l'activité parlementaire lequel intègre depuis 1990 une rubrique relative à la lutte contre la fraude (celle-ci retrace très succinctement l'action de la Commission de l'année antérieure en la matière). Une pratique s'est développée d'associer à ce rapport obligatoire le programme annuel de travail de la Commission pour l'année à venir dont une section mentionne les orientations (sous forme très synthétique) retenues par la Commission dans le domaine de la lutte contre la fraude[61]. Mais c'est avec les rapports spécialisés de la Commission, comme le rapport annuel "sur la situation de l'agriculture", qui présente toujours un bilan des irrégularités relatif au FEOGA-garantie et essentiellement depuis 1989 avec le rapport annuel de l'Uclaf (unité anti-fraude de la Commission) que les parlementaires reçoivent l'information la plus dense et qu'ils peuvent débattre spécifiquement des détournements des deniers communautaires et ceci dans tous les domaines d'action de la Communauté européenne. Le dernier rapport précité ne se contente pas de recenser les cas d'irrégularités par secteur (dépenses agricoles, fonds structurels, ressources propres) résultant des communications des Etats membres, et enquêtes de la Commission ; il retrace l'évolution du dispositif réglementaire de lutte contre la fraude (du moins jusqu'en 1994, après cette date, les rédacteurs du rapport ont entendu se délester de ce référentiel réglementaire pourtant si utile aux néophytes), et formule de nouveaux plans d'action.

Si les rapports de l'Uclaf constituent une source d'information précieuse pour les citoyens de l'Union, on peut regretter une discontinuité parmi les analyses statistiques

---

61 Ainsi, par exemple : point 7.2 "une Union mieux gérée"" du programme de travail de la Commission pour 1996, *Com. (95)*, Final du 10 novembre 1995.

livrées en annexe. Ainsi, en 1994, les concepteurs du rapport avaient pris soin par exemple de fournir un graphique FEOGA-garantie relatif aux communications des irrégularités par catégorie de dépenses agricoles (restitutions, aides végétaux, aides animaux). En 1995, on retrouve une présentation (graphique 7), bien différente, le nombre d'irrégularités est réparti ainsi : mesures de restitutions, soutien des marchés, aides directes, stockage. En 1996, la répartition par catégories de dépenses agricoles a tout simplement disparu[62]. Les rapports gagneraient à se doter de critères de présentation identiques d'une année sur l'autre, afin de permettre aux citoyens de l'Union europénne de tirer de véritables enseignements des données qu'ils exposent.

• Les commissions d'enquête

Selon l'article 138 C du Traité de la Communauté européenne (introduit par le Traité de Maastricht), le Parlement peut constituer une commission temporaire d'enquête à la demande d'un quart de ses membres effectifs (antérieurement cette faculté relevait du seul règlement intérieur du Parlement). La commission d'enquête a pour objet d'examiner les allégations d'infractions ou de mauvaise administration dans l'application du droit communautaire. Toutefois, le droit d'enquête ne saurait porter sur des faits en cause devant une juridiction et aussi longtemps que la procédure juridictionnelle n'est pas achevée[63]. Lors d'une commission d'enquête consacrée aux stocks dans le secteur agricole en 1987, certains

62 Les exemples peuvent être multipliés. En 1995, sont présentées les irrégularités dans le domaine du transit de 1990 à 1995 (graphique 9), en 1996, ces données ont disparu ; en 1994 et 1995, l'état des crédits anti-fraudes était exposé, en 1996, il n'est plus mentionné...

63 Les missions de la Commission d'enquête ont été précisées par un accord interinstitutionnel entre le Parlement, le Conseil et la Commission.
Décision du 6 mars 1995, *JOCE* L 78 du 6 avril 1995.

membres ont estimé que les fraudes représentant pas moins de 20% du budget communautaire, celles-ci devaient être examinées ; toutefois cette proposition n'a pu être retenue eu égard au mandat précis que les parlementaires avaient confié à la commission d'enquête[64].

En décembre 1995, une commission d'enquête est constituée sur le régime du transit[65]. Elle est l'aboutissement d'une réflexion menée entre 1993 et 1995 par la Commission européenne laquelle fit l'objet de plusieurs "communications" adressées au Parlement européen et au Conseil. Les régimes de transit autorisent la suspension des droits de douane, des droits d'accises et de TVA pour des marchandises en provenance et/ou à destination d'un pays tiers pendant leur transport sur le territoire d'une zone douanière donnée. Cette suspension de droits et taxes reste en vigueur jusqu'à ce que les marchandises quittent le territoire douanier concerné ou jusqu'à ce que les droit et taxes soient payés et que les marchandises soient mises en libre pratique[66] (les différents régimes ainsi que leur procédure sont succinctement explicités en annexe document n° 8).

---

64 Parlement européen : document de séance, 2 octobre 1987.
Rapport fait au nom de la commission d'enquête sur le problème des stocks dans le secteur agricole, *document* PE 115-293/def, Rapporteur : M. Debatisse.

65 Décision 96/C 7/01, *JOCE* C 7 du 12 janvier 1996.

66 Par exemple : "des marchandises importées du Japon par un détaillant installé à Vienne peuvent entrer à Hambourg sur le territoire de l'Union européenne. A Hambourg, elles sont chargées sur un camion pour être transportées à Vienne. Si ce transport s'effectue sous régime de transit les droits et taxes ne sont pas payables à Hambourg, mais à Vienne où les marchandises sont placées sur le marché. Pendant leur transport entre ces deux points, les marchandises restent dès lors en franchise et ne peuvent être mises en libre pratique".
Rapport de la Commission d'enquête sur le régime de transit, Volume 1, point 3.1.1.2.

L'utilisation de ces régimes a toujours été encouragée, car elle constitue le seul moyen d'éviter les encombrements aux frontières. Elle offre une grande flexibilité aux mouvements de marchandises. Le fonctionnement du dispositif qui reposait sur un échange de documents sur support papier n'était plus adapté aux besoins du commerce moderne (dans les zones de transit communautaire 3 000 bureaux de douane se partagent 18 millions d'opérations de transit par an, chaque opération impliquant plusieurs opérations manuelles, ce qui engendre une moyenne annuelle de 18 000 opérations par bureau), il est devenu incontrôlable de sorte qu'il génère un terreau favorable à la fraude[67]. Si les irrégularités commises au détriment du régime de transit affectent essentiellement les recettes de la Communauté (TVA, droits de douane), le rapport de la Commission d'enquête met en exergue le fait qu'elles peuvent également avoir un impact sur les dépenses agricoles telle cette fraude de grande envergure relative au transport de bovins et d'ovins entre 1988 et 1994. Dans cette affaire des animaux en

---

67 "Les opérations de transit frauduleuses concernent principalement les marchandises assujetties à des droits élevés (un simple conteneur de cigarettes acquitte par exemple des droits et taxes d'un montant d'environ un million d'Ecus) ou présentant une forte rentabilité compte tenu du niveau de protection que leur assurent les politiques communautaires (produits PAC tels que la viande, le lait, le sucre). La fraude opérée dans les procédures de transit se manifeste principalement par :
- la non-présentation de marchandises au bureau de destination et leur mise à la consommation dans la Communauté sans paiement des droits et taxes éligibles et sans application des mesures non fiscales éventuellement en vigueur ;
- la simulation d'une présentation de marchandises au bureau de destination, grâce à la contrefaçon, par l'utilisation de cachets volés ou imités du visa douanier appliqué sur l'exemplaire renvoyé au bureau de départ".
Source : Projet de communication de la Commission au Conseil et au Parlement européen relatif à la fraude dans la procédure de transit, point 4-4.
(Document interne-commission de contrôle budgétaire).

provenance de Pologne étaient destinés à l'Afrique du Nord. Selon les documents de transit, la marchandise devait transiter par le territoire communautaire et sortir par différents postes de douanes espagnols. Or, il a été établi que ce bétail n'a en fait jamais quitté la Communauté. Si conformément à la procédure de transit (cf. annexes, document n° 8), le bureau de douane de départ (où commence l'opération de transit) a reçu copie de l'exemplaire 5 du document T1 transmis par les bureaux de douane espagnol, il s'est avéré que certaines de ces copies émanaient de bureaux douaniers fermés. De plus, dans certains cas, les cachets de transit utilisés (pour estampiller l'exemplaire 5 du document T1) n'étaient plus valides. Il est clair que ce bétail n'a jamais été acheminé au Maroc ou en Tunisie, il a été écoulé à bas prix sur le marché noir (ce qui expliquerait qu'une chute des prix non explicable sur le marché de la viande bovine ait été relevée entre 1989 et 1990 dans certains Etats membres). Il est également probable qu'une partie ait été réexportée de la Communauté vers des pays tiers et que des restitutions à l'exportation aient été versées[68]. Parmi les multiples recommandations relatives aux modalités de contrôle du transit émises par la commission d'enquête afin d'enrayer le phénomène de la fraude dans ce secteur, on relève que certaines d'entre elles comme le renforcement des contrôles physiques[69] reposant sur une analyse risque (seule technique fiable permettant de détecter les fausses déclarations) a été mis en place dès 1990 pour les restitutions à l'exportation. Ce constat démontre une fois encore l'apport que la réglementation anti-fraude relative au

---

68 Rapport de la commission d'enquête sur le régime de transit, Volume 1, point 5.3.4.1, p. 65.

69 Rapport de la commission d'enquête sur le régime de transit, *op. cit.*, recommandation n° 7, Vol. 1, p. 189.

FEOGA-garantie, ainsi que l'expérience en la matière fournissent à la lutte globale contre la fraude[70].

• Médiateur et droit de pétition

Les parlementaires peuvent être informés par le médiateur (celui-ci est nommé par le Parlement après chaque élection pour la durée de la législature ; sa mission consiste à recevoir les plaintes de tout citoyen de l'Union européenne ainsi que toute personne morale ou physique ou ayant son siège statutaire dans un Etat membre sur les cas de mauvaise administration des institutions)[71] ou également par le dépôt de pétitions[72] Cette dernière faculté inscrite dans le Traité CE (par le Traité de Maastricht) confirme une pratique qui relevait antérieurement du règlement intérieur du Parlement. Les pétitions déclarées recevables sont renvoyées par le président à la "commission des pétitions" laquelle peut décider d'élaborer des rapports, de solliciter l'avis d'autres commissions, d'envoyer des membres sur place pour contaster les faits, d'organiser des auditions. L'étude des rapports de la commission des pétitions (de 1991 à 1995) ne relève pas d'affaires concernant des irrégularités liées aux subventions agricoles corollaire probable de l'instauration par l'Uclaf

---

70 Parmi les autres recommandations du rapport : la création d'un organe européen d'enquête douanière, l'informatisation du régime de transit dans l'Union

71 Article 138 E du Traité CE (innovation introduite par le Traité de Maastricht).
A noter qu'en 1996, sur 842 plaintes reçues, 250 étaient recevables. Les principales allégations de mauvaise administration concernent un manquement à des obligations : non-respect par la Commission de son rôle de gardienne des traités (83 cas), non-respect des droits de la défense (30 cas), manque de transparence (30 cas), injustice ou abus de pouvoir (16 cas), dysfonctionnement ou incompétence (18 cas), retards inévitables et discrimination(15 cas chaque fois).
Rapport annuel 1996 du médiateur européen, p. 18.

72 Article 138 D du Traité CE.

(L'unité anti-fraude de la Commission) d'un "numéro vert" spécifique à la dénonciation des fraudes au budget communautaire (cf. Titre. III, Chapitre II, Section 2, § 2).

• La censure

Le Parlement a la possibilité de censurer la Commission européenne[73]. Cette arme permet théoriquement aux parlementaires de peser sur les orientations des commissaires. En pratique, si plusieurs motions ont été déposées, aucune n'a jamais abouti, soit qu'elle n'ait pas atteint les conditions exigées pour son adoption (elle doit recueillir les deux tiers des suffrages exprimés représentant la majorité des membres composant le Parlement) ou qu'elle ait été finalement retirée[74], car jugée disproportionnée. Lors de l'affaire de la "vache folle", le Parlement a laissé entendre qu'il n'hésiterait pas à censurer la Commission (une motion de censure a été déposée en février 1997)[75] ; toutefois le Président de la Commission, Jacques Santer a réagi promptement en annonçant des réformes de fond[76]. Finalement les parlementaires ont adopté

---

73 Article 144 du Traité CE. (Le règlement intérieur du Parlement européen précise que la motion de censure doit être déposée par 1/10è des membres de l'Assemblée).

74 Cinq motions de censure ont été déposées :
- novembre 1972 ; elle n'a pas été votée,
- juin 1976 : elle a été rejetée,
- décembre 1976 : elle a été rejetée,
- février 1977 : elle a été rejetée,
- mars 1997 : elle a été rejetée.

L'échec des motions déposées tient au caractère inadapté de cet instrument de contrôle dans un système institutionnel qui n'est pas parlementaire. Il serait logique que ce soit le Conseil de l'Union européenne qui puisse être censuré, ce qui est présentement inconcevable.

75 Dont l'auteur est Monsieur José Happart, parti socialiste européen (belge).

une résolution indiquant expressément qu'une motion de censure serait déposée si les requêtes émises dans le rapport de la Commission temporaire d'enquête "ESB" n'étaient pas suivies d'effets. Quant à la motion de censure déposée, elle a recueilli 118 voix pour et 326 contre[77]. En matière de lutte contre la fraude, il paraît peu probable que la Commission puisse être censurée eu égard à la responsabilité des Etats en la matière (constat qui tient également aux remarques générales formulées à la note 74).

b) Le contrôle budgétaire

• La décharge

La décharge exprime d'une part le jugement politique de l'autorité budgétaire (le Parlement) sur le comportement de la Commission (laquelle a la responsabilité de l'exécution du budget). Elle permet d'autre part, sur un terrain purement technique de clôturer définitivement les comptes (à défaut de dispositions précises dans le Traité, il est entendu que le

---

76 Réorganisation des services selon les principes suivants : séparation des responsabilités législatives de la consultation scientifique et des contrôles.
L'ensemble des comités scientifiques seront mis sous l'autorité de la DG 24 (politique des consommateurs et protection de leur santé). Ils seront chapeautés par un comité scientifique multidisciplinaire qui fera office de comité directeur, *Tribune pour l'Europe*, février 1997.

77 Agence Europe du 21 février 1997, cité par Claude BLUMANN, *Revue trimestrielle de droit européen*, avril-juin 1997.
"Le Parlement européen a constitué, le 23 avril 1997, une nouvelle commission temporaire d'enquête chargée du suivi des recommandations émises lors de la précédente commission temporaire d'enquête. La Commission européenne a présenté à la nouvelle commission d'enquête le 20 octobre 1997, un rapport qui met en exergue les mesures prises pour éradiquer l'ESB et protéger la santé publique et retrouver la confiance du consommateur. Sur la base de ce rapport, le Parlement dans une résolution adoptée le 19 novembre 1997 s'est félicité des mesures prises par la Commission".
Rapport général sur l'activité de l'Union européenne, 1997, p. 205.

Parlement vote la décharge à la majorité des suffrages exprimés).

L'acte de décharge s'appuie sur l'examen des comptes et du bilan financier ainsi que sur le rapport annuel de la Cour des comptes ou, depuis le Traité de Maastricht, sur les rapports spéciaux de celle-ci (si ces documents ne lient aucunement le Parlement, ils l'influencent cependant), ainsi que sur la recommandation du Conseil concernant la décharge même. La décision de décharge est assortie de résolutions lesquelles énoncent des recommandations à la Commission afin d'améliorer la gestion des deniers communautaires. Ainsi, par exemple, dans sa résolution du 7 avril 1987 reportant la décharge[78] pour l'exercice 1985, le Parlement a invité la Commission à "présenter un plan convaincant visant à améliorer le contrôle des recettes et des dépenses et à lutter contre la fraude et les irrégularités"[79]. Dans le cadre de la décharge pour l'exercice 1990, le Parlement a souhaité que la Commission l'informe de son organisation dans le domaine des activités anti-fraude et a préconisé le renforcement du rôle de l'Uclaf[80] . Depuis le Traité de Maastricht, la Commission a

---

78 Le Parlement peut différer le vote de la décharge afin de disposer d'un délai supplémentaire pour examiner tous les documents budgétaires.
A noter que le Parlement peut également refuser le vote de la décharge (disposition qui a été introduite dans le règlement intérieur du Parlement, -Annexe 5, article 5- laquelle stipule que le refus doit recueillir les voix de la majorité des membres qui composent le Parlement). Un refus est intervenu le 14 novembre 1984.

79 Rapport sur l'intensification de la lutte contre les fraudes au détriment du budget communautaire, Com. (87) Final, cité par John A.E. Vervaele, *La fraude communautaire et le droit pénal des affaires, op. cit.*, p. 354.
A noter qu'en 1978, la résolution accompagnant la décision de décharge soulevait le problème de la gestion du stockage public. Une enquête sur ce point a été jugée essentielle : FLAESCH-MOUGIN, *Cahiers de droit européen*, 1983, *op. cit.*, p. 78.

80 Rapport annuel sur la lutte contre la fraude, bilan 1992, *op. cit.*, p. 5.

l'obligation de tout mettre en œuvre pour donner suite à ces observations. Elle est tenue à la demande du Parlement ou du Conseil de faire rapport des mesures prises en ce sens[81] (ce rapport doit être transmis à la Cour des comptes). Longtemps, le vote de la décharge s'est avéré guère opérant dans la mesure où il se prononçait sur des dépenses non apurées (situation qui s'est nettement améliorée par la suite).

• Le rôle de la Commission de contrôle budgétaire

Le contrôle du Parlement s'exprime de façon régulière par un suivi permanent de l'exécution correcte du budget par la Commission de contrôle budgétaire. Créée en 1979 (celle-ci était antérieurement une sous-commission de la Commission budgétaire du Parlement), elle est à l'origine de multiples et intenses travaux, rapports, relatifs à la fraude au budget communautaire[82]. La Commission aborde la problématique de la fraude selon une approche globale, les parlementaires s'enquièrent ainsi de la protection de toutes les composantes du budget communautaire. Leurs réflexions présentées sous une forme plus synthétique que les rapports de la Cour des comptes dénoncent principalement des travers déjà mis en exergue.

81 Article 206 alinéa 3du Traité CE.

82 Rapport GABERT sur la fraude à l'encontre du budget communautaire, document de séance 1983-1984, *document 1-1346/83*.
Rapport GUERMEUR sur le renforcement de la lutte contre les fraudes dirigées spécifiquement contre le budget communautaire, document de séance 16 mars 1987, *document A 2-251/86*.
Rapport DANKERT sur la prévention et la répression dans l'Europe de 1992 de la fraude au détriment du budget communautaire, document de séance 23 mars 1989, *document A 2-20/89*.
Rapport THEATO sur la protection juridique des intérêts financiers de la Communauté européenne, document de séance 27 septembre 1991, *document A 3-0250/91*.

Ainsi, par exemple, ont été stigmatisées avec acuité :

- la complexité de la législation communautaire laquelle est perçue comme un facteur particulièrement propice à la fraude, d'autant qu'elle s'avère peu adaptée aux exigences des contrôles (constat qui, dans le secteur agricole, avait déjà été dressé par les différents rapports de la Mission extraordinaire de contrôle[83] qui a existé entre 1973 et 1979).

- l'absence de modalités précises de contrôle des financements fixées par les normes communautaires (dont l'ampleur sera perçu pour le secteur agricole dans le paragraphe suivant).

- la carence de fichier opérationnel recensant : les types de fraudes, les fraudeurs présumés, les dispositions vulnérables à la fraude, les poursuites engagées en cas de fraude ...).

Concomitamment aux travaux de la Cour des comptes, les rapports de la Commission de contrôle budgétaire préconisent de nombreuses adaptations. Ils ont ainsi puissamment contribué à l'émergence au sein de la Communauté d'un droit anti-fraude depuis 1988. Parmi les multiples recommandations des parlementaires qui ont été finalement adoptées par le Conseil, on relève la réorganisation interne des structures de la Commission (destinée à une meilleure coordination des différents services anti-fraudes au sein d'une unité de contrôle[84]) qui se concrétisera par la création de l'Uclaf (cf. Titre. III, Chapitre II, Section 2). Toutefois, comme la Cour des comptes, les parlementaires ne manquent pas de dénoncer l'attitude du Conseil qui n'a pas toujours approuvé leurs propositions ; certaines sont restées en suspens depuis 12 ans[85], ce qui ne manque pas de nuire à la crédibilité de la Communauté.

---

83 Rapport GUERMEUR, *op. cit.*

84 Il s'agissait d'une proposition de Henri AIGNER (député allemand CSU).

85 Rapport DANKERT , *op. cit.*

§ 2 - L'ETAT DES CONTROLES OPERES PAR LES INSTANCES NATIONALES

Les contrôles de la régularité de l'ensemble des opérations financées par le FEOGA-garantie incombent aux Etats membres. En France (deuxième pays contributeur au budget général de l'Union et premier bénéficiaire des retours communautaires[86]), il existe une pluralité d'intervenants en matière de contrôle. Une distinction doit être opérée entre les financements relatifs aux marchés extérieurs et intérieurs. Pour les premiers, les vérifications relèvent principalement de la compétence des services des douanes[87], tandis que pour les seconds interviennent concomitamment l'administration des douanes, la direction générale de la concurrence et de la consommation et de la répression des fraudes[88], les services

---

86 La France a reçu 16% du budget communautaire dont 78% sont des retours en "matière agricole", cité par Jacques MYARD, Rapport d'information n° 2803 de la Délégation de l'Assemblée nationale pour l'Union européenne du 22 mai 1996, p. 19.
La France a reçu en 1996 24,5% des crédits du FEOGA-garantie (26è rapport financier concernant le FEOGA-section garantie, exercice 1996.

87 A noter que les services de la répression des fraudes opèrent des vérifications sur la nature et la qualité des produits dans le secteur des vins et fruits et légumes.
Cour des comptes, rapport au Président de la République, 1992, p. 69.

88 Les textes habilitant ces deux autorités à contrôler sont les articles 86-1 et 86-2 de la Loi de finances pour 1981.
Article 86-1 : L'administration des douanes est habilitée à contrôler les bénéficiaires d'avantages alloués en régime intérieur par le FEOGA section garantie ainsi que les redevables des sommes dues en régime intérieur à cet organisme.
(Cette disposition est devenue l'article 65 A du Code des douanes).
Article 86-2 : Le service de la répression des fraudes et du contrôle de la qualité est habilité à contrôler les bénéficiaires d'avantages alloués

déconcentrés du Ministère de l'agriculture (Direction départementale de l'agriculture)[89]. De plus, concernant les dépenses de soutien des marchés[90], les offices d'intervention sectoriel effectuent les contrôles des dépenses (au moment même où s'accomplissent les opérations conduisant à un paiement du FEOGA-garantie) auquel s'adjoint celui a posteriori de l'ACOFA (Agence centrale des organismes d'intervention dans le secteur agricole). Depuis 1981, il existe également une commission interministérielle de coordination des contrôles sur les opérations et les bénéficiaires et redevables relevant du FEOGA-garantie. Celle-ci est chargée de définir la politique générale et les orientations des contrôles. A ce titre, elle est informée des résultats des contrôles, des irrégularités relevées et des sanctions appliquées. Elle est tenue tout particulièrement de veiller au recouvrement des crédits du FEOGA-garantie indûment perçus[91]

Quel que soit le dispositif juridique instauré par l'Etat membre, la Cour des comptes a continuellement dénoncé l'insuffisance des contrôles effectués par les autorités nationales, que ceux-ci portent sur les restitutions à l'exportation (A), le stockage (B) et les primes (C).

---

par le FEOGA section garantie, ainsi que les redevables des sommes dues à cet organisme. Ces contrôles sont effectués dans le cadre de la loi du 1er septembre 1905 et du décret du 22 janvier 1919.
Cité par Marie-Charlotte PINIOT in Delmas-Marty (sous la direction de), *Quelle politique pénale pour l'Europe*, Paris, Economica, 1993, p. 153.

89 Ainsi pour le contrôle des conditions d'octroi de la prime ovine, prime à la vache allaitante par exemple.

90 Il s'agit des dépenses hors aides directes (les aides directes sont contrôlées par le corps des inspecteurs du Ministère de l'agriculture et du budget).

91 Sur la composition de la commission, cf. annexes, document n° 9.

A - Les restitutions à l'exportation

Les déficiences révélées se rapportent tant au contrôle physique des marchandises (a) et preuves de l'arrivée à destination des produits exportés (b) qu'au contrôle *a posteriori* des documents commerciaux (c).

a) Les contrôles physiques

Le contrôle physique lequel dépend en général des services des douanes a pour finalité de certifier l'exportation. Il permet de vérifier si une marchandise relève de la nomenclature tarifaire appropriée(laquelle est indiquée par l'opérateur sur la déclaration d'exportation). Parfois, une telle vérification se heurte à des écueils techniques impliquant de procéder à des analyses chimiques. En effet, mesurer si tel fromage présente le pourcentage de matières grasses requis ne saurait résulter d'une simple appréciation *de visu* ; *seule* une étude de l'échantillon en laboratoire peut établir la véracité des données figurant sur la déclaration d'exportation. A cet égard, la Cour des comptes des Communautés européenne a mis en exergue la faiblesse des taux de prélèvement effectués par les postes de douane, comme le révèle le tableau suivant[92].

92 Rapport spécial de la Cour des comptes 2/90, *op. cit*, p. 31.

Poste de douane	Nombre des déclarations d'exportation PAC	Année ou fractions d'année de référence	Nombre d'échantillons	Taux d'échantillonnage (%)	Observations
Harwich (UK)	1146	1988	0	0	
Ipswich (UK)	3554	1988	21	0,6	
Rotterdam (NL)	26 222	1987	144	0,5	(Produits laitiers uniquement)
Frederikshavn (DK)	6500	1988	2	0,03	
Aarhus (DK)	15800	1987/88	3	0,02	
Padborg (DK)	58250	1987/88	25	0,04	
Copenhague 2 (DK)	1900	1987/88	20	1,05	
Gênes (I)		1988/89	0	0	(Fromages)
St Quentin (F)	1400	1988	0	0	(Produits laitiers)
Le Havre (F)	1406	Déc. 1988	6	0,4	(Produits laitiers)

D'une manière plus générale, la Cour des comptes a également stigmatisé l'insuffisance des contrôles physiques menés par les autorités nationales puisque, dans les années 1980, dans certains bureaux de douane seulement 1% des marchandises bénéficiant de restitutions y étaient assujettis[93]. En 1988, les taux de contrôle relevés dans plusieurs Etats étaient les suivants :

- Frederikshavn (DK)	: 0,2
- Aarhus (DK)	: 0,4
- Padborg (DK)	: 0,3
- Copenhague (DK)	: 1,5
- Le Havre (F)	: 2,5
- St Quentin (F)	: 0,3
- Breda (NL)	: 0,7
- Rotterdam (NL)	: 1,8
- Harwich (UK)	: 2,0
- Ipswich (UK)	: 3,0[94].

Outre la faiblesse chronique des taux de contrôle, les modalités des vérifications effectuées s'avèraient inadéquates sur deux points. Tout d'abord, le contrôle ne reposait sur aucune démarche scientifique. Il n'existait pas de critère pré-établi permettant par exemple de réaliser des vérifications orientées sur les produits bénéficiant de fortes restitutions ou sur des marchandises que l'on peut qualifier à risque dans la mesure où les falsifications et les fausses déclarations s'avèrent plus aisées. La Cour n'a pas manqué pas de relever de multiples incohérences en la matière. Certains bureaux de douane concentraient leur activité de contrôle sur des produits qui ne donnaient pas lieu à restitution (en France par exemple) ou sur lesquels la valeur de la restitution était si faible que

---

93 Rapport spécial n° 2/85, *op. cit.*, point 3-11, p. 11.
Rapport annuel relatif à l'exercice 1987, *op. cit.*, point 4-33, p. 69.

94 Rapport spécial 2/90, *op. cit*,

l'exportateur n'avait pas demandé de restitution[95]. Parfois lorsque le contrôle était opéré, sa qualité était contestable. Par exemple, les opérations de pesage étaient parfois inexistantes lorsque ce n'est pas l'équipement lui-même qui faisait défaut (ainsi au poste de douane du port d'Anvers ou à Portsmouth, ...)[96].

Le second point de la critique porte sur la localisation et le moment où est effectué le contrôle. Or, il s'avère que celui-ci est rarement opportun. Le contrôle physique qui ne peut être aucunement systématique peut être accompli dans les locaux de l'opérateur, à un poste de douane intérieur ou au bureau de douane du point de sortie du territoire. Dans la première hypothèse, les agents de contrôle peuvent opérer leurs vérifications lors du chargement (moment où le prélèvement d'échantillons s'avère le plus aisé) à condition qu'ils aient été préalablement informés de la date et de l'heure précises du chargement, ainsi que de la description des marchandises. Dans les deux autres cas de figure, les contrôles sont plus malaisés, car les marchandises sont dans leur conditionnement, les vérifications impliquant cette fois l'ouverture de ces derniers. De plus, si un prélèvement est effectué, il sera probablement guère représentatif puisqu'il sera limité aux parties les plus accessibles du chargement. La Cour des Comptes a souligné que dans la première hypothèse (contrôle dans les locaux de l'opérateur), la notification aux contrôleurs n'est pas toujours effectuée ou s'avère incomplète (ainsi en Allemagne, l'agent des douanes chargé d'un important producteur de produits laitiers n'avait jamais reçu de notification préalable, un autre fonctionnaire des douanes avait reçu une notification téléphonique 24h à l'avance mais

95 Rapport spécial 2/90, *op. cit*, point 3-31, p. 29.
96 Rapport spécial 2/90, *op. cit*, point 3-36.

sans aucune précision concernant les quantités et dépourvue de toutes descriptions des marchandises).

Un autre exemple illustre le manque de rigueur des contrôleurs relatif au préfinancement des restitutions. (Il a été mentionné que cette opération implique pour l'opérateur qui a sollicité cette modalité de paiement que la marchandise soit placée sous contrôle douanier). Lorsque les denrées sont périssables comme la viande bovine, celle-ci est dans un premier temps réfrigérée, ensuite au moment de l'exportation elle est congelée. Il semblerait judicieux que le contrôle physique puisse intervenir au cours de la première phase (réfrigération). Après la congélation, il s'avère délicat de déterminer avec précision la nature du produit à moins de le décongeler, ce qui est rarement fait note la Cour des comptes. Toutefois, un contrôle spécial comprenant la décongélation a été effectué en 1985 (il a fait apparaître des irrégularités dans 30% des cas)[97].

Une autre carence tient à l'absence de plombage des conteneurs. Si le contrôle physique d'une marchandise est effectué à un poste de douane intérieur, puis la déclaration d'exportation acceptée, il existe un sérieux risque de substitution d'une marchandise par une autre lors de l'acheminement du chargement entre le poste de douane intérieur et le bureau du point de sortie du territoire communautaire (et ceci d'autant que le conteneur est dépourvu de tous scellés). Il est incontestable qu'à ce stade, un contrôle par sondage représentatif s'avère indispensable.

---

97 Rapport annuel de la Cour des comptes relatif à l'exercice 1987, *op. cit.*, point 4-33 d.

b) Le contrôle des preuves à l'arrivée à destination

Il a déjà été souligné que le paiement des restitutions différenciées selon la destination repose principalement sur la présentation du document douanier de mise à consommation des marchandises exportées (lequel émane du pays destinataire) à l'organisme payeur. Or, à défaut d'autres preuves peuvent être fournies (attestation de déchargement, document bancaire)[98].

Toutefois, quels que soient les éléments probants apportés, ils ne constituent pas un indice irréfutable de sorte que l'organisme payeur peut exiger des documents supplémentaires. Dans les faits, les organismes payeurs se contentaient des pièces apportées par les exportateurs et ceci bien que ces dernières aient été manifestement insuffisantes. Ainsi à titre d'exemples ont été acceptés :

- plusieurs certificats d'importation datés d'avant l'arrivée des produits en cause (France, Royaume-Uni),
- plusieurs certificats fournis par une société de surveillance commerciale qui n'était apparemment pas représentée dans le pays en cause et n'avait aucune expérience des produits faisant l'objet de l'opération ; ces certificats dataient parfois de longtemps après l'arrivée des produits en cause (Royaume-Uni),
- des certificats bancaires indiquant que les factures relatives aux marchandises ont été réglées, mais ne donnaient aucune preuve quant à l'origine des fonds (Royaume-Uni)[99].

La vérification de l'authenticité des documents douaniers par les organismes payeurs s'avère des plus fantaisistes, dans

---

98 Cf. article 18 du règlement n° 3665/87 de la Commission portant modalités d'application des restitutions à l'exportation por les produits agricoles, *JOCE* L 351 du 14 décembre 1987.

99 Rapport spécial de la Cour des comptes n° 2/90 sur la gestion et le contrôle des restitutions à l'exportation, *op. cit.*

la mesure où il a été relevé que ces derniers ne disposaient pas d'un recueil actualisé et complet des spécimens, des cachets et signatures des autorités des pays tiers. De plus, les commentaires manuscrits qui accompagnent souvent les cachets et les signatures ne sont pas traduits (bien que le règlement 3665/87, op. cit. prévoit la présentation systématique d'une traduction). Or l'amélioration du contrôle des cachets impliquerait simplement que les organismes payeurs aient plus souvent recours à leurs ambassades dans les pays tiers.

c) Le contrôle des documents commerciaux

Il est patent que le contrôle physique des marchandises ne saurait suffire, car une fois les caractéristiques du produit (qualité, quantité) et la position tarifaire vérifiées, il ne permet pas d'éviter le risque du "carrousel". La fraude peut ainsi être commise lors de l'opération d'exportation, d'où la nécessité d'un contrôle *a posteriori* des documents commerciaux de l'opérateur, afin d'établir si l'entreprise a réellement eu des clients hors de la Communauté, si elle a bien produit et ou acheté les denrées prétendument exportées. Ce type de contrôle n'était pas nécessairement pratiqué par les Etats, du moins il n'existait aucune norme communautaire l'imposant jusqu'en 1977, date à laquelle la Communauté a érigé cette modalité de contrôle dans le cadre d'une directive[100]. Cette dernière ne fixe qu'un contrôle annuel minimum : il doit porter sur un nombre d'entreprises qui ne peut être inférieur à la moitié du nombre d'entreprises dont les recettes issues du FEOGA-garantie ont été supérieures à 100.000 unités de compte. L'Etat membre a toute latitude d'action pour définir l'étendue et la fréquence du contrôle ; il est tenu d'informer chaque année la Commission de la mise en œuvre de la directive. La Cour des comptes n'a eu de cesse de dénoncer

---

100 Directive du 27 juin 1977, *op. cit.*

l'inapplication de la directive par les autorités nationales. Ainsi un grand nombre de sociétés n'ont fait l'objet d'aucun contrôle depuis de nombreuses années. En République fédérale d'Allemagne, une société qui avait reçu 41 millions d'Ecus en 1988 pour des exportation de produits laitiers n'avait plus été contrôlée depuis 1982 ; une autre qui avait bénéficié de 6 millions d'Ecus de restitution en 1988 n'avait pas été contrôlée depuis 1980[101], (les exemples sont multiples.)

B - Le stockage public

Il a déjà été mentionné qu'il appartient aux organismes d'intervention de surveiller la qualité et les quantités des produits relevant d'une opération de stockage public et ainsi de procéder aux contrôles physiques des marchandises. L'altération des denrées ou les pertes de quantités dépassant certains seuils de tolérance, sont financièrement à la charge des autorités nationales.

• Le contrôle de qualité

Celui-ci s'avère primordial pour des produits tels que l'huile d'olive, les céréales, le tabac, dont le prix d'achat et de vente dépend de la qualité. Si les organismes d'intervention recourent à l'analyse d'échantillon lors de l'entrée des produits ; pendant la période de stockage proprement dite, les prélèvements sont rarement effectués, situation analogue lors de la sortie du stock. A défaut de dispositions communes minimales relatives aux modalités de contrôle, le système de surveillance des marchandises présente une grande disparité entre les Etats. Ainsi, les normes nationales peuvent prescrire aux entreposeurs le respect de réglementations très précises (par exemple, en Allemagne, pour le contrôle du degré d'humidité concernant les céréales, le nombre de sondes de température, la hauteur de celles-ci, la distance les séparant,

---

101 Rapport de la Cour des comptes 2/90, *op. cit.*, p. 38.

sont indiquées, ainsi que des dispositions relatives à la détection d'insectes[102]), ou bien, elles peuvent s'avérer exsangue en la matière. Les visites sur place effectuées par les contrôleurs de la Cour des comptes destinées à l'évaluation des conditions de stockage et des mesures de contrôle de la qualité, ont révélé de nombreuses insuffisances : "Ainsi dans presque tous les pays, la fréquence des visites d'inspection effectuées par le personnel technique de l'organisme d'intervention en vue de vérifier les conditions de stockage et le respect des procédures officielles s'est avérée inférieure aux prévisions et dans certains cas, la supervision était moins rigoureuse que ce qui avait été décrit en théorie où même que ce que les instructions officielles prévoyaient"[103].

Dans le secteur de l'huile d'olive, la Cour des comptes avait fait procéder à des analyses d'échantillons lesquelles ont permis de constater des différences entre la qualité réelle et celle apparue sur les livres (ainsi sur 28 échantillons 22 se sont avérés inférieurs à la qualité de la classification nominale)[104].

• Le contrôle de quantité

Les constats émis précédemment à propos de la qualité s'appliquent au contrôle physique des quantités ; on relève la même disparité entre les Etats, quant aux instructions nationales et aux pratiques. Ainsi concernant les inventaires physiques, ils sont prévus par la réglementation nationale dans

---

102 Rapport spécial de la Cour des comptes 5/88, *op. cit.*, point 2-13.

103 Rapport spécial de la Cour des comptes 5/88, *op. cit.*, point 2-17.

104 Rapport spécial n° 1/85 de la Cour des comptes relatif à l'organisation commune des marchés dans le secteur de l'huile d'olive, *JOCE* C 134 du 3 juin 1985, point 6-25.
En 1989, une enquête effectuée en Espagne pour vérifier la qualité de l'huile d'olive stockée en intervention a permis de constater que la qualité de certaines huiles analysées par deux laboratoires communautaires n'étaient pas conformes à la qualité déclarée lors de l'entrée en stocks. La lutte contre la fraude : rapport sur les travaux et progrès réalisés en 1991, 26 mai 1992, p. 31, *Sec (92) 943 final.*

certains Etats, mais limités à certaines denrées (les produits laitiers en l'occurrence). Le recours systématique aux sondages aléatoires, afin de comparer les chiffres figurant dans la comptabilité matière avec les lots physiques est rarement prévue. Lorsque la Cour des comptes a entrepris d'effectuer des contrôles physiques de lots spécifiques des produits d'intervention choisis sur des registres détaillés de comptabilité matière centrale en les comparant avec les données figurant sur les déclarations (mensuelles de dépenses) soumises au FEOGA, les contrôleurs se sont heurtés au problème de l'inaccessibilité des lots (ces derniers étant empilés les uns sur les autres en rangs serrés). Si le déplacement a été rendu possible par les entreposeurs, les manœuvres et le temps qu'ils impliquaient ont conduit à annuler certains contrôles physiques. Enfin, d'autres vérifications n'ont pu être effectuées dans la mesure où les lots retenus pour le contrôle étaient mêlés à d'autres lots ou ne pouvaient être localisés physiquement dans le hall de stockage dans un délai acceptable[105].

Il est patent que l'hétérogénéité des réglementations nationales et des pratiques, conjuguées à l'absence d'un inventaire annuel obligatoire des stocks et à la non-confrontation systématique ou par sondage entre la qualité du produit à l'entrée et à la sortie des stocks expliquent que la Cour puisse avancer "qu'aucune confiance ne peut être accordée aux chiffres publiés relatifs aux quantités et valeur des produits stockés à l'entrée et à la fin". Dès lors, tous les excès sont possibles : stocks déclarés partiellement inexistants,...

---

105 Rapport spécial de la Cour des comptes 5/88, *op. cit.*, point 2-8.

C - Les primes : l'exemple de la prime à la vache allaitante

La prime à la vache allaitante instaurée en 1980[106] consiste à soutenir le revenu des exploitants spécialisés dans l'élevage de vaches allaitant leurs veaux. Elle a fait l'objet de multiples modifications relatives à son montant financier, ainsi qu'à ses critères d'octroi. Il ne s'agit pas d'une aide anodine puisqu'elle représentait :

. 95,5 millions d'Ecus pour la campagne 86/87

. 175,9 millions d'Ecus pour la campagne 87/88

. 174,8 millions d'Ecus pour la campagne 88/89[107].

La France était le premier pays bénéficiaire (entre 40% et 50% du montant total).

La réglementation communautaire d'origine n'avait fixé aucun seuil minimal de contrôle sur place (caractéristique, qui n'était aucunement spécifique à la prime à la vache allaitante puisque les règlements relatifs à la prime à la brebis étaient également dépourvus de toutes règles en la matière) de sorte que l'inspection relevait de la seule législation des autorités nationales avec pour corollaires, toutes les disparités d'un Etat à un autre que cette situation peut engendrer. Toutefois, en 1989[108], un taux minimal de contrôle de 10% des bénéficiaires est établi, disposition qui s'avère pertinente puisque la Cour des comptes relève par exemple, qu'antérieurement au règlement de 1989 aucun contrôle n'était fixé en Espagne.

Cependant, les modalités de contrôle de l'aide se révèlent toujours insuffisantes, ainsi la réglementation communautaire

---

106 Règlement n° 1357 du Conseil (*JOCE* L 190 du 5 juin 1980) et règlement d'application n° 1244/82 (*JOCE* L 143).

107 Rapport annuel de la Cour des comptes des Communautés européennes relatif à l'exercice 1989, tableau 4.4.2, p. 70. *JOCE* C 313 du 12 décembre 1990.

108 Règlement n° 1 662 de la Commission, *JOCE* L 163 du 14 juin 1989.

ne prévoyait aucun système d'identification des bovins. Il est pourtant patent que l'inexistence d'un système de marquage ne permettait pas de certifier l'appartenance des vaches à un exploitant déterminé. Il en résulte des constats cocasses : en Sicile, on relève toujours un nombre de primes payées supérieur de 20% à la totalité des vaches recensées dans l'île[109].

En 1994, bien qu'une directive relative à un système d'identification des bovins ait été adoptée[110], que le contrôle des aides directes ait été renforcé par l'instauration d'un système intégré de gestion (cf. Titre III, Chap. I, Section 1, § 2), de multiples irrégularités concernant cette aide financière continuaient de grever le budget agricole communautaire. C'est ce que révèle une enquête de la Commission européenne (laquelle repose sur le fondement de l'article 9 du règlement 729/70) effectuée en Haute-Corse en septembre 1994 portant sur l'octroi des primes à la vache allaitante (et de l'indemnité spéciale montagne)[111]. Cette mission a mis clairement en exergue les déficiences des contrôles incombant aux pouvoirs publics locaux. Ainsi le personnel, chargé à la Direction départementale de l'Agriculture et de la forêt d'effectuer le contrôle administratif de cette aide, a été jugé "dérisoire en nombre" ; celui-ci étant dans l'impossibilité de vérifier si les critères d'attribution étaient véritablement respectés (ce qui est l'objet même du contrôle administratif).

Quant au contrôle sur place, l'indépendance des agents qui en ont la charge n'est pas véritablement garantie puisque ces

---

109 Rapport annuel de la Cour des comptes des Communautés européennes relatif à l'exercice 1989, *op. cit.*

110 Directive 92/102 du Conseil du 27 novembre 1992 concernant l'identification et l'enregistrement des animaux, *JOCE* L 355 du 5 décembre 1992.

111 Cette dernière relève de la politique structurelle et n'est ainsi pas financée dans le cadre du FEOGA-garantie.

derniers sont des vacataires sans formation spécifique, résidant dans la zone de contrôle[112].

L'identification des animaux rendue nécessaire par l'octroi de la prime n'existe pas en Haute-Corse, bien que la directive du 27 novembre 1992 ait posé l'obligation pour tout détenteur de bovins de tenir un registre indiquant le nombre d'animaux sur l'exploitation (ce document doit également contenir un relevé actualisé de toutes les naissances et de tous les décès), ainsi que l'application d'un système d'identification (il s'agit d'une marque auriculaire laquelle doit être infalsifiable et visible pendant toute la vie de l'animal[113], le numéro d'identification qu'elle comporte devant être reporté sur le registre). Les agents du FEOGA ont relevé que les éleveurs ne disposaient pas de registre ; ainsi des numéros de bovins se retrouvent simultanément sur plusieurs demandes d'aides. L'établissement chargé par la DDA de l'identification des bovins a confié cette mission à des vétérinaires privés, lesquels ne sont certainement pas les mieux placés pour effectuer un tel contrôle, eu égard aux liens commerciaux qu'ils entretiennent avec les producteurs de bovins.

De plus, l'identification des terrains où se trouvent les animaux laisse sérieusement à désirer et ceci bien que le règlement relatif au système intégré de gestion (cf. Titre III, Chapitre I, Section 1, § 2) énonce expressément que l'exploitant , outre son engagement de maintenir les animaux déclarés sur son exploitation pendant la période de rétention doit indiquer les emplacements où sont maintenus les animaux. Il a ainsi été relevé que "les troupeaux ne se trouvaient pas sur des surfaces appartenant à l'exploitation" (et/ou sur les terrains communaux signalés par le maire pour

---

112 Conclusions de l'enquête menée en Haute-Corse en septembre 1994. Document communiqué par le secrétariat du FEOGA.

113 Elle doit être posée dans un délai de 30 jours à compter de sa naissance, délai qui peut être porté à 6 mois si l'animal concerné a été muni d'une marque provisoire avant l'âge de 30 jours.

ces exploitations[114], ce qui établit la complaisance, voire la complicité passive des édiles locaux). Il est arrivé que ces animaux se trouvent dans d'autres communes. Enfin, dans les cas les plus nombreux, c'est l'existence même du troupeau qui n'a pu être prouvée. Consécutivement à cette enquête, la Commission europénne a décidé de procéder à une réduction financière et forfaitaire de 50% des primes allouées en 1994 (pour les demandes qui ont été déposées en 1993) ; pour l'année 1995, la Commission a annoncé qu'elle suspendait le paiement des primes jusqu'à ce que les autorités françaises instaurent une structure de contrôle[115], ce qui a fini par être fait puisque les sanctions ont été levées le 29 septembre 1995.

La situation en Corse ne saurait surprendre tant celle-ci se caractérise par un état de non-droit. Un récent rapport de l'Inspection générale des Finances met en exergue l'existence d'une fraude fiscale massive sur ce territoire[116].

---

114 Conclusions de l'enquête menée en Haute-Corse, *op. cit.*

115 On note que cette suppression des primes n'a eu que peu de conséquences pour les éleveurs corses, puisque sur proposition de Charles Pasqua, Ministre de l'intérieur chargé du dossier Corse, l'Etat s'est substitué à la Communauté européenne en allouant lui-même les primes, *in* "Les vraies fausses vaches corses", *Le Monde* du 16 mars 1996, p. 12.

116 Outre le non-paiement de la TVA, le rapport de F. CAILLETEAU dénonce les agissements regrettables des collectivités locales en matière de gestion de trésorerie et de marchés publics, il souligne également que les trois-quarts des redressements fiscaux ne sont pas recouvrés, *in* "Une fraude fiscale massive est dénoncée en Corse", *Le Monde* du 6 septembre 1997.
En avril 1998, des investigations menées par l'Inspection générale des Finances et par l'Inspection générale de l'Agriculture à la Caisse régionale du Crédit agricole de Corse ont révélé des escroqueries et le détournement des aides agricoles (*Le Monde* du 7 avril 1988, du 9 avril 1998 et du 12 mai 1998).

Il est patent que les fraudes grèvent les dépenses agricoles de la Communauté depuis plusieurs décennies. Les facteurs à l'origine de ces détournements financiers ont été clairement identifiés par la Cour des comptes et le Parlement européen. Devant l'ampleur du phénomène, la Communauté suivant certaines recommandations émises par les deux institutions susmentionnées a instauré à partir de la fin des années 1980 un dispositif renforcé de lutte contre les fraudes au FEOGA-garantie.

TITRE III
LE DISPOSITIF DE LUTTE COMMUNAUTAIRE CONTRE LA FRAUDE AU FEOGA-GARANTIE
(tel qu'il a été instauré à partir de la fin des années 1980)

Ce dispositif s'inscrit dans le cadre d'une politique globale de protection du budget communautaire laquelle a été amorcée en 1988 par la création de l'UCLAF (l'Unité anti fraude de la Commission) puis commanditée par le Conseil européen[1] de Madrid de juin 1989, qui a clairement souligné l'impérative nécessité de lutter contre le phénomène de la fraude[2].

Depuis lors, les Conseils européens successifs n'auront de cesse de réitérer l'importance qu'ils accordent à la protection des intérêts financiers de la Communauté[3]. Concomitamment à la réglementation sectorielle agricole (laquelle a été progressivement enrichie) ou celle relative aux fonds structurels, et aux ressources propres (dont il a déjà été souligné qu'elles se sont inspirées du dispositif juridique existant dans le secteur agricole), des dispositions générales concernant l'ensemble du budget ont été peu à peu introduites au sein de la législation européenne, témoignant de la ferme volonté de la Communauté d'adopter une démarche empreinte de plus de cohérence et d'efficacité dans la lutte contre la

---

1 Le Conseil européen (il ne doit pas être confondu avec le Conseil de l'Union européenne qui est le législateur de droit commun de la Communauté) donne à l'Union les impulsions nécessaires à son développement et en définit les orientations politiques générales. Le Conseil européen prend des décisions et principes qui seront le cas échéant mis en forme par les institutions communautaires. Il réunit les chefs d'Etats ou de gouvernements des Etats membres, ainsi que le Président de la Commission, lesquels sont assistés par les ministres chargés des affaires étrangères des Etats membres et par un membre de la Commission. Le Conseil européen se réunit au moins deux fois par an sous la présidence du chef d'Etat et de gouvernement de l'Etat membre qui exerce la présidence du Conseil de l'UE.

2 Bulletin de la CE, juin 1989.

3 Conseil européen d'Essen des 9 et 10 décembre 1994, Bulletin de l'Union européenne, décembre 1994, point 1-29 ; Conseil européen de Cannes des 25 et 26 juin 1995, Bulletin de l'Union européenne, juin 1995, point 1-21 ; Conseil européen de Madrid des 15 et 16 décembre 1995, Bulletin de l'Union européenne, décembre 1995, point 1-23.

fraude[4]. Les dépenses du budget agricole ne pouvaient que bénéficier de cette nouvelle stratégie.

L'action de la Communauté européenne relative à la protection du FEOGA-garantie consiste depuis 1988 à renforcer le dispositif juridique des contrôles et des sanctions (chapitre 1) tout en contribuant à améliorer l'information de la commission (portant sur les irrégularités décelées) et affermir son partenariat avec les Etats membres (chapitre 2).

---

4 Cf. *infra* Chapitre 2, section 2, § 1.

CHAPITRE 1
RENFORCER LE DISPOSITIF JURIDIQUE DES CONTROLES ET DES SANCTIONS

La stratégie de la Communauté a consisté à inciter les Etats membres à cibler leur contrôle dans les secteurs à haut risque (Section 1) tout en enrichissant l'arsenal des sanctions administratives que les autorités nationales sont chargées d'appliquer (Section 2).

SECTION 1 - CIBLER LES CONTROLES DANS LES SECTEURS A HAUT RISQUE

Cette démarche se caractérise par une approche, par filière (§1), par instrument d'intervention (§ 2) ainsi que par le renforcement des contrôles a posteriori des documents commerciaux (§ 3).

§ 1 - L'APPROCHE PAR FILIERE

"Les contrôles communautaires ont souvent été organisés en réponse à des situations d'urgence de telles sortes que les dispositions existantes concernent souvent des secteurs limités...". Ce constat, issu du rapport GUERMEUR du Parlement européen[5], illustre l'approche par filière du phénomène de la fraude introduite dès 1984, au sein du secteur huile d'olive (A), puis à partir de 1989 au sein de la filière vitivinicole (B).

A - La filière huile d'olive

Le marché de l'huile d'olive tient une place primordiale dans l'économie des pays méditerranéens. L'un des principaux

5 *Cf. supra* Titre II, Chapitre 2, note 83.

instruments d'intervention de cette OCM, l'aide à la production[6] fit l'objet d'une étude approfondie en 1985 de la Cour des comptes des Communautés européennes[7], laquelle a révélé de graves déficiences lors des opérations de contrôle des demandes d'aides, effectuées en grande partie par les organisations de producteurs reconnus au sein de chaque Etat. Force est de reconnaître que la réglementation communautaire était particulièrement exsangue en la matière, aucun contrôle sur place n'étant exigé. Les organisations de producteurs étaient seulement astreints à la vérification d'un minimum de 10 % des déclarations de culture (celles-ci contiennent des

---

6 Il s'agit d'une aide non négligeable au sein de la filière huile d'olive. Les dépenses budgétaires de celle-ci entre 1980-1984 sont les suivantes :
1980 : 273,9 millions d'Ecus soit 74,8 % des dépenses de l'OCM
1981 : 274,3 millions d'Ecus soit 62,0 % des dépenses de l'OCM
1982 : 254,9 millions d'Ecus soit 51,6 % des dépenses de l'OCM
1983 : 393,2 millions d'Ecus soit 58,6 % des dépenses de l'OCM
1984 : 513,0 millions d'Ecus soit 59,4 % des dépenses de l'OCM.
Rapport spécial n°1/85 relatif à l'organisation commune des marchés dans le secteur de l'huile d'olive, du 25 avril 1985, JOCE C 134 du 3 juin 1985.
L'aide à la production représentait encore en
1991 : 1084,4 millions d'Ecus soit 55 % des dépenses du secteur huile d'olive
1992 : 849,8 millions d'Ecus soit 48 % des dépenses du secteur huile d'olive
1993 : 1386,1 millions d'Ecus soit 56 % des dépenses du secteur huile d'olive
1994 : 1072,4 millions d'Ecus soit 58 % des dépenses du secteur huile d'olive
1995 : 566,5 millions d'Ecus soit 69 % des dépenses du secteur huile d'olive
1996 : 1547,0 millions d'Ecus soit 86 % des dépenses du secteur huile d'olive.
Rapport annuel de la Cour des comptes des Communautés européennes relatif à l'exercice 1995. Tableau 3-5 p. 87, JOCE C 340 du 12 novembre 1996.

7 Rapport spécial n°1/85 *op. cit.*

informations relatives aux oliviers cultivés et à leur localisation ; elles constituent le support de la demande).

Quant aux oléiculteurs non associés, c'est-à-dire ne relevant pas d'une organisation de producteurs, il était exigé que les autorités nationales effectuent les contrôles de 5 % des déclarations de culture.

La Cour des comptes a émis de sérieuses réserves sur la qualité du travail de vérification réalisé par les organisations de producteurs. Ainsi en Italie, elle a relevé que les contrôles n'étaient effectués qu'à partir des documents cadastraux, ce qui est manifestement insuffisant, puisque certaines informations ne peuvent être obtenues que lors de visites sur place.

Il s'avérait indispensable de réformer le système. Ce fut l'objet de deux règlements du Conseil. Le premier arrête les règles générales relatives à l'octroi de l'aide à la production d'huile d'olive et aux organisations de producteurs[8], renforçant les obligations de contrôle qui pèsent sur ces derniers, en leur imposant désormais de contrôler sur place les données figurant sur les déclarations de culture (ces opérations de vérification doivent être contrôlées par l'Etat membre). Quant aux oléiculteurs non membres d'organisations de producteurs, les contrôles qui doivent également être accomplis sur place relèvent directement des autorités nationales.

Le second règlement adopté le même jour[9] s'inspire en grande partie des recommandations du rapport spécial de la Cour des Comptes précité, puisqu'il contraint les Etats (spécifiquement ceux dont la production d'huile d'olive excède 3 000 tonnes, c'est-à-dire l'Espagne, le Portugal, la Grèce et l'Italie) à se doter d'une Agence autonome de contrôle chargée de certaines vérifications et activités au sein de la filière huile

---

8 Règlement n° 2261/84 du Conseil, *JOCE* L 208 du 17 juillet 1984.

9 Règlement n° 2262/84 du Conseil, *JOCE* L 208 du 17 juillet 1984.

d'olive. C'est la première fois à l'époque que la Communauté prescrit aux Etats membres la création d'une entité spécifique de contrôle. En 1992, ses missions ont été élargies, les opérations de contrôle devant porter sur toutes les aides communautaires versées au secteur à l'exclusion des restitutions à l'exportation[10]. Conformément au programme d'activités qu'elle propose au début de chaque campagne (lequel est établi par l'Etat membre), l'Agence est amenée à vérifier la conformité des activités des organisations de producteurs, ainsi que l'exactitude des données figurant dans les déclarations de culture et dans les demandes d'aides. Elle contrôle également les moulins agréés, enquête sur la destination de l'huile d'olive... L'Etat membre peut de sa propre initiative et consécutivement à une demande de la Commission, confier d'autres missions à l'agence tels : le contrôle d'opérations d'achat, de stockage et de vente d'huile d'olive par les organismes d'intervention, la conduite d'enquêtes statistiques relatives à la production, transformation, consommation d'huile d'olive ainsi que toutes enquêtes concernant la filière.

La Commission bien que ne pouvant s'immiscer dans la gestion de l'Agence peut suivre de près son activité puisqu'elle est tenue informée de celle-ci par les rapports que l'agence doit lui communiquer, ainsi que par les agents de la commission qui peuvent participer aux délibérations des instances dirigeantes de l'Agence sans toutefois prendre part au vote.

La Communauté prend à sa charge une partie des dépenses effectives de l'agence : 100 % les deux premières années (c'est-à-dire les années 1985-1986), 50 % la 3ème année. A partir de 1992, le budget communautaire assure 50 % des dépenses pour 5 ans à compter du 1er novembre 1992 (La participation financière de la communauté aux missions de contrôle qu'elle impose aux Etats membres est une démarche

10 Règlement n° 593/92 du Conseil du 3 mars 1992 (Modifiant le règlement n° 2262/84) *JOCE* L 64 du 10 mars 1992.

récurrente de celle-ci ; il s'agit de faciliter la mise en œuvre des opérations de vérification par les autorités nationales).

Les agences instaurées entre 1985 (en Grèce et Italie) et 1987 (au Portugal et en Espagne) ont mené une intense activité de contrôle. Ainsi à titre d'exemple en 1991, l'Agence espagnole (AAO) a relevé des irrégularités auprès de 280 oléiculteurs sur les 1600 qu'elle a inspecté depuis le début de son existence[11].

Le rapport annuel de la Commission sur la lutte contre la fraude en 1992[12] souligne que l'Italie a communiqué en 1992 (sur le fondement du règlement 595/91)[13] 366 cas d'irrégularités, parmi lesquelles "un grand nombre a été signalé par l'agence huile d'olive". Il est regrettable que ledit rapport ne soit pas plus explicite en la matière.

Enfin, il est à noter que la création d'une agence spécifique de contrôle a été étendu au secteur du tabac. Chaque Etat membre dont la production dépasse une quantité minimale doit se doter d'une telle structure laquelle est chargée de certains contrôle et activités dans le cadre de la réglementation communautaire relative à cette filière et ceci au plus tard le 30 avril 1993[14].

B - La filière vitivinicole

Elle constitue de longue date un secteur particulièrement vulnérable aux fraudes (celles-ci font en effet courir un risque grave aux consommateurs et aux producteurs tant sur le plan de la santé que sur le plan économique).

---

11 Rapport sur la lutte contre la fraude en 1991, du 26 mai 1992, p. 52.

12 COM 93 - 141 final 20 avril 1993.

13 *Cf.* chapitre 2, section 1, § 2, A "la recherche d'une information plus fiable".

14 Règlement du Conseil n° 2075/92 portant organisation commune de marché dans le secteur du tabac brut, *JOCE* L 215, règlement n° 85/93 de la Commission du 19 janvier 1993, *JOCE* L 12 du 20 janvier 1993.

Dans le cadre d'un règlement spécifique à cette OCM adopté en 1989[15], le législateur communautaire a défini des règles générales visant à améliorer les contrôles incombant aux Etats membres.

Les vérifications doivent porter sur des domaines très variés : déclaration de récolte, destination et utilisation des moûts de raisins concentrés modifiés ou non bénéficiant d'aides..., titre alcoométrique volumique naturel des raisins mis en œuvre pour la vinification, distillation et stockage de produits faisant l'objet d'une aide, composition des produits viticoles[16]. Ces contrôles doivent être exécutés soit systématiquement, soit par sondage. Les agents chargés de ces opérations de vérification, lesquels doivent être techniquement compétents jouissent de pouvoir d'investigation étendu. Ils peuvent se rendre dans les vignobles, installation de vinification et stockage, locaux commerciaux ou entrepôts, procéder à des inventaires, prélever des échantillons, consulter les documents comptables, prendre des mesures conservatoires.

La création de corps d'inspecteurs communautaires (examiné *infra* chapitre 2, section 1, § 1 du présent titre) au sein des secteurs vitivinicole et fruits et légumes procède de la même logique ; il s'agit d'une démarche par filière destinée à compléter l'action nationale de lutte contre les "foyers intenses de fraude".

---

15 Règlement n° 2048/89 du Conseil, portant règles générales relatives aux contrôles dans le secteur viti-vinicole, *JOCE* L 202 du 14 juillet 1989.

16 Pour une liste complète des domaines de contrôle, cf. annexes document n° 10.

§ 2 - L'APPROCHE PAR INSTRUMENT D'INTERVENTION

Elle se traduit par de nouvelles contraintes pesant sur les bénéficiaires des restitutions à l'exportation (A) et par l'instauration d'un système intégré de gestion (B).

A - Les nouvelles contraintes pesant sur les bénéficiaires des restitutions à l'exportation

Les restitutions à l'exportation dont la vulnérabilité à la fraude n'est plus à démontrer ont fait l'objet d'une attention soutenue des instances communautaires. La Commission a ainsi instauré un groupe de travail (le groupe "Lachaux) dont la mission consiste à simplifier la nomenclature tarifaire des produits agricoles. Il s'agit d'éliminer les positions inutiles parce que peu employées ou ne présentant aucun intérêt pour le marché. Concomitamment à cette démarche, le contrôle en amont (a) et en aval (b) des opérations d'exportation a été renforcé par le législateur communautaire.

a) En amont

• Le renforcement des contrôles physiques

Antérieurement à 1990, les modalités des contrôles physiques relevaient des législations nationales ; depuis lors la norme communautaire détermine les obligations des Etats membres en la matière[17]. Sur le plan qualitatif, il est expressément mentionné que le contrôle doit être effectué selon une démarche scientifique (par sondages) de manière "fréquente et inopinée"[18]. Afin d'éviter les travers précédemment dénoncés où les opérateurs étaient parfois préalablement informés de l'opération de contrôle (déjouant

---

17 Règlement du Conseil n° 386/90 du 12 février 1990 relatif au contrôle lors de l'exportation de produits agricoles bénéficiant d'une restitution, *JOCE* L 42 du 16 février 1990.

18 Art. 3 alinéa 1 du règlement 386/90 *op. cit.*

ainsi tout effet de surprise), il est précisé qu'une telle démarche ne saurait être considérée comme un véritable contrôle physique[19]. La rigueur du contrôle apparaît également dans l'obligation qui incombe désormais aux autorités étatiques de vérifier par tous moyens y compris par l'analyse d'échantillons en laboratoire (si le taux de restitution dépend d'une teneur), l'adéquation entre la composition du produit et sa classification au sein de la nomenclature tarifaire. La nouvelle réglementation a également introduit de nouvelles exigences sur le plan quantitatif. Elle impose aux Etats d'effectuer un taux minimum d'au moins 5 % de contrôle physique des déclarations d'exportation[20].Il était indiqué initialement dans le règlement de base (386/90) que ce taux annuel devait être appliqué par chaque bureau de douane et ceci par secteur de produit[21]. Très rapidement, il est apparu que l'instauration d'un seuil minimal uniforme avait pour corollaires de délaisser les filières de produits les plus exposées aux irrégularités, de sorte que depuis 1994[22], les Etats ont la faculté d'instaurer un taux de 5 % annuel par bureau de douane mais couvrant cette fois l'ensemble des secteurs de produit, (disposition toutefois assortie du respect d'un taux minimal de contrôle de 2 % par groupe de produit). Cette nouvelle réglementation ouvre la possibilité aux Etats de concentrer leur contrôle sur les secteurs à haut risque, et requiert des autorités nationales l'application

19 Art. 5 alinéa 2 du règlement n° 2221/95 de la Commission du 20 septembre 1995 portant modalités d'application du règlement n° 386/90, *JOCE* L 224 du 21 septembre 1995.

20 Article 3 alinéa 1, point b du règlement n° 386/90, *op. cit.*

21 Les Etats membres peuvent ne pas tenir compte, pour le calcul du taux minimal de contrôle, des déclarations d'exportation qui concernent une quantité inférieure à 5 000 kilogrammes de céréales, riz ou 300 kilogrammes en ce qui concerne les autres produits. Art. 2, alinéa 3 du règlement n° 2221/95, *op. cit.*

22 Règlement n° 163/94 du Conseil du 21 janvier 1994 modifiant le règlement 386/90 relatif au contrôle lors de l'exportation de produits bénéficiant d'une restitution, *JOCE* L 24 du 29 janvier 1994.

d'un système de sélection des contrôles sur la base de "l'analyse risque".

Celle-ci est une technique qui consiste à identifier quels sont les produits présentant la plus haute teneur en risque d'irrégularités. La Commission européenne s'appuyant sur le rapport complémentaire relatif à l'application du règlement 386/90 qui déplorait la faiblesse des paramètres les plus fréquemment retenus pour sélectionner les contrôles (tels le montant de la restitution octroyée, la nouveauté du produit)[23] a élaboré une grille de critères destinée à aider les Etats à mieux orienter leur vérification.

Les critères pouvant être retenus lors des contrôles physiques sont les suivants[24] :

- concernant la marchandise
  . l'origine
  . la qualité
  . les caractéristiques liées au libellé de la nomenclature des restitutions
  . la valeur
  . la situation douanière
  . les risques de glissement tarifaire
  . le taux de restitution lié aux spécificités techniques et à la présentation des marchandises (la teneur en matière grasses, en eau, en viande, en cendre, le conditionnement)
  . le produit nouvellement éligible aux restitutions
  . des analyses précédentes d'échantillons
  . des renseignements tarifaires contraignants.
- concernant le trafic
  . la fréquence des échanges

---

23 *JOCE* C 218 du 12 août 1993, p. 14.

24 Règlement de la Commission n° 3122/94, *JOCE* L 330 du 21 décembre 1994.

. l'apparition d'un trafic anormal et /ou le développement d'un nouveau trafic
. les détournements de trafic.

- concernant la nomenclature des restitutions
  . le taux de la restitution
  . les nomenclatures les plus souvent sollicitées pour le paiement des restitutions
  . les risques de glissement de taux de restitution liés aux spécificités techniques et à la présentation des marchandises.
- concernant l'exportateur
  . sa réputation et fiabilité
  . sa situation financière
  . un nouvel exportateur
  . des exportations apparemment non justifiées économiquement
  . des antécédents contentieux et notamment frauduleux.
- concernant les irrégularités
  . détectées ou supposées dans certains secteurs de marchandises
- concernant les régimes douaniers utilisés
  . la procédure normale de déclaration
  . la procédure simplifiée de déclaration
  . l'acceptation de la déclaration d'exportation en application des articles 790 et 791 du règlement n° 2454/93 de la Commission (*JOCE* L 253 du 11 octobre 1993).
- concernant les modalités relatives à l'octroi de la restitution à l'exportation
  . le préfinancement (en l'état ou avec transformation)
  . l'exportation directe
  . l'avitaillement.

Un autre point de la nouvelle réglementation des contrôles physiques indique que les bureaux de douane doivent s'assurer que le taux de 5 % de contrôle a été atteint ; à cette fin, des mesures doivent faire apparaître par secteur : le nombre de déclarations d'exportations qui sont prises en compte pour le contrôle physique et le nombre de contrôles physiques effectués. Chaque contrôle physique doit faire l'objet de compte rendu détaillé lequel doit être archivé pendant 3 ans suivant l'année d'exportation.

Enfin dans le souci d'éviter la substitution des marchandises lorsque la déclaration d'exportation a été acceptée par un bureau de douane intérieur ou dans les locaux de l'exportateur[25], il est désormais expressément énoncé que les moyens de transport ou les colis entre le bureau de douane d'exportation et celui de sortie du territoire douanier de la communauté (laps de temps durant lequel peut s'opérer la substitution) doivent être scellés[26]. Des contrôles peuvent être effectués par sondage représentatif par chaque bureau de douane de sortie de la communauté.

La vérification repose sur l'examen visuel de la concordance entre la marchandise et le document qui l'a accompagné au bureau de douane d'exportation ou au bureau de douane de sortie (du territoire douanier communautaire). Si il ne s'avère pas possible d'apprécier le bien fondé de l'adéquation susmentionnée, un échantillon pour analyse doit être prélevé.

Afin d'alléger la charge budgétaire qu'implique pour les autorités nationales, le renforcement drastique des contrôles physiques à l'exportation, la communauté en vertu d'un règlement du Conseil de 1991[27] peut, dès lors que les Etats en font la demande, financer une partie de ces dépenses de contrôle. Celles-ci doivent concerner l'exportation de produits

---

25 Ce contrôle de substitution a été introduit au sein du règlement 386/90 par le règlement 163/94 du 24 janvier 1994, *op. cit.*

26 Article 6 du règlement 2221/95, *op. cit.*

27 Règlement n° 307/91 relatif au renforcement des contrôles de certaines dépenses à la charge du Fonds européen d'orientation et de garantie agricole section "garantie", *JOCE* L 37 du 9 février 1991.

agricoles sous forme de marchandises ne relevant pas de l'annexe II du traité CEE[28]. Le cofinancement communautaire (50 % les trois premières années puis 25 % pour les 4ème et 5ème années) porte sur les rémunérations des agents affectés spécifiquement à la vérification quantitative et qualitative des produits destinés à l'exportation, sur les coûts de formation de ces personnels, sur les frais d'équipements résultant de nouvelles modalités de contrôle. Dans le cadre de ce règlement, la communauté supporte également partiellement les salaires et les frais de formation des agents chargés du contrôle des aides à l'hectare, aides pour les graines oléagineuses, aides au coton, mesures prévues dans le secteur du vin et du tabac. En France, le rapport au Président de la République de la Cour des Comptes en 1992, souligne qu'un programme de renforcement des contrôles (création de 158 emplois) présenté à la CEE en 1991 devrait bénéficier d'un cofinancement en vertu du règlement précité (p. 84 du rapport).

• L'identification des fraudeurs : "la liste noire"

Ce souci de mieux identifier les fraudeurs est une recommandation ancienne de la Cour des comptes, elle a pu aboutir grâce à l'opiniâtreté du Parlement européen et spécifiquement de son comité de contrôle budgétaire ("le rapporteur M. Tomlison a sans cesse rappelé aux Etats membres leur devoir de ne pas "diluer" l'approche proposée par la Commission et de démontrer dans les faits le sérieux de leur déclaration en faveur de la lutte anti-fraude")[29].

---

28 Il s'agit en général de produits obtenus à la suite d'une opération de perfectionnement complémentaire : biscuits, bière, whisky, chocolat, sucreries.

29 Franz EPPE, Revue du Marché commun et de l'Union européenne, n° 403, décembre 1996.

Un règlement adopté en 1995[30] instaure un contrôle que l'on peut qualifier "d'exceptionnel". Celui-ci peut être exercé lorsqu'un opérateur présente un risque de non fiabilité, c'est-à-dire lorsqu'il s'agit d'une personne qui antérieurement a déjà été reconnu auteur d'une irrégularité[31] au budget agricole ou que l'on suspecte de fraude. Cette non fiabilité doit avoir été établie conformément à une décision définitive d'une autorité administrative ou judiciaire ou fait l'objet sur la base de faits concrets d'un premier acte de constat administratif ou judiciaire de la part d'un Etat membre (il faut entendre par cette dernière notion une première évaluation par écrit d'une autorité administrative ou judiciaire concluant sur la base de fait concrets à l'existence d'une irrégularité commise délibérément ou par négligence grave)[32]. Le champ d'application de cette nouvelle procédure de contrôle est étroitement circonscrit puisque sont visées les irrégularités relatives au domaine des adjudications, des restitutions à l'exportation, des ventes à prix réduits de produits d'intervention, qui portent ou porteraient sur un montant supérieur à 100 000 Ecus[33].

L'Etat membre est tenu de communiquer à la Commission les personnes physiques ou morales d'où le terme de règlement "liste noire" qui présentent cette non fiabilité ; information que la Commission doit répercuter aux autres Etats membres.

Dès lors qu'elles ont été informées, les autorités nationales doivent prendre les mesures appropriées, à savoir : un contrôle renforcé des opérations poursuivies par l'opérateur, et/ou la

---

30 Règlement n° 1469 du Conseil du 22 juin 1995 relatif aux mesures à prendre à l'égard des bénéficiaires d'opérations financées par le FEOGA section "garantie", *JOCE* L 145 du 29 juin 1995.

31 Notion qui a été juridiquement définie par le règlement n° 2988/95. *Infra* chapitre 2, section 2, § 1 du présent titre.

32 Article 1er du règlement n° 745/96 de la Commission portant modalités d'application du règlement n° 1469/95, *JOCE* L 102 du 25 avril 1996. Ce règlement est applicable depuis le 1er juillet 1996.

33 Article 2, alinéa 1 du règlement n° 745/96, *op. cit.*

suspension du paiement des montants en cours (et le cas échéant de la libération de la garantie y afférent), ainsi que l'exclusion temporaire du bénéfice de l'aide. Cette dernière mesure dont la durée d'application est de 6 mois au minimum et de 5 ans maximum, ne peut être appliquée que pour un opérateur dont il a été établi, qu'il était l'auteur d'un agissement frauduleux (ce qui a contrario exclu celui qui ne fait l'objet que d'une suspicion de fraudes).

Ces mesures coercitives ont été assorties de garanties pour l'opérateur. Ainsi, lorsque celui-ci risque de faire l'objet d'une mesure d'exclusion de l'aide, il doit pouvoir être entendu préalablement à la sanction et avoir la possibilité de faire appel de cette dernière. Il est également indiqué que l'Etat membre doit veiller à la proportionnalité de la sanction vis-à-vis de l'irrégularité commise et à la non discrimination entre opérateurs.

Quant aux informations relatives à l'identification des fraudeurs (qui transitent entre les Etats membres et la commission européenne), tant les autorités nationales que la commission doivent adopter les mesures nécessaires destinées "à empêcher toute personne non autorisée d'accéder aux données ou support de données ou aux installations utilisées pour le traitement de données"[34]. Elles sont également responsables du préjudice causé à une personne par le traitement illicite des données à caractère personnel (notamment lorsqu'il a été introduit des informations erronées dans le système d'identification). Les informations échangées sont soumises aux principes de la protection des droits et libertés fondamentaux tels qu'ils résultent des dispositions de la directive 95/46 relative à la protection des personnes physiques à l'égard du traitement de données à caractère personnel et à la libre circulation de ces données[35] et du

---

34 Article 11, règlement n° 745/96, *op. cit.*

35 *JOCE* L 281 du 23 novembre 1995.

règlement n° 515/97 relatif à l'assistance mutuelle (cf. chapitre 2, section 1, § 2).

La commission européenne a présenté 2 ans après l'entrée en vigueur du règlement "liste noire", un rapport relatif à son application[36]. Il en ressort que la commission a seulement été destinataire de quatre communications (émanant des Etats membres) relatives à l'inscription d'un opérateur économique sur la liste noire. Les quatre cas transmis par la France, les Pays-Bas et le Royaume-Uni concernaient des restitutions à l'exportation (trois pour la filière bovine, un pour la filière porcine)[37]. Parmi les mesures prises à l'encontre des opérateurs "jugés non fiables", on relève des contrôles renforcés avec dans un seul cas, une suspension de paiement. Le nombre "dérisoire" des communications est d'autant plus singulier qu'en application du règlement 595/91[38] (lequel impose aux Etats membres la transmission à la commission des irrégularités relatives au financement du FEOGA section "garantie") les Etats membres ont communiqué 72 irrégularités lesquelles excédent chacune le seuil de 100 000 Ecus.

Il est patent qu'il est encore prématuré d'évaluer l'impact réel de cette législation.

b) En aval : Introduction d'une nouvelle preuve d'arrivée à destination des produits bénéficiant d'une restitution

Outre les documents douaniers de mise à la consommation, les opérateurs ont désormais la faculté de présenter une attestation émanant d'une société de surveillance laquelle certifiera le déchargement et la mise à la consommation des

---

36 Et ceci conformément à l'article 7 du règlement n° 1469/95.

37 Rapport au PE et au Conseil sur l'application du règlement n° 1469/95 (liste noire) COM(97) 417 final.

38 Ce règlement concerne les irrégularités et la récupération des sommes indûment versées dans le cadre du financement de la PAC ainsi que l'organisation d'un système d'information dans ce domaine, il abroge le règlement n° 223/72. *Cf.* infra, chapitre 2, section 1, § 2.

marchandises bénéficiant de restitutions différenciées[39]. Cette société devait être agréée par la Commission (dans le cadre du règlement 887/92), puis il est apparu plus opportun que cette responsabilité puisse relever des autorités nationales[40]. Celles-ci sont en effet mieux placées que la Commission pour délivrer un tel agrément). Cette nouvelle preuve de l'accomplissement des formalités douanières de mise à la consommation ne constitue pas pour autant une panacée. Elle ne s'avère qu'une preuve parmi d'autres puisqu'à défaut de pouvoir obtenir celle-ci (ou du document douanier), l'exportateur peut recourir à d'autres sources (attestation de déchargement, document bancaire). Le coût du recours à ces sociétés spécialisées sur le plan international en matière de contrôle et de surveillance est une charge qui pèse sur l'opérateur ; or, "les attestations de ces sociétés sont très chères par rapport aux faibles marges réalisées dans le commerce international"[41]. De plus le document douanier susmentionné demeure toujours une référence obligée, puisque la date et le numéro de ce dernier doivent être indiqués sur l'attestation de la société, or, il a déjà été évoqué la difficulté d'obtenir ce document dans certains pays tiers[42]. Enfin, on peut regretter que l'apport de ce nouveau document soit dépourvu de toute portée irréfragable (en cas de doute sur son authenticité, d'autres éléments de preuves peuvent être fournis).

---

39 Règlement n° 887/92 de la Commission du 8 avril 1992 modifiant le règlement CEE n° 3 665/87 portant modalités d'application du régime des restitutions à l'exportation pour les produits agricoles, *JOCE* L 95 du 9 avril 1992.

40 Cette révision a été introduite par le règlement n° 2 955/94 de la Commission du 5 décembre 1994, *JOCE* L 312 du 6 décembre 1994.

41 Les preuves d'arrivée à destination finale, Edouard DIDIER, Joël GRANGE, Les Petites affiches, 9 juillet 1993, n° 82, p. 24 et s.

42 *Supra* Titre II, chapitre 1, section 1, § 1.

B - Le système intégré de gestion et de contrôle

Les nouvelles modalités d'intervention des OCM issues de la réforme Mac Sharry (dont les principales caractéristiques ont été présentées dans le Titre I) complexifient la gestion et le contrôle des aides puisque celles-ci sont allouées en fonction des superficies cultivées (filière végétale) ou du nombre de têtes de bétail (filière bovine, ovine, et caprine). La Communauté a ainsi décidé d'ériger un dispositif spécifique dont la vocation est de faciliter et d'accroître l'efficacité des contrôles des aides précitées ainsi que des normes spécifiques en faveur de l'agriculture de montagne et de certaines zones défavorisées[43] (lesquelles relèvent de la politique structurelle de la communauté). Le champ d'application du système intégré de gestion et de contrôle ne devrait pas rester figé puisqu'il est expressément indiqué qu'il pourra être étendu à d'autres régimes d'aides communautaires (et ceci sur proposition de la Commission adoptée à la majorité qualifiée du Conseil).

Le système actuel repose sur 5 composantes fondamentales :

- la création d'une base de données informatisée (où sont enregistrées pour chaque exploitation agricole, les données provenant des demandes d'aides)[44],
- un système alphanumérique d'identification et d'enregistrement des parcelles agricoles,

---

43 Règlement n° 3508 du Conseil du 27 novembre 1992, *JOCE* L355 et règlement d'application n° 3887/92 de la Commission *JOCE* L391.

44 Les Etats peuvent créer des bases de données décentralisées à condition que celles-ci soient conçues de façon homogène sur tout le territoire de l'Etat membre et qu'elles soient compatibles entre elles (article 3 alinéa 2 du règlement n° 3508/92 *op. cit.*). Ainsi, l'Allemagne, l'Espagne et le Royaume-Uni ont créé respectivement 16, 17 et 4 bases de données régionales (Rapport annuel de la Cour des comptes des Communautés européennes, exercice 1996, *JOCE* C 348 du 18 novembre 1997).

- un système alphanumérique d'identification et d'enregistrement des animaux,
- des demandes d'aides,
- un système intégré de contrôle.

La législation relative aux demandes d'aides et aux contrôles a été précisée par un règlement d'application de la Commission[45].

• Les demandes d'aides

Les demandes d'aides "surfaces" doivent contenir tous les renseignements relatifs : à l'identification de l'exploitant[46], aux parcelles agricoles de l'exploitation (La superficie et la localisation de ces dernières, le type de culture pratiqué ou l'absence de culture doivent être indiqués), au régime de l'aide concernée. La demande doit être accompagnée d'une déclaration du producteur précisant que celui-ci a pris connaissance des conditions d'octroi de l'aide sollicitée.

Quant aux demandes d'aides "animaux" elles doivent inclure les informations suivantes : identification de l'exploitant, référence à la demande d'aide "surfaces" si celle-ci est déjà introduite, nombre et espèces des animaux pour lesquels le bénéfice de l'aide est demandé. Selon la prime sollicitée, doit être fourni l'engagement de l'exploitant de maintenir les animaux sur son exploitation pendant la période de rétention et l'indication du ou des lieux ou celle-ci aura lieu (et en ce qui concerne les bovins leur numéro d'identification[47]) ; en cas de changement de lieu pendant cette

---

45 Règlement n° 3887/92 *op. cit.*

46 Il peut s'agir d'un producteur agricole individuel, d'une personne physique ou morale, d'un regroupement de personnes physiques ou morales.

47 Ce système d'identification des bovins résulte de la directive 92/102/CEE (cf. Titre 2, chapitre 2, section 2, § : l'exemple de la prime à la vache allaitante). Les dispositions de cette directive ont été renforcées par le règlement n° 820/97 du Conseil du 21 avril 1997 établissant un système d'identification et d'enregistrement des

période, l'autorité compétente doit en être informée préalablement par écrit par l'exploitant.

• Les contrôles

L'Etat est tenu de procéder à un contrôle administratif des demandes d'aides. Celui-ci implique des vérifications croisées relatives aux parcelles et aux animaux déclarés afin d'éviter le double octroi des primes. Il est complété par des contrôles sur place, lesquels doivent s'appuyer sur une véritable démarche scientifique. L'échantillon devant être constitué en la matière doit représenter au moins 10 % des demandes d'aides "animaux", 5 % des demandes d'aides "surfaces". Il doit être établi sur la base de l'analyse risque (celle-ci doit tenir compte du montant des primes, du nombre de parcelles, de la surface ou du nombre d'animaux pour lequel l'aide est demandée...). Un taux supérieur de contrôle peut être effectué lorsqu'il est constaté lors des visites d'inspection une concentration d'irrégularités dans un régime d'aide donné. Pour conférer au contrôle toute son efficacité il est précisé que celui-ci doit être inopiné.

Afin d'affiner les contrôles, les Etats ont la faculté de recourir à la télédétection, ce qui permet de déterminer la superficie des parcelles agricoles, ainsi que le type de culture qui y est pratiqué. L'usage de cette technique n'est pas une véritable innovation puisqu'elle avait été déjà introduite par deux règlements en 1991 ; l'un était relatif au régime de retrait temporaire des terres arables pour la campagne 92/93[48], le second concernait un régime de soutien pour les producteurs

---

bovins et relatif à l'étiquetage de la viande bovine et des produits de viande bovine (*JOCE* L 117 du 7 mai 1997). Ce règlement a introduit dans chaque Etat membre : un système de marquage auriculaire permettant d'identifier les animaux de façon individuelle, des bases de données informatisées, des passeports pour les animaux et des registres individuels tenus dans chaque exploitation.

48 Règlement n° 1703/91 (*JOCE* L 162)

de graines de soja, colza, navette et tournesol[49]. En 1990 une expérience de contrôle par satellite portant sur le blé dur, le coton, l'arrachage de la vigne avait été également lancée (les zones contrôlées en France, Grèce, Espagne et Italie ont représenté 38 000 kilomètres[50]). La télédétection permet la confrontation des images satellites des superficies, et du type de culture avec la déclaration de l'exploitant, et les données cadastrales. Le recours à cette technique dans le cadre du système intégré de gestion devrait constituer un effet puissamment dissuasif. L'acquisition et l'analyse d'images spatiales et aériennes s'avérant particulièrement onéreuses, la Communauté propose le cofinancement des dépenses qu'elles impliquent, lequel ne doit pas être confondu avec celui relatif à l'instauration du "système intégré"destiné à couvrir partiellement les dépenses des structures informatiques des Etats qui le souhaitent[51] . Dans les deux cas de figure, le taux de participation financière de la Communauté est fixé à 50 %[52]. Les crédits disponibles sont distribués entre Etats membres selon une clef de répartition identique[53].

---

49 Règlement n° 3766/91 (*JOCE* L 356)

50 Vincent NOUZILLE, "L'Europe de la fraude se porte bien", L'Expansion du 1 juillet 1993.

51 La distinction entre les 2 types de dépenses relative au cofinancement a été opérée par le règlement n° 165/94 du Conseil du 24 janvier 1994, *JOCE* L 24 du 29 janvier 1991.

52 Le règlement n° 165/94 prévoit pour les contrôles par télédétection la possibilité pour la commission d'autoriser un taux plus élevé si elle reçoit des Etats membres une demande dûment étayée.

53

Belgique	2,2	Irlande	4,2	Autriche	3,3
Danemark	2,3	Italie	18,1	Finlande	2,7
Allemagne	9,2	Luxembourg	0,6	Suède	2,4
Grèce	8,0	Pays-Bas	2,8		
Espagne	16,5	Portugal	5,3		
France	13,2	Royaume-Uni	9,1		

Clef de répartition issue du règlement n° 3235/94 du Conseil, modifiant suite à l'adhésion de l'Autriche, Finlande et Suède dans le

La Cour des comptes, dans son rapport annuel relatif à l'exercice 1996[54], fournit des indications relatives à la mise en œuvre et au fonctionnement du système intégré de gestion.

Elle relève notamment à propos du système de contrôle intégré appliqué aux "aides surfaces" de nombreuses insuffisances. Tout d'abord, il s'avère que pendant les premières années de l'instauration du nouveau dispositif, les Etats n'ont pas été en mesure de procéder aux contrôles administratifs croisés (contrôle sur dossier) destinés à éviter les doubles déclarations du fait d'un retard dans l'installation du système alphanumérique d'identification, ainsi que des bases de données informatisées.

Il ressort également que les inspections sur place des parcelles présentent de nombreuses défaillances, corollaire en amont de la constitution d'échantillon de producteurs à contrôler qui ne repose pas suffisamment sur les critères de l'analyse risque définis par la réglementation. Ainsi en Allemagne certaines grandes exploitations ont échappé à toute vérification ; en Espagne l'analyse risque n'intègre pas les résultats des contrôles de l'année en cours ni ceux de l'année précédente. Quant à l'efficacité des inspections, elle est parfois mise en doute. Ainsi en France, la majorité des contrôles sont effectués par des étudiants des grandes écoles d'agronomie ayant reçu une formation théorique de quelques jours et opérant ensuite en toute indépendance ce qui ne garantit aucunement l'exercice d'un contrôle rigoureux (il a ainsi été fait état de contrôles qui en réalité n'ont pas été exécutés).

Quant à la télédétection, pour la campagne 1995-1996, si tous les Etats de l'Union européenne (sauf l'Autriche et le Luxembourg) ont eu recours à cette technique, on note toutefois des disparités importantes entre ceux-ci. Si en Italie le contrôle par télédétection des aides "surfaces" représente 80 %

---

secteur agricole, plusieurs dispositions prévoyant en faveur de ces nouveaux Etats membres, un cofinancement de certaines actions.

54 *JOCE* C 348 du 18 novembre 1997.

des vérifications effectuées[55], ce pourcentage n'est que de 14 % en France[56], et de 5 % en Allemagne[57].

Les sanctions issues des contrôles par télédétection (dont la teneur est précisée infra Section 2, § 2 du présent chapitre), s'avèrent modestes, si on compare ces dernières avec celles résultant des inspections sur le terrain[58].

Le seul résultat positif est relevé en Italie où 63 % des 46 981 contrôles réalisés par télédétection ont donné lieu à des sanctions (en France, 13 % des 4 203 demandes contrôlées ont abouti à des mesures répressives ; aucune sanction en Espagne sur 17 595 vérifications effectuées).

En l'état actuel de la technique, il apparaît que la télédétection est efficace pour identifier la nature des cultures. Elle n'est toutefois pas suffisamment fiable pour déterminer l'étendue précise des surfaces déclarées[59]. En définitive, il s'avère indispensable de conjuguer contrôle physique et images satellites. A cet égard, le règlement n° 3 887/92 indique expressément qu'en cas de doute sur l'interprétation d'images, il convient de procéder à un contrôle physique.

---

55 En Italie sur 676 803 demandes d'aides, 58 787 ont été contrôlées dont 46 981 par télédétection.

56 En France sur 491 408 demandes d'aides, 29 502 ont été contrôlées dont 4 203 par télédétection.

57 En Allemagne sur 412 951 demandes d'aides 27 716 ont été contrôlées dont 1 252 par télédétection.

58 Ainsi par exemple, en Allemagne, sur 26 464 demandes contrôlées sur le terrain, 95 % ont donné lieu à des sanctions, tandis que sur les 1 252 demandes vérifiées par télédétection, 2 % seulement ont donné lieu à des sanctions.

59 Une étude réalisée par le Centre commun de recherche d'Ispra en Italie en 1994 montre que la précision du mesurage des surfaces par images-satellites se situe entre - 20 et + 20 % pour les parcelles inférieures à 1 ha et entre - 12 et + 12 % pour les parcelles supérieures à 1 ha. Rapport annuel de la Cour des comptes relatif à l'exercice 1996, *op. cit.*, point 3-66.

§ 3 - UNE ACTION SPECIFIQUE : le renforcement du contrôle a posteriori des documents commerciaux

L'amélioration de la réglementation en la matière s'imposait d'autant que ce type de contrôle constitue un moyen de détection efficace des irrégularités. Il avait été relevé comme carence majeure du dispositif juridique précédent (directive du 27 juin 1977), l'absence de critères autre que financiers pour sélectionner les entreprises bénéficiaires ou redevables du FEOGA-garantie. Une réglementation adoptée en 1989, modifiée en 1994[60] (laquelle ne s'applique pas aux mesures couvertes par le système intégré de gestion) a posé de nouvelles exigences en la matière. L'objectif du nouveau règlement est de concentrer les contrôles sur les secteurs à risque et sur les entreprises bénéficiant le plus d'aides. Ainsi désormais, ils devront porter sur un nombre d'entreprises qui ne peut être inférieur à la moitié du nombre d'entreprises dont les recettes ou redevances (ou la somme des deux montants dans le cadre du FEOGA-garantie) ont été supérieures à 100 000 Ecus. La sélection des entreprises doit reposer sur "l'analyse risque" (plus précisément, elle doit être effectuée en fonction des résultats de l'analyse risque appliquée au secteur des restitutions à l'exportation et à toutes autres mesures auxquelles elle est applicable). A cette fin, les Etats soumettent à la Commission une proposition relative aux techniques, critères et méthodes qu'ils escomptent mettre en œuvre (à ce stade la Commission peut formuler des commentaires dont les Etats doivent tenir compte). Ils sont tenus également d'arrêter

---

60 Règlement n° 4045/89 du Conseil du 21 décembre 1989 relatif aux contrôles par les Etats membres des opérations faisant partie du système de financement par le "FEOGA-garantie" (*JOCE* L 388 du 30 décembre 1989) modifié par le règlement du Conseil n° 3094/94 du 12 décembre 1994 (*JOCE* L 328 du 20 décembre 1994) et règlement du Conseil n° 3235/94 (*JOCE* L 338 du 28 décembre 1994).

des programmes indiquant le nombre d'entreprises qui seront contrôlées, leur répartition par secteur (ces derniers doivent être adressés à la Commission[61]).

Les entreprises ayant perçues plus de 300 000 Ecus de recettes par an et qui n'ont pas été inspectées au cours des deux période de contrôle précédentes doivent obligatoirement faire l'objet d'un contrôle.

Quant à celles dont la somme des recettes ou redevances a été inférieure à 30 000 Ecus, elles sont uniquement contrôlées en fonction de critères indiqués par les Etats membres dans leur programme annuel.

La nouvelle réglementation apporte également des précision relatives à la nature des documents à examiner ainsi que sur les modalités et l'étendue du contrôle.

Par document commerciaux, il faut entendre l'ensemble des livres, registres, notes et pièces justificatives, la comptabilité, les dossiers de production et de qualité, la correspondance relative à l'activité professionnelle de l'entreprise ainsi que les données commerciales sous quelque forme que ce soit y compris sous forme informatique (documents devant être conservés par les entreprises pendant au moins 3 ans).

Le contrôle, lequel porte sur une période d'au moins 12 mois précédant la période de contrôle antérieure doit s'effectuer par des confrontations avec les documents commerciaux des fournisseurs, des clients, des transporteurs, ou d'autres tiers, ou par des comparaisons avec la comptabilité des mouvements financiers en amont ou en aval des opérations effectuées dans le cadre du système de financement du FEOGA-garantie. Il est également possible de procéder à l'examen physique de la quantité et de la nature des stocks. Les agents chargés des vérifications peuvent se faire délivrer des extraits ou des copies des documents commerciaux

---

61 Pour une connaissance des contrôles envisagés par les Etats membres en 1991, cf. Annexes Document n° 11.

précités, ils doivent avoir la possibilité de saisir ou de faire saisir ceux-ci.

L'exécution des contrôles prévus pour les entreprises établies dans un Etat membre autre que celui où le paiement et/où le versement du montant concerné est intervenu (ou aurait dû intervenir) est facilitée par l'assistance mutuelle que doivent s'apporter les Etats. La liste de ces entreprises est communiquée à chaque Etat où une telle entreprise est établie (avec copie à la Commission) de sorte que l'Etat membre où le paiement et/ou le versement a été effectué peut demander à l'Etat membre où est située l'entreprise, de contrôler quelques-unes de celles figurant sur la liste susdite. L'Etat demandeur doit être tenu informé des résultats du contrôle. Les agents de la Commission ont accès à l'ensemble des documents élaborés en vue ou à la suite des vérifications organisées, ainsi qu'aux données recueillies y compris celles qui sont mémorisées par des systèmes informatiques.

La Communauté européenne concourt aux dépenses de personnel qu'induisent l'ensemble des nouvelles contraintes pesant sur les Etats membres, tout particulièrement celles résultant de la création obligatoire d'un service spécifique chargé d'opérer les contrôles susmentionnés ou d'assurer la coordination des contrôles effectués par des agents dépendant d'autres services. Sont pris en compte les dépenses salariales, les frais de formation (cours, séminaires), frais de déplacements de ces agents, ainsi que le matériel informatique (y compris les logiciels, les équipements de communication tels que les télécopieurs et telex, à l'exception du matériel et mobilier habituel de bureau). La participation financière de la Communauté s'élève pour les dépenses du personnel (Formation) à 50 % pour les 3 premières années et 25 % pour la 4ème et la 5ème année pendant une période de 5 ans à compter du 1er janvier 1990. Pour l'achat de matériel informatique le financement communautaire est de 100 %.

SECTION 2 - SE DOTER D'UN SYSTEME DE SANCTIONS EFFICACES

Depuis l'origine de la PAC, la Communauté européenne a assorti certaines réglementations agricoles de sanctions administratives. Si sa compétence en la matière a pu être contestée, elle a été reconnue par la Cour de justice (§ 1). Aujourd'hui les sanctions communautaires ont été renforcées dans les secteurs à haut risque (§ 2).

§ 1 - LA COMPETENCE DE LA COMMUNAUTE EUROPENNE POUR EDICTER DES SANCTIONS ADMINISTRATIVES

La Communauté européenne n'a reçu dans le domaine de la PAC aucune compétence expresse destinée à instituer des sanctions administratives[62] (dont la caractéristique est de produire un effet dissuasif sans comporter comme la sanction pénale "la flétrissure qu'implique la désapprobation sociale, l'expression d'une condamnation morale")[63]. Il ressort de la jurisprudence de la Cour de justice[64] que ces dernières

62 Un seul article du traité de la Communauté européenne (87 aliéna 2) attribue expressément à la Communauté le pouvoir de sanctionner la violation des articles 85, 86 lesquels sont relatifs aux règles de concurrence. Mais il s'agit ici de sanctions déterminées et infligées directement par les institutions communautaires (elles peuvent revêtir la forme d'amendes et d'astreintes).

63 Conclusion de l'avocat général M. F.G. JACOBS, *CJCE*, Allemagne c./Commission, aff. 240/90 du 27 octobre 1992, recueil I, p. 5 383 et s.

64 La Cour de justice est composée depuis 1995 de 15 juges (assistés de 9 avocats généraux) lesquels sont nommés d'un commun accord par les gouvernements des Etats membres pour une durée de 6 ans renouvelables. Selon l'article 164 du traité de la CE, elle doit assurer le respect du droit dans l'interprétation et l'application du traité. A ce

trouvent leur fondement au sein de l'article 40 alinéa 3 du traité CE. Cette disposition indique que pour pourvoir aux objectifs de la PAC (énumérés à l'article 39 du traité CE) il sera établi une organisation commune de marché laquelle peut comporter toutes les mesures nécessaires pour atteindre les objectifs de l'article 39 susmentionné. L'emploi de '"toutes mesures nécessaires" semble inclure le pouvoir de sanctionner afin d'assurer une exécution efficace de la réglementation communautaire. Ainsi, les sanctions administratives instaurées (lesquelles doivent reposer sur une base juridique claire et non ambiguë et être conformes aux principes généraux du droit communautaire dont le principe de proportionnalité[65] et les

---

titre elle exerce : -des prérogatives de justice constitutionnelle (clarification des compétences respectives des institutions de la Communauté), -des prérogatives de cour internationale (chacun des Etats membres peut saisir la Cour de justice s'il estime qu'un autre Etat membre a manqué à une des obligations qui lui incombent en vertu du présent traité, article 170 du traité CE), -un rôle de justice régulatrice (elle doit assurer l'unité d'interprétation et d'application du droit communautaire dans l'ensemble des Etats membres ; cette fonction est assurée par le jeu du renvoi préjudiciel en interprétation, cf article 177 du traité CE), - les fonctions d'une juridiction administrative (il s'agit de préserver les sujets de droit des illégalités des institutions communautaires, ainsi elle contrôle la légalité des actes communautaires, elle peut annuler les actes qui seraient contraires aux dispositions du traité, faire constater la carence du Conseil, de la Commission ou du Parlement à leur obligation à statuer) (sur les caractéristiques essentielles de l'ensemble de ces voies de droit, Annexes document n° 12). Par une décision du Conseil du 24 octobre 1988, un tribunal de première instance est "adjoint à la Cour" (son existence relève depuis le traité de Maastricht de l'article 168 A du traité de la Communauté européenne), il est destiné à désencombrer le prétoire de la Cour de justice et à réduire la durée du traitement des litiges, c'est-à-dire à améliorer la protection juridictionnelle des justiciables.

65 Ce principe a été mis en évidence par la Cour de justice dans un arrêt du 17 décembre 1970, aff. 11/70, International Handelsgesell Schaft, Rec. p. 1125) qui l'a érigé en principe général du droit communautaire. Il a été intégré depuis le traité de Maastricht à l'article 3 B alinéa 3 du traité de la Communauté européenne lequel

droits fondamentaux[66]) sont d'une grande variété. On relève parmi celles-ci : le retrait de l'agrément ou d'une reconnaissance[67], l'arrêt de la commercialisation[68], la perte de caution pour une exportation effectuée au-delà du délai mentionné sur le certificat d'exportation (la Cour de justice a tenu à préciser à cet égard que cette sanction n'était pas pénale mais la conséquence de la non-exécution d'une obligation volontairement assumée)[69], le remboursement majoré d'intérêts d'un avantage indûment perçu (la majoration étant destinée à éviter que l'opérateur ne jouisse d'un crédit gratuit injustifié)[70], la reconstitution d'une caution déjà libérée lorsqu'il s'avère que l'engagement en cause de l'opérateur n'a pas été respecté pendant la durée de validité du certificat d'exportation qui était couvert par une caution[71]. Les aides directes (à la brebis ou à la production d'huile d'olive, etc) ont été également assorties de sanctions. La première de ces primes doit être explicitée dans la mesure où elle a fait l'objet

---

indique "l'action de la Communauté n'excède pas ce qui est nécessaire pour atteindre les objectifs du présent traité".

66 *CJCE* du 25 septembre 1984, arrêt KÖNECKE, aff. 117/83, Rec. p. 3291.

67 Par exemple selon l'article 4 du règlement n° 2262/84 du Conseil du 17 juillet 1984 (prévoyant des mesures spéciales dans le secteur de l'huile d'olive) lorsqu'une union de producteur n'a pas effectué les contrôles qui lui incombent, elle peut faire l'objet d'un retrait de la reconnaissance pour une durée pouvant aller de 1 à 5 campagnes.

68 Et ceci dans les organisations communes de marché viticole et de la viande pour des raisons sanitaires, cité par Catherine HAGUENEAU, Revue du marché commun et de l'Union européenne, n° 367, avril 1993.

69 *CJCE*, arrêt international Handelsgesellschaft, 17 décembre 1970, aff. 11/70, Rec. p. 1125.

70 CJCE, arrêt Plange Kraftfutterwerke c/ Hauptzollamt Hamburg-Jonas du 5 février 1987, aff. 288/85, Rec. p. 611. Dans cette affaire, l'application d'un taux de 20 % de majoration au remboursement de restitutions à l'exportation n'a pas été considéré comme disproportionné.

71 *CJCE*, 18 novembre 1987, Maizena, aff. 137/85, Rec. p. 4587.

d'un contentieux devant la Cour de justice en 1992. Le régime de cette aide prescrit lorsque a été relevé une irrégularité lors d'un contrôle administratif ou physique, des sanctions telles des majorations ou une exclusion du bénéfice de la prime[72], celles-ci devant être appliquées par les autorités nationales. Précisément, si le nombre d'animaux (éligibles à la prime) résultant du contrôle se révèle inférieur à celui mentionné sur la demande d'aide, il s'ensuit que les montants financiers indûment versés doivent être recouvrés, auquel s'ajoute le paiement d'un intérêt à déterminer. De plus, si il s'avère que la fausse déclaration a été faite délibérément ou par négligence grave, le producteur est alors exclu du bénéfice de la prime.

Ces sanctions ont été contestées devant la Cour de justice[73] (recours en annulation)[74] par le gouvernement fédéral allemand. C'est la compétence de la communauté européenne pour édicter la sanction d'exclusion et celle de la Commission pour adopter des sanctions dans le cadre de son pouvoir d'exécution délégué qui fondait l'objet de la requête. Les juges ont confirmé dans cette affaire leur jurisprudence antérieure, ils se sont appuyés sur la base des articles 40 alinéa 3 et 43 alinéa 2 du traité de la Communauté européenne pour reconnaître à la Communauté le pouvoir d'instituer des sanctions.

La Cour de justice a estimé que "les exclusions comme d'ailleurs les majorations, sont destinées à lutter contre les nombreuses irrégularités qui sont commises dans le cadre des aides à l'agriculture et qui, en grevant lourdement le budget de la Communauté sont de nature à compromettre les actions entreprises par les institutions dans ce domaine pour stabiliser

---

72 Article 6 du règlement n° 3007/84 de la Commission (*JOCE* L 283 du 27 octobre 1984) modifié par le règlement n° 1260/90 du 11 mai 1990 (*JOCE* L 124).

73 *CJCE* Allemagne c./Commission, aff. 240/90 du 27 octobre 1992, *op. cit.*

74 Sur les caractéristiques de cette voie de droit, *cf.* annexes document n° 12.

les marchés, soutenir le niveau de vie des agriculteurs, et assurer des prix raisonnables dans les livraisons aux consommateurs... Il appartient au seul législateur communautaire de déterminer les solutions qui sont les plus adéquates en vue de la réalisation des objectifs de la PAC. En l'occurrence, ce législateur en prévoyant des exclusions pour réprimer les irrégularités commises dans le cadre des régimes de subvention dont il est question dans le présent recours n'a pas dépassé les limites de ce pouvoir".

Quant à la compétence de la Commission européenne, la question revenait à savoir si le pouvoir de sanction présentait un caractère "essentiel"[75] de sorte qu'il relèverait de la seule compétence exécutive du Conseil, puisque ne pouvant être délégué. La Cour de justice a rappelé que seules les dispositions qui traduisent les orientations fondamentales de la politique communautaire présentent cette qualité (caractéristique dont sont dépourvues les sanctions qui apparaissent comme des règles d'exécution) dès lors le pouvoir de sanction peut être délégué à la Commission. La reconnaissance d'un tel pouvoir dans le cadre des compétences d'exécution de la Commission avait déjà été admise par la Cour dans l'arrêt KÖSTER (*CJCE*, 17 décembre 1970, Rec. p. 1161).

Enfin, il faut souligner que dans l'arrêt du 27 octobre 1992 la faculté pour la Communauté d'instituer des sanctions administratives est circonscrite au domaine de la PAC. L'effet éminemment dissuasif de ces sanctions a incité les instances communautaires à les introduire au sein des réglementations relatives aux autres secteurs d'intervention de la Communauté afin de protéger l'ensemble du budget de celle-ci (Un règlement a été adopté à cette fin en 1995 *cf.* infra chapitre 2,

---

75 Il a déjà été évoqué supra : Titre I - Le processus décisionnel au sein de la PAC "qu'il appartient au Conseil de définir dans son règlement de base, les grandes orientations qui s'imposent à la Commission dans l'exercice de son pouvoir d'exécution".

section 2, § 1). La compétence de la Communauté européenne ne s'étend toutefois pas au domaine pénal (lequel continue de relever de la souveraineté des Etats membres). En effet, aucune disposition expresse ne confère à la Communauté le pouvoir d'adopter des sanctions pénales. Henri LABAYLE évoque "le silence assourdissant du traité sur ce point"[76]. Mais à défaut d'un droit pénal communautaire, on pouvait souhaiter que le droit national répressif fût plus harmonisé afin de remédier aux disparités relatives aux incriminations en la matière. C'est dans le cadre intergouvernemental (3ème pilier de l'Union européenne)[77] qu'une réponse fut apportée à cette préoccupation essentielle quant à l'efficacité de la lutte antifraude.

§ 2 - DES SANCTIONS RENFORCEES DANS LES SECTEURS A HAUT RISQUE

La Communauté a entendu sanctionner plus sévèrement les informations délibérément erronées contenues dans les demandes d'aides tant pour les restitutions à l'exportation (A) que pour les primes dans le système intégré de gestion (B).

A - Les restitutions à l'exportation[78]

Lorsqu'un exportateur a demandé une restitution qui s'avère être supérieure à celle applicable, la restitution due est celle relative au produit effectivement exporté, laquelle est diminuée d'un montant correspondant à la moitié de la différence entre la restitution sollicitée et la restitution devant

76 Revue Europe, mars 1995, "La protection des intérêts financiers de la Communauté.

77 *Cf.* chapitre 2, section 2, note 47.

78 Règlement n° 2945/95 de la Commission du 2 décembre 1994, *JOCE* L 310 du 3 décembre 1994, lequel modifie l'article 11 du règlement n° 3665/87, *op. cit.*

être appliquée. En cas d'erreur manifeste sur la restitution demandée reconnue par l'autorité compétente ou dans certains cas exceptionnels, cette pénalité est exclue.

La sanction est plus lourde lorsque l'exportateur a fourni des informations intentionnellement erronées pour en bénéficier. Dans cette hypothèse, le montant de la restitution est défalquée du double de la différence entre la restitution demandée et celle qui est applicable.

Dans les 2 hypothèses présentées lorsque la réduction de la restitution aboutit à un montant négatif, il est dû par l'exportateur.

B - Les primes dans le système intégré de gestion et de contrôle

- Pour les aides "surfaces" (elles sont liées à la superficie)

Si il s'avère que la superficie déclarée dans la demande d'aide est supérieure à la surface déterminée lors du contrôle, le montant de l'aide est calculé sur cette dernière base. Toutefois est introduit un correctif qui consiste à diminuer la superficie effectivement déterminée :

- de 2 fois l'excédent constaté lorsque celui-ci est supérieur à 2% ou à 2 hectares et égal à 10 % au maximum de la superficie déterminée,
- de 30 % lorsque l'excédent constaté est supérieur à 10 % et égal à 20 % au maximum de la superficie déterminée.

Si l'excédent relevé est supérieur à 20 % de la superficie déterminée, aucune aide n'est octroyée[79]. De plus, s'il est établi que la déclaration erronée procède d'une volonté délibérée de dissimulation ou résulte d'une négligence grave, l'exploitant est, dans cette hypothèse, exclu du régime d'aide au titre de l'année civile en cause. La sanction est alourdie pour le cas de "fausse déclaration" faite délibérément puisque l'exclusion des aides s'applique pour l'année civile suivante

---

79 Article 9 alinéa 2 du règlement n° 3887/92, *op. cit.*

pour une superficie égale à laquelle sa demande d'aide a été refusée.

- Pour les aides "animaux" (elles sont accordées en fonction du nombre d'animaux).

Le système de sanctions est dans sa philosophie identique au précédent. L'aide est amputée selon des modalités différentes dans deux cas de figure :

. Pour les demandes concernant au maximum 20 animaux, l'aide est réduite du pourcentage correspondant à l'excédent constaté lorsque celui-ci est inférieur ou égal à 2 animaux (la réduction effectuée est du double du pourcentage lorsque l'excédent relevé est supérieur à 2 et inférieur ou égal à 4 animaux). Si l'excédent est supérieur à 4 animaux aucune aide n'est octroyée.

. Pour les demandes supérieures à 20 animaux, l'aide est diminuée :

- du pourcentage correspondant à l'excédent constaté lorsque celui-ci est inférieur ou égal à 5 %,

- de 20 % lorsque l'excédent constaté est supérieur à 5 % et égal ou inférieur à 10 %,

- de 40 % lorsque l'excédent constaté est supérieur à 10 % et égal ou inférieur à 20 %[80].

- Si l'excédent relevé est supérieur à 20 % aucune aide n'est allouée. S'il apparaît que la fausse déclaration a été faite par négligence grave, l'exploitant est exclu du bénéfice de l'aide au titre de l'année civile en cause. Si les informations erronées de la déclaration ont été données intentionnellement, l'exploitant se voit en sus exclu de la prime pour l'année civile suivante.

Si le renforcement des contrôles et des sanctions était indispensable, une lutte efficace contre la fraude implique également une meilleure information de la Commission ainsi qu'un partenariat étroit entre celle-ci et les Etats membres.

---

80 Article 10 du règlement n° 3887/92, *op. cit.*

CHAPITRE II
RENFORCER L'INFORMATION DE LA COMMISSION ET SON PARTENARIAT AVEC LES ETATS MEMBRES

La coopération entre les autorités nationales et la Commission européenne est la pièce maîtresse du dispositif de lutte contre la fraude ; son importance est d'autant plus primordiale que les fraudes revêtent de plus en plus un caractère transnational. Cette collaboration fut d'abord instaurée afin de protéger les dépenses agricoles (section 1), domaine où elle n'a eu de cesse de s'affiner ; mais elle est également le fruit d'une politique horizontale anti-fraude (qui n'est pas encore achevée) laquelle inclut inéluctablement le FEOGA-garantie et dont l'UCLAF est l'instrument cardinal (section 2).

SECTION 1 - L'ACTION SPECIFIQUE AUX DEPENSES AGRICOLES

Elle consiste en une approche par secteur vulnérable (§ 1) et une approche transversale (§ 2).

§ 1 - L'APPROCHE PAR SECTEUR VULNERABLE : LES "EURO-INSPECTEURS"

Cette volonté d'ériger des corps d'inspecteurs communautaires habilités à effectuer des contrôles sur le territoire des Etats membres procède du souci de la Commission de disposer d'informations précises sur l'application sur place de la réglementation communautaire.

C'est le domaine de la pêche qui a eu la primeur de cette initiative en 1982[81]. Dans ce secteur, le Conseil afin de préserver les ressources halieutiques et d'assurer la pérennité de la pêche a fixé pour certaines espèces le total des captures disponibles pour l'ensemble de la Communauté et les a réparti par Etat sous forme de quotas. Le respect des normes établies est assuré par les autorités nationales auxquelles peuvent se joindre des fonctionnaires de la Commission européenne mandatés à cette fin. Le champ d'investigation de cet "inspectorat communautaire" est cependant étroitement circonscrit. Les agents de la Commission ne peuvent aucunement quel que soit le type d'opération (en mer, en avion ou à terre) procéder à un contrôle sur des personnes privées, leur rôle consistent seulement à "accompagner" les inspecteurs nationaux qui ont l'entière responsabilité de la conduite des opérations effectuées.

Dans des cas "dûment motivés" (concernant les inspection en mer ou par avion), lorsque les services nationaux sont chargés d'autres tâches prioritaires, l'Etat membre a la faculté de différer ou de réorienter les opérations de contrôle auxquelles les agents de la Commission européenne souhaitent assister.

---

81 Article 12 du règlement n° 2057/82 du Conseil établissant certaines mesures de contrôle à l'égard des activités exercées par les bateaux des Etats membres, *JOCE* L 220 du 29 juillet 1982.
Ce règlement a été abrogé par le règlement n° 2241/87 du Conseil établissant certaines mesures de contrôle à l'égard des activités de pêche lequel remplace le précédent, *JOCE* L 207 du 29 juillet 1987.
Le secteur de la pêche présente aujourd'hui une singularité, il ne relève plus de la DG VI (agriculture), mais de la DG XIV (pêche) ; son budget ne relève plus du FEOGA-garantie.
Toutefois, comme le note le Professeur BLUMANN (*RTDE*, avril-juin 1993), la pêche est expressément visée à l'article 38 du Traité (cf. Annexes, document n° 1), de sorte qu'elle relève de l'article 43 (disposition relative à la PAC).

En 1985, un corps d'"euro-inspecteurs" a été instauré au sein de la filière fruits et légumes[82]. La philosophie est identique au secteur de la pêche. Les agents de contrôle communautaires agissent conjointement avec leurs homologues nationaux lors des opérations de vérification portant sur le contrôle du respect des normes de qualité des fruits et légumes frais. La législation définit les compétences des inspecteurs communautaires ; leurs droits et pouvoirs d'investigation sont expressément énumérés : ils ont accès à tous les locaux, terrains, installations et moyens de transport pouvant être concernés par les opérations de contrôle. De plus, les obligations qui leur incombent dans l'exercice de leur mission sont également précisées. Ainsi, ils sont tenus au secret professionnel, ils doivent au cours de leurs inspections adopter une attitude compatible avec les règles et usages qui s'imposent aux fonctionnaires des Etats membres.

Depuis 1989, la filière viti-vinicole est également soumise à un contrôle spécifique d'agents communautaires. C'est le règlement 2048/89 du 19 juin 1989[83] (dont il a déjà été souligné qu'il avait imposé de nouvelles règles relatives au contrôle des vins à la charge des Etats) qui érige ce nouveau dispositif. Son objectif s'avère similaire aux deux réglementations précédentes. Il s'agit pour les agents de la Commission de collaborer avec les instances nationales au contrôle du respect des normes communautaires (dans les domaines énumérés par le règlement susmentionné[84]) la conduite des opérations relevant exclusivement des autorités nationales. S'ils bénéficient des mêmes accès que leurs homologues nationaux (aux vignobles, installations de vinification, stockage, transformation de produit vitivinicole,

---

82 Règlement du Conseil n° 1319/85 du 23 mai 1985, *JOCE* L 137 du 27 mai 1985.

83 *JOCE* L 202 du 14 juillet 1989.

84 Cf. document n° 10 en annexe.

locaux commerciaux, données comptables), toutefois, les inspecteurs communautaires ne sont habilités ni à prélever des échantillons de produits, ni à prendre des mesures conservatoires, prérogatives qui relèvent exclusivement du ressort des agents nationaux.

Bien que ce corps d"euro-inspecteurs" ait disposé d'un nombre d'agent dérisoire (huit agents temporaires en novembre 1991, un seul en décembre 1993 situation que n'a pas manqué de dénoncer la commission de contrôle budgétaire du Parlement européen, celle-ci exigeant que la Commission européenne dote en permanence cette unité de contrôleurs spécifiques, d'effectifs adéquats[85]), plusieurs de ses missions de contrôle se sont révélées fructueuses . Elles ont ainsi fait apparaître pour la période 1991-1993 des pratiques frauduleuses en France et en Allemagne du mouillage du vin originaire d'Italie[86]. Quant à la collaboration entre les services nationaux et les agents communautaires, le rapport de novembre 1992 établi par ces derniers indique qu'elle a été active sur le terrain. Cependant, des renseignements et la consultation de certains documents ont été refusés aux contrôleurs communautaires, sur instruction des autorités nationales, (ce qui tend à démontrer que les politiques adoptent parfois des démarches très éloignées des discours officiels qu'ils tiennent devant la Communauté européenne sur leur ferme volonté de faciliter la bonne application du droit communautaire)

Depuis 1996, il est regrettable que la brigade de contrôle communautaire qui a prouvé son efficacité ait disparu *de facto*,

---

85 Cité par le rapport annuel de la Cour des Comptes relatif à l'exercice 1993, point 3-94, *JOCE* C 327 du 24 novembre 1994.

86 Rapport du 5 novembre 1992 sur les activités des agents de la Commission dans la filière viti-vinicole, cité par le rapport de l'Uclaf 1993, *Com (93)* 141 final.

puisque l'unique contrôleur affecté à cette tâche a été intégré au sein du service "apurement" de la Commission européenne[87].

§ 2 - L'APPROCHE TRANSVERSALE

Elle inclut la recherche d'une information plus fiable (A) des contrôles associés sur le terrain (B) et un meilleur contrôle interne des comptes des organismes payeurs (C).

A - La recherche d'une information fiable

Il a déjà été évoqué que le règlement n° 283/72, selon lequel les Etats membres étaient tenus de communiquer à la Commission toutes irrégularités aux financements du FEOGA-garantie s'était avéré inopérant. La Commission demeurait "sous informée", ce qui avait pour corollaire de paralyser toute investigation approfondie de celle-ci en la matière.

La réforme de cette législation fut réalisée en 1991[88] ; elle instaure un dispositif renforcé d'information. L'obligation de transmission trimestrielle des irrégularités constatées est assortie de nouvelles exigences lesquelles portent sur la teneur des informations devant être communiquées. Ainsi elles doivent comporter"dans la mesure du possible" un grand nombre de précision :

- disposition qui a été transgressée,
- organisation commune de marché concernée ou le ou les produits intéressés,
- moment ou période pendant laquelle l'irrégularité a été commise,
- pratiques utilisées pour commettre l'irrégularité,

---

87 Rapport annuel de la Cour des comptes des Communautés européennes relatif à l'exercice 1996, point 3.117, *JOCE* C 348 du 18 novembre 1997.

88 Règlement du Conseil n° 595/91 du 4 mars 1991 (*JOCE* L 67 du 14 mars 1991) qui abroge le règlement CEE n° 283/72, *op. cit.*

- façon dont a été décelée l'irrégularité,
- services nationaux qui ont procédé à la constatation de l'irrégularité,
- possibilités de récupération,
- date et source de la première information permettant de soupçonner l'existence de l'irrégularité,
- date de la constatation de l'irrégularité,
- identification des personnes physiques ou morales impliquées[89].

La communication de l'ensemble de ces informations est circonscrite aux irrégularités portant sur des sommes d'au moins 4 000 Ecus ; pour les montants inférieurs, les informations ne sont portées à la connaissance de la Commission que si elle en fait expressément la demande.

Les Etats sont également tenus de fournir des indications concernant : les procédures administratives, judiciaires mises en œuvre en vue du recouvrement des sommes indûment perçues (et de l'application de sanctions), l'abandon éventuel des poursuites pénales, (ainsi que les motifs de l'abandon éventuel des procédures de récupération). La Commission doit également être destinataire des décisions administratives ou judiciaires relatives à la clôture des procédures susmentionnées[90].

Afin d'inciter et de motiver les autorités nationales à recouvrer les deniers communautaires éludés, une disposition spécifique est introduite au sein de la législation laquelle permet aux instances nationales de retenir 20% des montants financiers dont elles réussissent à entrer en possession. De plus, lorsque la Commission demande expressément à un Etat

---

89 Article 3 du règlement n° 595/91, *op. cit.*

90 Lorsqu'un Etat membre estime que la récupération totale d'un montant ne peut être effectuée ou attendue, il indique à la Commission à l'occasion d'une communication spéciale le montant non récupéré et les raisons selon lesquelles ce montant est à son avis à la charge de la Communauté ou de l'Etat membre.

membre d'engager des poursuites afin de recouvrer ces fonds, elle peut prendre en charge les frais de justice. Ce dispositif vise à enrayer la faiblesse chronique du recouvrement des sommes illégalement allouées, périodiquement stigmatisée par les instances de contrôle externe de la Communauté (pour une connaissance des montants recouvrés entre 1985 et 1992 (cf. annexes, document n° 13).

En 1995, la situation du recouvrement demeurait toujours préoccupante. Sur un montant de 817 millions d'Ecus à recouvrer (cumul des années 1992-1993-1994), 24% de la somme (soit 202 millions d'écus) ont été perçus[91]. Cet état résulte essentiellement de la lenteur des procédures administratives internes au sein des Etats membres et de la propension des destinataires des décisions de recouvrement à déférer celles-ci devant les tribunaux.

Quant à la transmission par les Etats membres des irrégularités relatives au FEOGA-garantie, depuis 1991, leur nombre n'a cessé de croître :

600 en 1991 représentant un montant de 121 millions d'Ecus,

1028 en 1992 représentant un montant de 109 millions d'Ecus,

1284 en 1993 représentant un montant de 300 millions d'Ecus,

1610 en 1994 représentant un montant de 417 millions d'Ecus,

1754 en 1995 représentant un montant de 214 millions d'Ecus,

1944 en 1996 représentant un montant de 204 millions d'Ecus[92].

---

91 Rapport Uclaf 1995, tableau 3, p. 96.

92 Tableau constitué à partir du rapport annuel de l'Uclaf 1994, p. 85, du rapport Uclaf 1995, pp. 86-87 et du rapport Uclaf 1996, p. 58.

Entre 1991 et 1994, les irrégularités communiquées se répartissaient ainsi :

23% concernaient les restitutions à l'exportation (pour un montant de 502 millions d'Ecus),

48% concernaient les aides aux végétaux (pour un montant de 378 millions d'Ecus),

22% concernaient les aides aux animaux[93](pour un montant de 64 millions d'Ecus),

S'il est manifeste que la Commission reçoit une information se rapportant aux irrégularités plus étoffée, elle n'en a pas toujours l'exclusivité. Ainsi dans le cadre du règlement 595/91 chaque Etat membre est tenu d'informer également ses partenaires lorsqu'il a décelé une irrégularité (ou en soupçonne une) laquelle peut avoir une implication sur le territoire de l'un d'entre eux.

La philosophie du règlement "liste noire" repose également sur un système d'information piloté par la Commission. Les communications relatives aux opérateurs douteux sont adressées à la Commission qui les transmet à son tour aux services compétents des autres Etats membres.

Dans le cadre de la législation relative à l'assistance mutuelle entre les autorités administratives des Etats membres et à la collaboration entre celles-ci et la Commission dans le domaine agricole et douanier[94], la Commission est tenue informée par les Etats membres des transgressions à la réglementation précitée (méthodes, procédés utilisés, types de marchandises concernées). Elle diffuse ensuite ces données à toutes les autorités nationales, ce qui doit permettre à ces dernières d'accroître l'efficacité de leurs investigations. Le partenariat entre la Commission et les Etats membres apparaît

---

93 Rapport Uclaf 1994, p. 88.

94 Règlement du Conseil n° 515/97, *JOCE* L 82 du 22 mars 1997. Il a remplacé le règlement du Conseil n° 1468/81 dont l'objet a été présenté *supra*, Titre II, Chapitre II, Section 1 (les obligations originaires des Etats membres et de la Commission).

bien comme la clef de voûte du dispositif de la lutte anti-fraude.

B - Les contrôles associés sur le terrain

Lorsque la Commission suspecte des irrégularités dans un Etat membre, elle en informe ce dernier afin qu'il puisse procéder "dans les meilleurs délais" à un contrôle. Des agents de la Commission peuvent s'associer à ces enquêtes dont la direction relève exclusivement des Etats membres[95]. Toutefois les agents communautaires ont accès aux mêmes locaux et aux mêmes documents que leurs homologues nationaux (leur pourvoir n'est cependant pas plus étendu que celui des "euro-inspecteurs dans la filière viticole, fruits et légumes et pêche).

Plusieurs enquêtes ont été menées sur le fondement du règlement 595/91 : 26 en 1994, 99 en 1995, 72 en 1996[96]. Ces investigations ont permis de détecter des irrégularités relatives tant aux restitutions à l'exportation qu'aux primes et opérations de stockage [97].

Dans le cadre de la réglementation "assistance mutuelle" (entre les autorités administratives des Etats membres, celles-ci et la Commission en matière douanière et agricole)[98], La Commission peut recourir à des missions communautaires de coopération et d'enquête administrative dans les pays tiers en coordination et en collaboration étroite avec les autorités

95 Article 6 alinéa 4 du règlement n° 595/91, *op. cit.*
Il convient également de rappeler que le pouvoir d'enquête de la Commission repose également sur la base juridique de l'article 9 alinéa 1 du règlement 729/70 (mais dans ce dernier cas de figure, il s'agit d'un contrôle "autonome" auquel peuvent ne pas être associés les agents des administrations nationales).

96 Rapport Uclaf 1996, p. 58.

97 A titre d'exemple, Rapport Uclaf 1993, pp. 18-21.

98 Règlement du Conseil n° 515/97, *op. cit.*

compétentes des Etats membres[99]. Ce procédé s'avère précieux dans la mesure où les éléments de preuve des irrégularités relatives aux réglementations précitées peuvent être détenus par les Etats tiers. (Ces missions auxquelles participent des agents tant de la Commission que des Etats concernés doivent faire l'objet d'une information aux autres Etats membres ainsi qu'au Parlement européen). Ainsi à propos d'une fraude concernant l'importation de bétail vivant de certains pays d'Europe de l'Est vers l'Italie et l'exportation de viande de bœuf vers des pays tiers, la Commission a conduit avec les autorités italiennes une mission à Malte. Il a été établi grâce au concours des autorités maltaises que des conteneurs ont fait l'objet de transbordements et de réexpéditions vers la Croatie via l'Italie[100]. Les enquêtes réalisées en Croatie ont indiqué que les marchandises n'ont pu arriver à destination. En outre, de nombreux conteneurs importés à Malte étaient en réalité plus qu'à moitié vides[101].

Un autre exemple porte sur une mission de coopération administrative qui fut menée en juin 1992 en Russie et en Ukraine, afin de vérifier la mise à la consommation en-URSS de 37 000 tonnes de lait écrémé en poudre, primitivement exportées d'Allemagne vers l'Autriche pour y être provisoirement placées en entrepôt douanier. Celle-ci a permis de dresser le constat suivant : les 37 000 tonnes ont fait l'objet

---

99 Cette faculté a été introduite au sein de la législation de l'assistance mutuelle par le règlement n° 945/87 (*JOCE* L 90), modifiant le règlement n° 1468/81, *op. cit.*,
Il est à noter que la mission avec l'accord de la Commission et des Etats membres concernés peut être exécutée par les agents d'un Etat membre, notamment en application d'un accord bilatéral d'assistance avec un pays tiers (article 20 C du règlement n° 515/97 lequel ayant remplacé le règlement n° 1468/81 est désormais le règlement de base de l'assistance mutuelle.

100 Rapport Uclaf 1994, p. 45.

101 La perte pour est Communauté a été estimée à 15,7 millions d'Ecus de droits éludés et 29,4 millions de restitutions indûment versées.

d'une vente fictive en ex-URSS bénéficiant de restitutions à l'exportation, alors que deux ans après l'exportation le lait en poudre était toujours en entrepôt sous douane. La perte pour le budget communautaire s'établit à 44 millions d'Ecus[102].

La réussite de la coopération administrative est désormais facilitée par la création d'un système d'information douanier (SID) automatisé au niveau communautaire dont l'objectif est d'aider à prévenir, à rechercher et à poursuivre les opérations qui sont contraires aux règlements douaniers et agricoles. Les informations sensibles sont conservées dans une base de données centrale accessible aux Etats membres[103], elles concernent les rubriques suivantes : marchandises, moyens de transport, entreprises, personnes, tendances de la fraude, compétence disponibles. Les données échangées à caractère personnel sont strictement protégées.

C - Un meilleur contrôle interne des comptes des organismes payeurs

Il a déjà été mentionné que les dépenses agricoles (comme la plupart des dépenses communautaires à l'exception des dépenses directes) font l'objet d'une gestion décentralisée. Ce sont les organismes "payeurs" nationaux qui sont chargés de l'ordonnancement, de l'exécution et de la comptabilisation des crédits du FEOGA-garantie. La Commission européenne doit veiller à ce que ces dépenses soient effectuées en conformité avec la réglementation communautaire et ceci, en s'appuyant sur les données obligatoirement transmises par les Etats membres ou sur les vérifications qu'elle peut opérer sur place dans le cadre de son pouvoir de contrôle autonome (article 9 du règlement 729/70). Il lui incombe après avoir sélectivement contrôlé les comptes nationaux à imputer ou non les dépenses au budget communautaire. La Cour des comptes des

---

102 Rapport Uclaf 1993, p. 24.

103 Ce dispositif est instauré par l'article 23 du règlement n° 515/97.

Communautés européennes n'a pas manqué de dénoncer certains travers de cette procédure, tels les retards dans les délais d'adoption des décisions d'apurement (lesquels créent une insécurité juridique), l'insuffisance des personnels affectés au travail de contrôle. Elle estime également que la Commission n'est pas en mesure de fournir "l'assurance raisonnable que toutes les dépenses inscrites dans les comptes des Etats membres et imputées au budget sont matériellement exactes et conformes aux dispositions communautaires"[104]. Dès lors, l'objectif de la réforme de la procédure d'apurement fut de rendre celle-ci plus transparente, de renforcer l'assistance mutuelle entre les Etats et la Commission, de veiller à la réalité et à la régularité des opérations financées, et de s'assurer que les montants en jeu en cas de fraude sont bien pris en compte.

La réforme[105] se traduit par de nouvelles obligations pesant sur les organismes payeurs et les Etats membres, par l'instauration d'une procédure de concilation (b) et l'éclatement de la décision d'apurement (c).

a) Les nouvelles dispositions concernant les organismes payeurs et les Etats membres

Dans la version initiale du règlement 729/70 (relatif au financement de la PAC), les Etats étaient tenus de communiquer à la Commission la liste des organismes

104 Avis n° 5/94 de la Cour des comptes des Communautés européennes sur la proposition de règlement du Conseil modifiant le règlement n° 729/70 du Conseil relatif au financement de la PAC, *JOCE* C 383 du 31 décembre 1994.

105 Règlement n° 1287/95 du Conseil du 22 mai 1995 modifiant le règlement n° 729/70 relatif au financement de la PAC, *JOCE* L 125 du 8 juin 1995.
Règlement n° 1663 de la Commission du 7 juillet 1995 établissant les modalités d'application du règlement n° 729/70 en ce qui concerne la procédure d'apurement des comptes du FEOGA section "garantie", *JOCE* L 158 du 8 juillet 1995.

"payeurs", ainsi que des informations relatives à leur structure administrative et comptable. Désormais, l'innovation réside dans l'agrément que les organismes "payeurs" nationaux doivent solliciter et obtenir. Si les critères d'agrément sont établis par l'Etat membre, celui-ci doit tenir compte des orientations de la Commission en la matière[106]. (Il s'agit que lesdits critères présentent un degré d'homogénéité suffisant entre chaque Etat). La décision d'agrément s'appuie sur un examen : des conditions d'exécution des paiements, de protection de la trésorerie, de sécurité des systèmes informatiques, de tenue des registres comptables. (L'acte d'agrément doit être transmis à la Commission). Lorsqu'un Etat membre agrée plusieurs organismes "payeurs" (tel est le cas pour la France), il est prévu qu'il désigne un "organisme de coordination" dont la vocation est d'être l'interlocuteur unique de la Commission et ceci tant pour les informations que les organismes payeurs sont tenus de transmettre à Bruxelles que pour la diffusion des textes et orientations communautaires que ces derniers doivent mettre en application. En France, l'organisme qui assure ces missions est l'ACOFA.

La nouvelle réglementation élargit également les informations devant être transmises à la Commission par les Etats membres. Ceux-ci doivent communiquer périodiquement à Bruxelles les données suivantes se rapportant aux organismes payeurs agrées et aux organes de coordination :

- déclarations de dépenses et états prévisionnel des besoins financiers,
- les comptes annuels accompagnés des informations nécessaires à leur apurement, ainsi que le certificat de l'intégralité de l'exactitude et de la véracité des comptes transmis.

---

106 Elles figurent en annexe du règlement n° 1663 de la Commission du 7 juillet 1995, *op. cit.*

Le certificat doit être délivré par un service indépendant des organismes payeurs et des organismes de coordination. Il s'appuie sur un examen des procédures et d'un échantillon de transactions visant à établir que les structures administratives des organismes "payeurs", ont la capacité d'assurer que la conformité des paiements avec les règles communautaires a été vérifiée et ceci, préalablement au paiement effectué.

L'organisme de certification effectue son examen conformément à des normes d'audit acceptées sur le plan international. Les contrôles ont lieu à la fois pendant et après chaque exercice financier. Le rapport qui en résulte doit indiquer : si les procédures appliquées par les organismes payeurs sont de nature à garantir de manière raisonnable que les opérations imputées au fond sont conformes aux règles communautaires (...), si les intérêts financiers de la Communauté sont dûment protégés en ce qui concerne les avances payées, les garanties obtenues, les stocks d'intervention, ainsi que les montants à percevoir.

Quant aux crédits communautaires dispensés, c'est la Commission après consultation du comité du FEOGA qui décide des avances mensuelles sur la prise en compte des dépenses effectuées par les organismes payeurs agréés (les avances sont versées à l'Etat membre au plus tard le troisième jour ouvrable du deuxième mois qui suit celui de la réalisation de la dépense). A cet égard, un règlement adopté en 1996[107] pose une nouvelle organisation des documents à transmettre à la Commission[108]. Un calendrier rigide des délais en la

---

107 Règlement n° 296/96 de la Commission du 16 février 1996 relatif aux données à transmettre aux Etats membres et à la prise en compte mensuelle des dépenses financées au titre de la section "garantie" du FEOGA et abrogeant le règlement n° 2776/88, *JOCE* L 39 du 17 février 1996.

108 A noter que dans le cadre de la discipline budgétaire (décision 729/94, *JOCE* L 293 du 12 novembre 1994) la Commission peut infliger des sanctions (réduction ou suspension des avances mensuelles aux

matière est arrêté. Ainsi, à titre d'exemple, les Etats membres doivent communiquer par télécopieur au plus tard, le deuxième jour ouvrable de chaque semaine, le montant total des dépenses payées depuis le début du mois jusqu'à la fin de la semaine précédente (article 3 § 1 du règlement, *op. cit.*) ; ils sont tenus également de transmettre mensuellement à la Commission, par télécopieur, au plus tard pour le 10 de chaque mois, le montant total des dépenses payées au cours du mois précédent (article 3 § 3 du règlement, *op. cit.*). Comme le relève pertinemment Yves Petit l'ensemble de ces obligations "laisse une impression de lourdeur et d'extrême complexité"[109]. En ce qui concerne les dépenses payées par les organismes payeurs hors des délais prescrits[110], elles donnent lieu à des sanctions (dans le cadre des avances, toute dépense payée au-delà des termes ou des délais impartis fera l'objet d'une prise en compte réduite suivant certaines règles)[111].

Etats membres) lorsque les renseignements communiqués ne permettent pas à la Commission de constater que la réglementation communautaire a été appliquée.

109 Yves PETIT, "La réforme de la procédure d'apurement des comptes du FEOGA section garantie : un coup d'épée dans l'eau ?", *Revue Europe*, août-septembre 1996.

110 La réglementation agricole communautaire comporte des dates limites pour le paiement des aides aux bénéficiaires par les Etats membres.

111 Jusqu'à concurrence de 4% des dépenses payées en respectant les termes et délais, aucune réduction n'est à opérer.
Après utilisation de la marge de 4%, toute dépense supplémentaire effectuée avec retard sera réduite :
. de 10% pour un retard d'un mois
. de 25% pour un retard de deux mois
. de 45% pour un retard de trois mois
. de 70% pour un retard de quatre mois
. de 100% pour un retard de cinq mois ou plus
Article 4 du règlement n° 296/96 de la Commission, *op. cit.*

b) L'instauration d'une procédure de conciliation

Il a déjà été relevé (Titre II, Chapitre II, Section 1) que les Etats membres sont souvent enclins à contester les dépenses (versées) que la Commission n'entend pas imputer au budget communautaire. Afin d'alléger le contentieux devant la Cour de justice qui ne manque pas d'en résulter, il est prévu, tout d'abord, que préalablement à toute décision de refus de financement, les résultats des vérifications de la Commission, ainsi que les réponses de l'Etat membre concerné, font l'objet de communications écrites afin de parvenir à un accord (phase amiable). En cas d'échec, l'Etat en cause peut recourir à une procédure de conciliation[112]. La finalité de cette dernière est de parvenir à rapprocher les positions divergentes des protagonistes (Etats, Commission) mission qui est confiée à un comité de conciliation. Celui-ci est composé de cinq membres nommés par la Commission dont le mandat est de trois ans renouvelable. Il est précisé que les membres de cet organe doivent accomplir leur tâche en pleine indépendance et ne solliciter ni accepter d'instruction d'aucun gouvernement, ni organisme[113]. Si le comité peut être saisi par tout Etat membre ; afin d'éviter un afflux de demandes, il est indiqué que celles-ci ne doivent concerner que des dépenses excédant 0,5 millions d'Ecus ou représentant plus de 25% des dépenses annuelles totales de l'Etat. Le comité est tenu d'établir un rapport sur les résultats de la tentative de conciliation (ainsi que des observations s'il le juge utile dans l'hypothèse où le différend subsiste). Les positions qu'il arrête ne lient aucunement la décision définitive qu'est appelée à prendre la

112 Les caractéristiques de cette procédure ont été définies par une décision de la Commission du 1er juillet 1994 relative à la création d'une procédure de conciliation dans le cadre de l'apurement des comptes du FEOGA section "garantie" (*JOCE* L 182 du 16 juillet 1994), c'est-à-dire antérieurement à la réforme de la procédure d'apurement de 1995.

113 Article 5 de la décision de la Commission, *op. cit.*

Commission en la matière. Celle-ci peut faire l'objet d'un recours devant la Cour de justice au titre de l'article 173 du Traité CE (recours en annulation)[114].

c) L'éclatement de la décision d'apurement

La première décision est exclusivement comptable. La Commission apure avant le 30 avril de l'année suivant l'exercice en cause[115]. Le contrôle vise à confirmer "l'intégralité, l'exactitude et la véracité" des comptes transmis. Cette décision détermine le montant des dépenses effectuées dans chaque Etat membre (au cours de l'exercice financier concerné) à la charge du FEOGA, elle est à l'origine de certaines corrections financières.

La seconde décision de contrôle porte sur une évaluation complémentaire de la légalité et de la régularité des dépenses effectuées par la Commission tant auprès des organismes "payeurs" que des bénéficiaires finals ; elle s'appuie sur des audits de conformité pluriannuels portant sur différents exercices. C'est à ce stade qu'interviennent les mesures correctrices qu'est amenée à prendre la Commission lorsqu'il a été constaté qu'une partie des dépenses déclarées par les Etats membres se révèlent contraires aux règles communautaires relatives aux OCM (les corrections sont arrêtées dans le cadre de la procédure de conciliation présentée *supra*).

---

114 Cf. annexes, document n° 12.

115 Les comptes annuels des dépenses imputées au FEOGA-garantie, ainsi que les certificats et les rapports établis par l'organismes payeur doivent être adressés à la Commission pour le 10 février de l'année suivant l'exercice concerné. Avant le 31 mars, la Commission est tenue de communiquer aux membres les résultats de ses vérifications des données transmises accompagnées d'éventuelles propositions de modification.

SECTION 2 : L'UCLAF : INSTRUMENT CARDINAL DE LA STRATEGIE ANTIFRAUDE DE LA COMMISSION

L'Uclaf est l'ossature administrative du dispositif global de lutte contre les actes frauduleux. L'émergence de cette structure (longtemps réclamée par le Parlement européen)[116], bien que non spécifique au FEOGA-garantie a irrémédiablement un impact sur la protection des dépenses agricoles.

L'étude du cadre juridique horizontal de lutte contre la fraude (§ 1) est un préalable indispensable à l'examen du rôle de l'Uclaf (§2).

§ 1 - LE NOUVEAU CADRE JURIDIQUE HORIZONTAL DE LUTTE CONTRE LA FRAUDE

De nombreux écueils rendent insuffisante la protection du budget communautaire, telle la disparité des systèmes répressifs nationaux (A) afin d'y remédier un dispositif juridique a été instauré depuis 1992 (B).

A - L'insuffisante protection du budget communautaire

L'instauration d'un système répressif destiné à assurer la protection des recettes et des dépenses relève jusqu'à présent de la souveraineté des Etats membres. A cet égard, lorsque les textes juridiques existent, leur application est parfois timorée. Ainsi, en ce qui concerne les restitutions à l'exportation (en cas

---

116 Rapport Théato de la commission de contrôle budgétaire du Parlement européen sur la protection juridique des intérêts financiers de la Communauté européenne, 27 septembre 1991, *op. cit.*

de présentation de déclaration d'exportation non conforme), un rapport relève que les amendes infligées sur la base des dispositions nationales sont très aléatoires et très variables d'un Etat à l'autre, mais toujours caractérisées par leur modestie. De plus, les procédures pénales sont rarement engagées dans la pratique[117]. Un tel constat ne manque pas d'affaiblir la portée des normes communautaires dans l'esprit des citoyens de l'Union européenne. D'une manière générale, il n'est pas rare que les infractions au budget de la Communauté aboutissent à une transaction avec l'administration sans jugement ; démarche qui peut se concevoir pour une irrégularité mineure, mais qui s'avère plus contestable lorsqu'il s'agit d'une infraction de plus grande ampleur[118]. Le règlement transactionnel est ainsi particulièrement répandu en matière d'infraction douanière. Il est patent que l'administration des douanes semble plus soucieuse de recouvrer les sommes éludées, que de faire condamner les auteurs de ces dernières de sorte que pour l'opérateur, le paiement de l'amende tend à être assimilé à un risque commercial normal, (ce qui constitue une incitation permanente à transgresser la réglementation).

Il existe également une grande disparité quant au système d'incrimination des infractions aux aides communautaires. Jusqu'en 1995, il n'existait pas de définition commune de la fraude aux intérêts financiers de la Communauté, ni d'obligation d'ériger en infraction pénale certains comportements en la matière. Les finances communautaires

---

117 Rapport complémentaire sur l'application du règlement n° 386/90 relatif au contrôle lors de l'exportation de produits agricoles bénéficiant d'une restitution, *JOCE* C 218 du 12 août 1993.

118 John HANDOLL, "La protection des intérêts communautaires devant les tribunaux nationaux", Actes du Séminaire sur la protection juridique des intérêts financiers de la Communauté, Bruxelles, novembre 1989, Office des publications officielles des Communautés européennes, 1990, p. 100.

étaient ainsi très inégalement protégées. Toutefois, certains Etats comme l'Allemagne disposent d'un arsenal répressif qui prévoit explicitement la protection des intérêts financiers de la Communauté. Ainsi, on relève pour les dépenses, le délit de fraude à la subvention qui fut introduit dans le droit pénal en 1976 (article 264 du Code pénal). Cette disposition n'exige pas qu'il y ait eu dommage et incrimine la simple tromperie à propos de faits intéressant une subvention. L'article 264 § 6 du Code pénal allemand inclut également expressément dans la protection pénale les prestations suivant le droit des Communautés européennes[119] (En 1989, le rapport Dankert de la commission du contrôle budgétaire du Parlement européen préconisait que cette disposition du droit allemand fût introduite dans la législation communautaire). De plus, l'article 6 n° 8 du Code pénal étend cette protection aux fraudes aux subventions qui sont commises par des étrangers dans d'autres Etats membres.

En Allemagne, écrit John A.E. Vervaele, la protection des intérêts financiers de la CEE est pour ainsi dire mise sur le même pied que celle des intérêts financiers nationaux[120] appliquant ainsi une proposition de la Commission européenne de 1976 relative à un projet de traité portant sur la protection pénale des intérêts financiers de la Communauté[121].

Les incriminations spécifiques concernant les fraudes aux dépenses de la Communauté existent également au Danemark, en Italie et au Portugal. D'autres Etats assimilent la fraude au budget communautaire au droit national et ont recours à des incriminations classiques. (Le tableau suivant dresse les

119 Klaus TIEDEMANN, Actes du Séminaire sur la protection juridique des intérêts financiers de la Communauté, novembre 1989, *op. cit.*, p. 146.

120 John A.E. VERVAELE, *La fraude communautaire et le droit pénal européen des affaires*, Paris, Presses universitaires de France, 1994, p. 159.

121 *JOCE* C 222, 1976.

différentes incriminations recontrées en 1994 au sein des Etats membres tant pour les recettes que pour les dépenses).

122	Incriminations spécifiques	Assimilation explicite au droit national	Incriminations classiques
Fraudes aux recettes communautaires	Danemark	Allemagne Belgique Italie Luxembourg Pays-Bas Portugal Royaume-Uni	Espagne France Grèce Irlande
Fraudes aux dépenses communautaires	Allemagne Danemark Italie (en partie) Portugal	Espagne Pays-Bas Royaume-Uni	Belgique France Grèce Irlande Luxembourg

Outre cette disparité d'incrimination (qui engendre des détournements de trafic au profit des Etats les moins répressifs, il est manifeste que la fraude est de plus en plus transnationale et peut ainsi être organisée à partir de pays tiers. Or, l'efficacité de la répression se heurte à la territorialité de la loi pénale qui ne permet pas de poursuivre et juger, sans recourir à l'extradition, la personne ressortissant d'un Etat membre qui est l'auteur d'une infraction sur son territoire, mais s'est réfugiée sur un autre. Les obstacles relatifs à une protection efficace du budget communautaire ont été également mis en exergue dans plusieurs études réalisées à l'initiative de

122 Nicole CATALA, Rapport d'information, *op. cit.*, p. 23.

la Commission européenne[123], lesquelles ont préconisé de multiples recommandations qui ont été partiellement reprises dans le cadre du dispositif juridique instauré à partir de 1992.

B - Le dispositif juridique instauré depuis 1992

Doivent être distingués les dispositions des traités (a) et les actes juridiques adoptés au sein du premier et troisième piliers de l'Union européenne (b).

a) Les dispositions des traités

Contrairement aux propositions en 1991 du rapport "Théato" de la commission de contrôle budgétaire du Parlement européen qui recommandaient de conférer à la Communauté un pouvoir normatif en matière pénale (afin d'harmoniser le droit pénal des Etats membres et d'instituer des sanctions propres à défendre les intérêts budgétaires de la Communauté européenne), le Traité de Maastricht ne comporte aucune règle explicite en la matière. Il intègre toutefois la jurisprudence de l'arrêt de la Cour de justice Maïs grec[124]. On se rappelle que dans cette affaire, la république hellénique avait exporté en Belgique une cargaison de maïs qui avait été en réalité préalablement importé de Yougoslavie bien que déclaré,

---

123 Etude sur les systèmes de sanctions administratives et pénales dans les Etats membres des Communautés européennes (vol. 1 : rapports nationaux, vol. 2 : rapports de synthèse 1994).
Etude comparative sur la protection des intérêts financiers de la Communauté (rapports nationaux, 1992, rapports de synthèse, 1993 ; rapport final.
"Incompatibilités entre systèmes juridiques et mesures d'harmonisation", *in Séminaire sur la protection juridique des intérêts financiers de la Communauté*, Bruxelles, novembre 1993, Oak Tree Press, Dublin, 1994) ; la transaction dans l'Union européenne, 1995.

124 CJCE, Commission c/République hellénique du 21 septembre 1989, aff. 68/88, *Rec.* p. 2965.
Sur les principales caractéristiques de cette voie de droit, consulter, cf. annexes, document n° 12.

comme une production grecque, éludant ainsi la perception des prélèvements agricoles. Devant le peu d'empressement des autorités grecques à poursuivre les auteurs de l'infraction, la Commission avait saisi la Cour de justice sur le fondement de l'article 169 du Traité CE (recours en manquement)[125]. Tout en constatant le manquement de la Grèce, les juges ont précisé la teneur de l'obligation incombant aux Etats membres. Ils ont estimé que "lorsqu'une réglementation communautaire ne comporte aucune disposition spécifique prévoyant une sanction en cas de violation, ou renvoie sur ce point aux dispositions législatives, réglementaires et administratives nationales ; l'article 5 du Traité CE impose aux Etats membres de prendre toutes mesures propres à garantir la portée et l'efficacité du droit communautaire. Les autorités nationales doivent notamment veiller à ce que les violations du droit communautaires soient sanctionnées dans des conditions de fond et de procédure qui soient analogues à celles applicables aux violations du droit national d'une nature et d'une importance similaires" ("principe d'assimilation"). La sanction doit avoir un effet "effectif, proportionné et dissuasif". Les juges ont également mis en exergue que "les autorités nationales doivent procéder à l'égard du droit communautaire avec la même diligence que celle dont elles usent dans la mise en œuvre des législations nationales correspondantes".

Si l'article 209 A alinéa 1 du Traité CE (introduit par le Traité de Maastricht) érige le principe d'assimilation des intérêts financiers communautaires aux intérêts financiers nationaux au rang de droit primaire (concrétisant ainsi une proposition de révision des traités qui avait été émise par la Commission européenne en 1976, mais restée sans suite jusqu'alors), toutefois, aucune référence n'est faite au caractère effectif et dissuasif de la répression et ceci, bien que la jurisprudence Maïs grec l'eût mentionné.

---

125 *JOCE* L 61 du 4 mars 1994.

Le Traité de Maastricht a insèré également au sein de l'article 209 A un second alinéa, lequel dispose que "les Etats membres coordonnent leur action visant à protéger les intérêts financiers de la Communauté contre la fraude. A cette fin, ils organisent, avec l'aide de la Commission, une collaboration étroite et régulière entre les services compétents de leur administration" (cette disposition corrobore le rôle majeur que doivent jouer les Etats dans la lutte contre la fraude déjà souligné dans la jurisprudence Maïs grec). C'est dans cette perspective que la Commission a crée en 1994[126] un comité consultatif pour la coordination dans le domaine de la lutte contre la fraude (Cocolaf). Cette entité composée de deux représentants par Etats membres et présidée par un représentant de la Commission a pour rôle de donner son avis sur toute question relative à la prévention, à la répression des fraudes et irrégularités, ainsi que sur toutes questions de coopération des Etats membres entre eux et la Commission. Le Cocolaf apparaît ainsi comme le forum privilégié pour la conception du programme de travail annuel de lutte contre la fraude de la Commission, ainsi que pour la définition des priorités et la préparation de la mise en œuvre des action concrètes.

Dans le cadre du troisième pilier de l'Union européenne relatif à la justice et aux affaires intérieures (c'est-à-dire en matière de police)[127], la lutte contre la fraude de dimension

---

126 *JOCE* L 61 du 4 mars 1994.

127 Le Traité de Maastricht signé le 7 février 1992 (entré en vigueur le 1er novembre 1993) a fondé l'Union européenne laquelle englobe les trois communautés européennes préexistantes [Traité de la Communauté européenne du charbon et de l'acier (CECA) signé le 18 avril 1951 à Paris, le Traité de la Communauté économique européenne (CEE) et le Traité de la Communauté européenne de l'énergie atomique (Euratom), signés à Rome le 25 mars 1957] complétées par les politiques et formes de coopération instaurées par le présent traité. L'Union revêt ainsi la forme d'un temple à trois piliers.

internationale est considérée comme une question d'intérêt commun (article K1 alinéa 5 du titre VI du Traité de l'Union européenne). Pour réaliser cette politique, le Conseil à l'initiative de la Commission européenne ou de tout Etat membre peut arrêter des positions communes, adopter des actions communes, établir des conventions (ces dernières impliquant la ratification de tous les Etats membres selon leurs dispositions constitutionnelles pour entrer en vigueur). Quant au Parlement européen, son rôle est restreint en la matirère. Il doit être régulièrement tenu informé par la Présidence et la Commission européenne des travaux menés dans les domaines visés à l'article K 1 susmentionné. Les parlementaires peuvent adresser des questions ou formuler des recommandations à l'intention du Conseil ; ils procèdent chaque année à un débat sur les progrès réalisés dans la mise en œuvre des domaines du troisième pilier de l'Union européenne.

Bien qu'il ne soit pas juridiquement entré en vigueur à ce jour (premier semestre 1998), le Traité d'Amsterdam ne pouvait être passé sous silence d'autant qu'il révise en le complétant l'article 209A (celui-ci deviendra l'article 280 dans la version consolidée du Traité sur l'Union européenne). Désormais, la lutte contre la fraude devient concomitamment à celle des Etats membres, une action de la Communauté. Les

---

- Le pilier communautaire (c'est-à-dire les trois traités susmentionnés). Il convient ici de faire une remarque d'ordre sémantique. A la terminologie "Traité CEE" est substituée celle de Traité de la "Communauté européenne" (ceci résulte du fait que le Traité de Maastricht a introduit au sein de ce dernier traité, des compétences nouvelles telles que l'éducation, la jeunesse, la culture, la santé.
- Le deuxième pilier relatif à la politique étrangère et de sécurité commune (article J du Traité sur l'Union européenne).
- Le troisième pilier relatif à la coopération dans les domaines de la justice et des affaires intérieures (article K du Traité sur l'Union européenne).

Les deux derniers piliers relèvent de la seule coopération intergouvernementale (prise de décision à l'unanimité) avec quelques exceptions.

nouvelles dispositions intègrent cette fois complètement la jurisprudence "Maïs grec" puisqu'il est expressément énoncé que les mesures prises par la Communauté et les Etats membres pour combattre la fraude doivent être dissuasives et effectives. Il est également indiqué qu'en matière de prévention de la fraude, le Conseil arrête après consultation de la Cour des comptes, les mesures nécessaires en vue d'offrir une protection effective et équivalente dans les Etats membres. Cette disposition marque la volonté de renforcer l'harmonisation des législations en la matière, toutefois les mesures prises ne peuvent concerner ni l'application du droit pénal national, ni l'administration de la justice dans les Etats membres (ressort de la seule souveraineté étatique). Enfin, on note que les normes adoptées dans ce cadre, relèveront de la procédure de codécision[128] (ce qui tend inéluctablement à renforcer le rôle du Parlement européen en matière de lutte anti-fraude).

Une autre disposition générale insérée par le Traité d'Amsterdam relative à la protection des finances communautaires porte sur le domaine de la coopération douanière[129]. Elle stipule que le Conseil "prend des mesures afin de renforcer la coopération douanière entre les Etats membres et ceux-ci et la Commission". Celles-ci sont adoptées dans le cadre de la codécision et ne concernent" ni l'application du droit pénal national ni l'administration de la justice dans les Etats membres". Cette nouvelle norme est destinée à accroître l'efficacité de la coopération douanière qui faisait en partie défaut (et ceci "du fait du nombre de litige en matière de compétence qui résulte de la division de la coopération en

128 Pour une présentation schématique de la nouvelle procédure de codécision issue du Traité d'Amsterdam, les cahiers du GERSE, Numéro 2, juillet 1997, p. 71.

129 Le Traité d'Amsterdam a ainsi introduit un article 116 au sein du Traité CE, il deviendra l'article 135 dans la version consolidée du Traité sur l'Union européenne.

fonction des différents domaines d'action de la Communauté et du partage, entre les Etats, la Communauté et l'Union, des compétences en la matière")[130].

b) Les actes juridiques adoptés au sein du premier et troisième pilier de l'Union européenne

• Le premier pilier : le règlement n° 2988/95 et le règlement n° 2185/96

- Le règlement n° 2988/95 du Conseil relatif à la protection des intérêts financiers des Communautés européennes[131]

S'appuyant sur l'exemple des sanctions administratives existant de longue date dans le cadre de la PAC (cf. *supra* chapitre I, section 2 du titre III), le législateur communautaire a décidé que de telles sanctions devaient être également appliquées aux violations des règles relatives aux autres domaines financiers, afin que soit protégées tant les recettes que les dépenses du budget communautaire. Le règlement n° 2988/95 adopté sur le fondement de l'article 235 du Traité de la Communauté européenne[132] (base juridique qui a été contestée par le Parlement lequel estimait que devait être substitué au règlement une directive fondée sur l'article 100

---

130 Ricardo GOSALBO BONO, "Le Traité d'Amsterdam - Les politiques et actions communautaires", *RTDE*, octobre-décembre 1997, p. 798.

131 *JOCE* L 312 du 23 décembre 1995.

132 Cet article permet aux institutions d'intervenir pour réaliser "l'un des objets de la Communauté "alors même que le traité n'a pas prévu les "pouvoirs d'action" à cet effet. Dans ce cas, le Conseil peut prendre "les dispositions appropriées" en statuant à l'unanimité sur proposition de la Commission et après consultation du Parlement. (Cette disposition a été utilisée de façon intensive dans le cadre de la CEE afin de prendre des mesures non couvertes par le traité, telle la politique régionale communautaire).

A)[133] fixe le cadre commun aux sanctions administratives communautaires.

La nouvelle législation donne tout d'abord une définition de l'irrégularité[134] : "toute violation d'une disposition de droit communautaire résultant d'un acte ou d'une omission d'un opérateur économique qui a ou aurait pour effet de porter préjudice au budget général des communautés ou à des budgets gérés par celles-ci, soit par la diminution ou la suppression des recettes provenant des ressources propres perçues directement pour le compte des communautés, soit par une dépense indue"[135]. Le texte pose également le concept d'abus de droit ; il s'agit d'acte "ayant pour but d'obtenir un avantage contraire aux objectifs du droit communautaire en créant artificiellement les conditions requises pour l'obtention de cet avantage" (il a déjà été évoqué, à propos des restitutions à l'exportation que des opérateurs s'appuyaient abusivement

---

133 Il faut tout d'abord indiquer qu'en vertu de l'article 100 du Traité CE : le Conseil, statuant à l'unanimité sur proposition de la Commission et après consultation du Parlement européen et du Comité économique et social, arrête des directives pour le rapprochement des dispositions législatives, réglementaires et administratives des Etats membres qui ont une incidence directe sur l'établissement ou le fonctionnement du marché commun".
Selon l'article 100 A, les mesures prises pour le rapprochement des législations relèvent de la procédure de "codécision", elle ne peut avoir que les faveurs du Parlement puisque aucun acte juridique ne peut être arrêté contre sa volonté dans le cadre de cette procédure.

134 On relève que le terme "fraude" n'est pas usité par le règlement. Toutefois comme le note judicieusement Yves GAUTIER et Anne RIGAUX ("Deux nouveaux instruments visant à la protection des intérêts financiers des Communautés européennes", *Revue Europe*, mars 1996), l'exposé des motifs du règlement lequel précisant que les comportements constitutifs d'"irrégularités" comprennent les comportements de fraude tels que définis dans la convention relative à la protection des intérêts financiers des Communautés (*infra*, corpus), ceci permet d'en déduire que la notion d'irrégularité inclut celle de fraude au sens de la convention précitée.

135 Article 1 alinéa 2 du règlement 2988/95, *op. cit.*

sur la technicité de certains textes pour obtenir cet avantage financier, (*supra*, titre II, chapitre I, section 1, § 2).

Autre aspect fondamental de la nouvelle réglementation, celle-ci dresse une typologie des sanctions qui peuvent être adoptées (faculté qui préserve ainsi la liberté d'action des Etats) en cas d'irrégularités intentionnelles ou causées par négligence :

- paiement d'une amende administrative,
- paiement d'un montant excédant les sommes indûment perçues[136] ou éludées augmentées le cas échéant d'intérêts,
- privation totale ou partielle d'un avantage octroyé,
- exclusion ou retrait du bénéfice de l'avantage pour une période postérieure à celle de l'irrégularité,
- retrait temporaire d'un agrément,
- perte d'une garantie ou d'un cautionnement,
- autres sanctions à caractère exclusivement économique[137].

Il est précisé que les sanctions appliquées doivent revêtir un caractère effectif, proportionné et dissuasif[138].

Le délai de prescription pour l'application des sanctions est fixé à quatre ans à partir de la réalisation de l'irrégularité. Pour les irrégularités continues ou répétées, le délai court à compter du jour où elles ont pris fin. Quant au délai d'exécution de la

---

136 Quant au remboursement des sommes indûment perçues, il n'est pas considéré comme une sanction proprement dite (comme la perte totale ou partielle de la garantie constituée à l'appui d'un avantage octroyé).

137 Sont exclues des sanctions susmentionnées les mesures appliquées au cas d'abus de droit lesquelles se traduisent soit par la non-obtention de l'avantage, soit par son retrait (cf. article 4 alinéa 3 du règlement n° 2988/95, *op. cit.*).

138 On note que cette référence relative aux caractéristiques de la sanction était ainsi formulée dans l'arrêt Maïs grec (21 septembre 1989, *op. cit.*), dont il a été regretté que l'article 209 A ne l'ait pas intégré (toutefois, le Traité d'Amsterdam inclut cette référence au sein des nouvelles dispositions relatives à la lutte contre la fraude).

décision prononçant la sanction administrative, il est de trois ans (il court à compter du jour où la décision devient définitive).

Les personnes susceptibles d'être sanctionnées sont expressément mentionnées. Il s'agit des opérateurs économiques, personnes physiques ou morales, ainsi que les autres entités auxquelles le droit national reconnaît la capacité juridique qui ont commis l'irrégularité, mais également les personnes qui ont participé à cette dernière ainsi que celles qui sont tenues d'en répondre.

Enfin, sont posés les principes présidant à la réalisation des contrôles par les Etats membres. Ces derniers doivent prendre les mesures nécessaires pour s'assurer de la régularité et de la réalité des opérations engageant les intérêts financiers des communautés. Les mesures de contrôle doivent être adaptées aux spécificités de chaque secteur et proportionnées aux objectifs poursuivis. (Il est patent que la réglementation laisse ici une latitude d'action très large aux autorités nationales). Quant à la nature, la fréquence des contrôles et des vérifications sur place à effectuer par les Etats membres ainsi que les modalités de leur exécution, leur détermination relève des réglementations sectorielles en vue d'assurer une application uniforme et efficace des réglementations en question.

- Le règlement n° 2185/96[139]

Le dispositif juridique précédent est complété par un règlement adopté en novembre 1996 (entré en vigueur le 1er janvier 1997) dont l'objet est relatif aux contrôles et vérifications sur place effectués par la Commission afin de lutter contre les fraudes et irrégularités (dispositions qui n'affectent pas l'application des réglementations

139 *JOCE* L 292 du 15 novembre 1996.

communautaires sectorielles en la matière)[140]. Le rôle de la Commission est particulièrement renforcé pour la conduite des contrôles "anti-fraudes" et ceci -disposition éminemment novatrice- tant dans le domaine des recettes que des dépenses communautaires. Il convient de souligner à cet égard qu'en France le rapport de la délégation de l'Assemblée nationale pour l'Union européenne relatif à la proposition de ce règlement (qui a été transmise au Parlement français sur le fondement de l'article 88 alinéa 4 de la Constitution)[141] estimait que celle-ci était contraire à l'article 209 A du Traité CE, lequel établit que c'est aux Etats qu'il incombe de protéger les intérêts financiers de la Communauté[142]. Néanmoins le législateur communautaire a été respectueux du principe de subsidiarité[143] puisque le droit d'initiative en matière de

---

140 Règlement du Conseil, 729/70, *op. cit.*
Règlement du Conseil, 595/91, *op. cit.*

141 Selon l'article 88-4 de la Constitution (introduit par la loi constitutionnelle du 25 juin 1992), "le gouvernement soumet à l'Assemblée nationale et au Sénat, dès leur transmission au Conseil des Communautés, les propositions d'actes communautaires comportant des dispositions de nature législative.
Pendant les sessions ou en dehors d'elles, des résolutions peuvent être votées dans le cadre du présent article selon des modalités déterminées par le règlement de chaque assemblée". Si ces résolutions sont dépourvues de tout effet contraignant, elles permettent cependant au Parlement de faire connaître clairement ses positions au gouvernement.
Tous les Etats membres ont ainsi aménagé des procédures internes afin que leur parlement soit informé des affaires communautaires.
Cf. Jean-Luc SAURON, "L'application du droit de l'Union européenne", La Documentation française, Coll. Réflexe Europe, p. 74 et s.

142 Jacques MYARD, Rapport d'information n° 2803 de la Délégation de l'Assemblée nationale pour l'Union européenne ("combattre la fraude : un défi pour les 15") sur la proposition de règlement du Conseil relatif aux contrôles et vérifications sur place), 22 mai 1996.

143 Principe selon lequel "la Communauté n'intervient que si et dans la mesure où les objectifs de l'action envisagée" ne peuvent pas être

contrôle et de vérification sur place de la Commission européenne est circonscrit . Cette dernière peut conduire de telles opérations : soit en vue "de la recherche d'irrégularités graves ou transnationales ou d'irrégularités dans lesquelles sont susceptibles d'être impliqués des opérateurs économiques agissant dans plusieurs Etats membres" ; soit "lorsque la situation dans un Etat exige dans un cas particulier, le renforcement des contrôles sur place afin d'améliorer l'efficacité de la protection des intérêts financiers et ainsi d'assurer un niveau de protection équivalent au sein de la Communauté" et enfin, "à la demande de l'Etat membre intéressé".

En définitive, la Commission n'agit que lorsqu'elle est susceptible d'apporter véritablement une "plus-value" vis-à-vis de la seule intervention des Etats membres.

Quant à la mise en œuvre des contrôles , elle repose sur le partenariat Commission-Etats membres. L'autorité nationale qui doit être informée en temps utile des contrôles effectués sous l'autorité et la responsabilité de la Commission[144] peut y associer ses propres agents (la Commission a la faculté également de faire participer sous réserve de l'accord de l'Etat membre, des agents d'autres Etats membres en qualité d'observateurs ou recourir à des organismes extérieurs).

Si les contrôles portent sur les opérateurs économiques bénéficiaires ou redevables du budget communautaire, ils peuvent être étendus lorsque cela s'avère indispensable pour établir la preuve de l'infraction aux autres opérateurs concernés, tels les fournisseurs, les transporteurs,... L'Etat membre est d'ailleurs tenu de faciliter le contrôle communautaire lorsque les opérateurs s'opposent à celui-ci.

---

réalisés de manière suffisante par les Etats membres et peuvent donc en raison des dimensions et des effets de l'action envisagée être mieux réalisée au niveau communautaire (article 3 B alinéa 2 du Traité CE).

144 Article 6 du règlement n° 2185/96, *op. cit.*

Les contrôleurs de la Commission (ils doivent être dûment habilités)[145] bénéficient pour l'accomplissement de leur mission d'un accès identique à celui de leurs homologues nationaux quant aux informations et à la documentation relatives aux opérations menées.

Les vérifications auxquelles ils procèdent peuvent porter sur les éléments suivants :

- livres et documents professionnels (tels que factures, cahiers des charges, feuilles de paie, extrait de comptes bancaires),
- données informatiques,
- systèmes et méthodes de production, d'emballage et d'expédition,
- contrôle physique de la nature et du volume des marchandises ou des actions menées,
- état d'avancement des travaux et des investissements financiers,
- prélèvement et vérification d'échantillons (prérogative dont il faut rappeler qu'elle ne relève que des agents nationaux dans le cadre des contrôles conjoints Etats-Commission au sein de la filière viti-vinicole, (cf. règlement 2048/89 du 19 juin 1989, *op. cit.*),
- documents budgétaires et comptables,
- exécution financière et technique des projets subventionnés.

Les agents communautaires peuvent également accéder à l'instar des fonctionnaires nationaux aux locaux, terrains, moyens de transport et autres lieux à usage professionnel.

Enfin, l'Etat membre est tenu informé par la Commission des résultats du contrôle. La portée du rapport devant être établi en la matière constitue l'une des avancées les plus

---

145 Il doit s'agir d'une habilitation écrite dans laquelle sont indiquées leur identité et leur qualité, accompagnées d'un document indiquant l'objet et le but du contrôle ou de la vérification sur place.

remarquables du règlement puisqu'il représente un élément de preuve admissible dans les procédures administratives ou judiciaires de l'Etat membre.

- Le troisième pilier : la Convention relative à la protection des intérêts financiers des Communautés européennes

Cette convention signée le 26 juillet 1995[146] définit pour la première fois la notion de fraude. Il s'agit de tout acte ou omission intentionnel relatif : - à l'utilisation ou à la présentation de déclarations ou de documents faux, inexacts ou incomplets ayant pour effet la perception ou la rétention indue de fonds (ou la diminution illégale de ressources) du budget général des communautés ou des budgets gérés par celles-ci ; - à la non-communication d'une information ou violation d'une obligation spécifique ayant le même effet ; - au détournement de tels fonds à d'autres fins que celles pour lesquelles ils ont été initialement octroyés (article 1er)[147].

La Convention oblige les Etats membres à faire de la fraude ainsi définie une infraction pénale devant être inscrite dans leurs droits pénaux. Quant aux sanction pénales, l'article 2 du texte adopté réaffirme le principe de l'arrêt Maïs grec selon lequel celles-ci doivent être effectives, proportionnelles et dissuasives. En cas de fraude grave (c'est-à-dire de fraudes portant sur un montant minimal qui est déterminé par chaque Etat membre, mais sachant toutefois que ce dernier ne peut être fixé à plus de 50.000 Ecus), les Etats membres doivent prévoir des peines privatives de liberté qui sont susceptibles de donner lieu à une extradition. Pour les fraudes dont le montant est inférieur à 4000 Ecus, les Etats peuvent prévoir des sanctions autres que pénales (c'est-à-dire administratives).

---

146 *JOCE* C 316 du 27 novembre 1995.

147 On note que le champ de la fraude diffère de celui de l'irrégularité (telle que définie dans le règlement n° 2998/95, *op. cit.*) lequel inclut tant l'acte intentionnel que non intentionnel.

Parmi les autres apports de la Convention précitée, on relève qu'elle entend sanctionner outre l'auteur, l'instigateur et également le complice de l'infraction. Elle pose la responsabilité pénale du décideur au sein de l'entreprise (mais n'évoque aucunement la responsabilité pénale des personnes morales). En matière de poursuites, l'article 7 se réfère au principe *Ne bis in idem* en vertu duquel une personne qui a été définitivement jugée dans un Etat membre ne peut être poursuivie pour les mêmes faits dans un autre Etat membre à condition qu'en cas de condamnation la sanction ait été exécutée.

Quant à l'extradition, trois règles sont arrêtées[148] :

- un Etat membre qui selon sa législation n'extrade pas ses propres ressortissants doit prendre les mesures nécessaires pour établir sa compétence sur les infractions qu'il a instituées pour la répression des fraudes (aux intérêts financiers de la Communauté) lorsqu'elles sont commises par ses propres ressortissants hors de son territoire.

- Chaque Etat membre doit lorsque l'un de ses ressortissants est présumé avoir commis une infraction pénale dans un autre Etat et qu'il n'extrade pas cette personne en raison de sa nationalité, soumettre l'affaire à ses autorités compétentes aux fins de poursuites s'il y a lieu.

- Le refus d'extrader pour le seul motif d'infraction fiscale n'est pas recevable.

Enfin, on relève qu'en cas de différend entre Etats membres relatifs à l'interprétation ou l'application de la Convention, la Cour de justice peut être saisie par une partie au différend à défaut de solution trouvée au sein du Conseil de l'Union européenne et ceci à l'expiration d'un délai de six mois[149].

---

148 Article 5 de la Convention.

149 S'agissant de différends sur l'interprétation et l'application de la Convention entre Etats membres et la Commission, la Cour ne peut statuer que sur les litiges relatifs aux articles 1er ou 10 de la

La convention de juillet 1995 a été complétée par un protocole sur la corruption des fonctionnaires signé le 27 septembre 1996[150] (lequel concerne les fonctionnaires tant européens que nationaux) susceptibles de porter atteinte aux intérêts financiers de la Communauté. Celui-ci vise également les infractions commises par ou envers les membres de la Commission, du Parlement européen, de la Cour de justice et de la Cour des comptes dans l'exercice de leurs fonctions.

Un deuxième protocole en cours d'adoption concerne les questions relatives à la responsabilité des personnes morales, le blanchiment et l'assistance de la Commission dans le cadre des enquêtes menées par les Etats membres dans le domaine de la lutte contre la fraude, du blanchiment et de la corruption.

En juin 1998, on peut déplorer qu'aucun Etat n'ait encore ratifié la convention susmentionnée, hormis le protocole sur la corruption.

Si l'on tente d'esquisser un bilan de l'action juridique menée, on perçoit que des progrès ont été réalisés, mais ils s'avèrent encore largement insuffisants. Les principes d'assimilation, de coopération et d'harmonisation (on entend par cette dernière terminologie le rapprochement des normes nationales) intégrés dans le Traité de Maastricht ne permettent pas de garantir l'efficacité de la répression sur l'ensemble du territoire communautaire. Le dogme de la territorialité de la loi pénale fait toujours la part belle à la criminalité qui "utilise au mieux le morcellement de l'espace pénal pour s'assurer un certain niveau d'immunité pénale"[151]. Un rapport final (issu d'une étude de réflexion approfondie menée par d'éminents juristes coordonnée par la DG XXI avec l'appui du Parlement européen et rédigé par Madame Delmas-Marty), envisage un

---

Convention, ce qui exclut notamment la question des sanctions et celle de la responsabilité pénale,

150 *JOCE* C 313 du 25 octobre 1996.

151 "Un *Corpus Juris* pour la protection des intérêts financiers de l'Union européenne", *Les petites affiches*, 16 juin 1997, p. 2 et s.

Corpus Juris[152] lequel préconise en autre que "pour les besoins de l'enquête, de la poursuite, du jugement et de l'exécution des condamnations, l'ensemble des territoires des Etats membres de l'Union constitue un espace judiciaire unique". Dès lors, les procureurs et juges nationaux seraient ainsi compétents pour poursuivre et pour juger les infractions prévues par le texte et commises sur le territoire communautaire par toute personne, qu'il s'agisse d'un ressortissant de la Communauté ou d'un national d'un pays tiers.

Cet espace judiciaire européen implique la création d'un ministère public européen (MPE) indépendant des autorités nationales et des organes communautaires. D'après l'article 18 du *Corpus Juris*, le MEP fonctionne selon des règles bien définies. Il est doté d'une structure de contrôle limité au procureur général européen, mais l'essentiel des activités d'enquête repose sur les procureurs européens délégués, désignés par chaque Etat membre. Le MPE est indivisible et solidaire. Il doit être informé de tout fait pouvant constituer une infraction[153] tant par les autorités nationales que par l'Uclaf (il peut être informé également par dénonciation des citoyens ou par plainte de la Commission). Le MPE peut être saisi officiellement par les autorités nationales, soit se saisir d'office.

Tenu par la légalité des poursuites, il doit exercer celles-ci dès lors qu'une infraction paraît constituée. Si le ministère

---

152 Le *Corpus Juris* comprend deux parties (droit pénal, articles 1 à 7, et procédure pénale, articles 18 à 35). Les propositions les plus audacieuses concernent la procédure.

153 En sus, des infractions de fraudes au budget communautaire (lesquelles impliquent un comportement intentionnel ou par négligence), le Corpus Juris envisage également celles de : passation de marché, corruption, abus de fonction, malversation, révélation de secrets de fonction, blanchiment, recel, association de malfaiteurs (elles nécessitent une faute intentionnelle).

public peut accorder l'autorisation de transaction à l'autorité nationale, cette faculté est exclue en cas de récidive, usage de documents falsifiés, ou si le montant de la fraude est supérieur à 50.000 Ecus[154]. A défaut de dispositions expresses dans le Traité CE, d'aucuns d'estimer[155] que ces propositions pourraient être adoptées par un règlement sur le fondement de l'article 100 A du Traité, lequel présenterait l'avantage d'imposer la procédure de codécision.

§ 2 - LE ROLE DE L'UCLAF

Sont examinés la création et la structure administrative (A) ainsi que les missions et moyens d'action de l'unité anti-fraude (B).

A - Création et structure administrative

L'Uclaf a été créée par une décision du 20 novembre 1987. Rattachée à la Commission européenne, elle dépend du secrétariat général (Direction F-coordination de la lutte anti-fraude). Elle est placée sous la responsabilité de Madame Anita Gradin (Commissaire européen, également en charge des questions liées à l'immigration, affaires intérieures et judiciaires, relations avec le médiateur et contrôle financier). La création de cette cellule anti-fraude procédait de la nécessité de coordonner les différents services de répression de la fraude au sein de la Commission afin de renforcer la collaboration entre celle-ci et les Etats membres dans leur lutte contre le détournement des fonds communautaires.

---

154 Pour le détail des autres mesures relatives au déroulement de la procédure *Corpus Juris portant dispositions pénales pour la protection des intérêts financiers de l'Union européenne*, sous la direction de Mireille Delmas-Marty, Paris, Economica, 1997.

155 Francesco de ANGELIS, Rosaria SICURELLA, "Vers un espace judiciaire européen", *Revue du marché unique européen*, 1997-1.

Jusqu'en 1988, le dispositif de lutte contre la fraude relevait de plusieurs directions générales : de la DG VI (Agriculture) qui disposait en la matière d'une unité spécifique ; de la DG XXI (Douane et fiscalité indirecte) dont plusieurs fonctionnaires étaient exclusivement chargés de lutter contre les irrégularités du budget. Quant aux autres services gestionnaires des dépenses et des recettes, ainsi que le contrôle financier, ils avaient une activité de contrôle général qu'il était parfois difficile de distinguer de l'activité anti-fraude[156]. En1985, c'est-à-dire préalablement à la création de l'Uclaf, la coordination entre tous ces services n'était cependant pas inexistante, mais elle reposait sur des pratiques de travail, (ainsi pour les fraudes impliquant plusieurs instruments financiers, tels les "carrousels") ; il avait été également érigé un groupe interservice de contrôles sur place réunissant des représentants de la DG VI, DG XIX (Budget), DG XX (Contrôle financier) et DG XXI. En 1988, si l'Uclaf assurait sa mission de coordination, les opérations sur le terrain continuaient de relever des différentes DG susmentionnées.

En 1995, une nouvelle étape est franchie (décision du 14 février 1995), l'Uclaf intègre désormais en son sein les unités anti-fraudes (et leur personnel) de la DG VI et DG XXI et met ainsi fin à la dispersion de l'activité opérationnelle anti-fraude. (Elle devient ainsi l'unique interlocuteur de la Commission en la matière). Depuis sa réorganisation en 1995, elle compte 140 agents qui se répartissent au sein des six unités suivantes :
- quatre unités opérationnelles :
  . Fonds structurels et autres domaines
  . Echange de produits agricoles
  . Agriculture : organisations communes de marchés
  . Ressources propres

156 Rapport sur l'intensification de la lutte contre la fraude au détriment du budget communautaire, *Com (87)* 572 Final.

- deux unités à vocation horizontale :
  . Coordination et politique générale
  . Intelligence, information, évaluation de la législation.

B - Missions et moyens d'action

Ceux-ci concernent : les investigations, la force de proposition et l'action "formation".

• Les investigations (ou volet opérationnel)

La raison d'être de l'Uclaf est la coordination des actions anti-fraude entre la Commission et l'ensemble des Etats membres. A cette fin, elle peut demander que des investigations soient menées par les Etats sur des opérations dont elle soupçonne l'existence d'irrégularités, prendre l'initiative de déclencher des enquêtes et opérer des contrôles sur place, participer au déroulement de celle-ci en collaboration avec les autorités nationales, sur le fondement des réglementations sectorielles. Ses pouvoirs de contrôle et de vérification ont été sensiblement accrus dans le cadre du règlement n° 2185/96 lequel lui confère des prérogatives dont elle était jusqu'à présent dépourvues puisqu'elle détient désormais un pouvoir de contrôle autonome tant pour les recettes que les dépenses du budget communautaire. Afin d'agir plus efficacement sur le terrain, l'Uclaf a instauré des *Task Forces* (cigarettes[157], huile d'olive et alcool[158]). Ces enceintes regroupant des experts de la Commission et des Etats sont chargées de partager des informations et de prendre au niveau opérationnel, en coopération avec les Etats membres, toutes les mesures nécessaires pour combattre la fraude dans les secteurs précités. La Task Force a ainsi pour finalité de

157 Elle a été créée en 1994 afin de lutter contre la contrebande de cigarettes, Rapport de l'Uclaf, 1994, p. 38.

158 La création de nouveaux *Task Groups* dans le secteur des alcools est prévu dans le programme de travail de la Commission 97/98 relatif à la lutte contre la fraude (point 1.2).

définir une stratégie destinée à cibler les opérations de contrôle. Elle s'avère un instrument approprié à la lutte contre les grandes fraudes transnationales[159].

L'Uclaf peut d'autant mieux procéder à des enquêtes et collaborer avec les instances nationales qu'elle centralise et gère un afflux considérable de données relatives aux fraudes et irrégularités (émanant des Etats membres) dont elle est obligatoirement destinataire, au titre des réglementations sectorielles agricoles, ressources propres, fonds structurels et coopération administrative.

Afin de faciliter l'exploitation de ces informations qui s'avèrent précieuses pour le déclenchement des enquêtes, mais également pour assurer un suivi des procédures de recouvrement des sommes éludées, l'Uclaf dispose d'une base de données "Irene" (Irrégularités, enquêtes, exploitation). Celle-ci intègre les communications des Etats membres relatives aux irrégularités (Elle recensait à ce titre en 1994, 15.000 cas dont 9.300 concernaient le FEOGA-garantie, 4.900 les ressources propres, 100 les fonds structurels et 700 l'assistance mutuelle), ainsi que les informations se rapportant aux cas décelés par la Commission, mais qui n'ont pas encore fait l'objet de communication par les Etats membres. En 1997, les autorités nationales ne bénéficiaient pas encore pas d'un accès direct à cette banque de données[160].

---

159 Ce qui a conduit au démantèlement de réseaux de contrebande. Ainsi, une enquête conduite au Danemark, en Espagne et au Portugal a permis d'identifier un stock de 92 millions de cigarettes détourné illégalement durant la procédure de transit du Danemark vers le Portugal, Rapport de l'Uclaf, 1995, p. 58.

160 La Commission a également instaure des réseaux informatisés, tel le système Scent (*System of Customs Enforcement)*. Il s'agit d'un système de messagerie électronique qui permet de véhiculer des informations sensibles entre les services spécialisés des Etats membres et de la Commission (il fait partie intégrante des réseaux douaniers informatisés. On note également la mise en place du système d'information douanier (SID) lequel est basé sur

La Commission a cherché à diversifier les sources d'information relatives aux fraudeurs. S'appuyant sur des expériences menées aux Etats-Unis en matière de criminalité et de toxicomanie, elle a instauré un numéro vert (appel gratuit) disponible dans chaque Etat membre. Celui-ci permet à quiconque 24 heures sur 24 en toute confidentialité[161] (les numéros de téléphone des informateurs ne pouvant être identifiés) de dénoncer des pratiques frauduleuses, informations dont la teneur est ensuite analysée par des agents de l'Uclaf.

L'appel à la délation qui ne manque pas de heurter les consciences doit être utilisé avec circonspection (certains opérateurs économiques pourraient y recourir, animés par le seul dessein d'entacher la réputation d'une firme concurrente). Un premier bilan de ce nouveau dispositif peut être déjà dressé. Sur près de 4.000 appels enregistrés en 1995 et autant en 1996, 1% seulement ont abouti à des enquêtes approfondies. Il semblerait que les dénonciations d'irrégularités soient principalement le fait d'entreprises affectées par les pratiques frauduleuses de leurs concurrents et qui subiraient ainsi une concurrence déloyale. Afin de disposer d'une information plus fiable, d'aucuns de préconiser la rémunération de tout informateur lorsque les renseignements fournis (quel que soit le support choisi) permettraient la découverte de véritables actes frauduleux. Si l'idée jusqu'à présent a été avancée -un document émanant de l'Uclaf destiné

---

l'infrastructure du Scent. Il s'agit "d'un système de messagerie électronique fonctionnant sous forme d'écrans standardisés en fonction de l'objet du message (personne, marchandises, moyen de transport, entreprises, tendance des fraudes).
Sur l'ensemble de ces points : FAUCHERAND Pierre, "La lutte contre la fraude douanière : un impératif pour l'Union européenne", *Revue du marché unique européen*, 1995, p. 1 et s.

161 L'informateur entend un message enregistré dans sa langue, il peut laisser un message qui est enregistré.
Cf. liste des numéros d'appel du téléphone vert par Etat membre, Rapport UCLAF, 1998

au grand public indique en 1995 que la Commission a accepté que son unité anti-fraude puisse dans certaines circonstances rétribuer les informateurs[162]- toutefois aucun dispositif n'aurait été institutionnalisé en la matière à ce jour[163].

Enfin, il faut souligner que suite à un accord convenu entre l'Uclaf et la Cour des comptes des Communautés européennes, cette dernière fournit des informations relatives aux irrégularités grevant le budget communautaire lesquelles ont déjà conduit la Commission à lancer des enquêtes anti-fraude. Ce concours de la Cour des comptes à la dénonciation de la fraude est expressément énoncé dans le Traité d'Amsterdam. Il est indiqué que dans le cadre de son examen de la légalité et de la régularité des recettes et dépenses, et de la bonne gestion financière, "elle signale en particulier toute irrégularité"[164] lesquelles pourront ainsi être reprises par l'Uclaf.

• Force de proposition

Il est patent que l'Uclaf dispose aujourd'hui d'un vivier considérable d'informations sur tous les aspects de la fraude, qu'il s'agisse des auteurs, des techniques employées et facteurs de risque. Elle est ainsi à même de déclencher le processus d'enquête et d'œuvrer sur place. Elle dispose également d'une solide base de réflexion lui permettant de formuler des propositions visant à combler les lacunes des textes applicables afin de les adapter aux nouvelles techniques de fraude dont il est fait usage. L'Uclaf a également été à

162 "Dix-sept questions sur la fraude" (question 10), mai 1995. De plus, dans le programme de travail 1995, de la Commission, "lutte contre la fraude", il était prévu "la mise en œuvre d'un système de rémunération des informateurs pour une période initiale d'un an".

163 Entretien avec Claude Lecou, Chef de l'unité de coordination et politique générale, Uclaf, décembre 1997.

164 Article 248 (ex-article 188 C), version consolidée du Traité sur l'Union européenne.

l'origine du nouveau cadre juridique horizontal de lutte contre la fraude (tels les règlements du Conseil n° 2088/95 et n° 2185/96).

• L'action formation

Depuis 1988, l'Uclaf organise dans tous les Etats membres des séminaires généraux d'information consacrés aux différents aspects de la politique anti-fraude. Ceux-ci sont destinés aux fonctionnaires nationaux issus des administrations fiscales, douanières, agricoles et judiciaires en charge de l'organisation de la lutte contre les détournements des deniers communautaires. Parmi ces multiples temps d'information lesquels s'adressent à un public pluridisciplinaire, on relève une attention particulière portée au FEOGA-garantie lors d'un séminaire à Copenhague en juin 1992 ou à la télédétection à Bruxelles en novembre 1992. Aujourd'hui, si les séminaires que l'on peut qualifier de "généralistes" subsistent, ils sont essentiellement conçus pour les Etats ayant nouvellement intégré le giron de l'Union européenne (Finlande, Autriche, Suède) ainsi que ceux s'apprêtant à rejoindre dans un proche avenir les Quinze. Dorénavant, l'Uclaf tend plutôt à privilégier les séminaires à thème où est dispensée une information pointue sur une question très ciblée. Ces formations accueillent un public restreint, essentiellement des fonctionnaires provenant d'un service spécialisé dans la gestion et le contrôle des fonds communautaires[165]. Cette formule permet à l'Uclaf de nouer

---

165 Parmi les actions de formation assurées en 1997, les séminaires à dominante fraude au FEOGA-garantie sont les suivants :
. lutte contre la fraude en application du règlement 4045/89 : à Travemünde (Allemagne) : 100 participants : subventions communautaires : 78.000 Ecus,
. lutte contre la fraude AGRI : à Lidingoe (Suède) : 65 participants : subventions communautaires : 20.000 Ecus,
. lutte contre la fraude AGRI à Gummersbach (Allemagne) : 55 participants : subventions communautaires : 21.000 Ecus.

des liens étroits avec ces services, ce qui ne peut que faciliter et accroître la coopération qui doit s'instaurer entre les Etats et la Commission afin d'enrayer les actes frauduleux.

Ces actions de formation impliquent la réalisation de programmes qui sont établis de concert avec les Etats membres. (Ces derniers peuvent recevoir une aide financière, dès lors, l'administration de l'Etat concerné se voit confier l'entière responsabilité de l'organisation pratique du séminaire).

CONCLUSION

Depuis les années 1970, les institutions communautaires ont accordé une importance non négligeable à la lutte contre la fraude aux dépenses agricoles, qui n'a d'ailleurs eu de cesse de se renforcer depuis lors. L'œuvre normative en la matière, laquelle a largement inspiré la réglementation horizontale de protection des intérêts financiers de la Communauté est présentement étoffée, bien qu'encore perfectible. En 1995, les crédits anti-fraude relatifs au FEOGA-garantie (65 millions d'Ecus, soit 73% des sommes consacrées à la lutte anti-fraude)[166] ont été utilisés à 95% ce qui tendrait à démonter que les Etats ont commencé à abandonner leur attitude timorée, voire laxiste pour s'engager plus activement que par le passé

Données fournies par Siegfried Reinke, Conseiller du Directeur de l'Uclaf, Per Brix Knudsen.

166 Ces crédits sont dispensés dans le cadre :
. du règlement n° 307/91 relatif au renforcement des contrôles de certaines dépenses à la charge du FEOGA section garantie,
. du règlement n° 165/94 (télédétection)
. du règlement n° 3508/92 relatif au système intégré de gestion et de contrôle
. et du règlement n° 3235/94 modifiant suite à l'adhésion de l'Autriche, de la Finlande, de la Suède dans le secteur agricole, plusieurs dispositions en faveur de ces nouveaux Etats membres, un cofinancement de certaines actions.

dans la lutte contre le détournement des subventions agricoles. Ce regain d'intérêt des autorités nationales résulte également d'une législation communautaire devenue de plus en plus contraignante depuis le début des années 1990 conjuguée à la prise de conscience que ce sont désormais essentiellement des gangs transnationaux qui sont à l'origine de la plupart des actes frauduleux (du moins, ce sont ceux qui ont l'impact budgétaire le plus important).

Aujourd'hui, la lutte contre la fraude n'est pas circonscrite aux seules dépenses agricoles, c'est l'ensemble du budget de la Communauté (dépenses et recettes) qu'il s'agit de protéger par une politique globale cohérente et puissamment dissuasive. La Commission mène également à ce titre une action préventive de fond non négligeable. Dans le cadre de son initiative "SEM 2000"[167] toute proposition ayant une incidence budgétaire est soumise à un examen préalable des risques de fraude éventuels (et comporte des mesures destinées à protéger les intérêts financiers de la communauté). Quant à la collaboration Etat-Communauté européenne, il est patent qu'elle s'amplifie (les autorités nationales instaurant des dispositifs spécifiques de coordination anti-fraude communautaire, tel l'Iclaf en France). Toutefois, l'efficacité de la protection du budget de l'Union européenne se heurte toujours à la territorialité de la loi pénale. Le Conseiller Renaud Van Ruynbecke[168] estime à cet égard qu'il "est urgent de pouvoir dépasser le cadre strictement national pour lutter efficacement contre la grande délinquance financière, les abus de biens sociaux et ses corollaires : l'enrichissement personnel indû et la corruption (...) La création dun espace judiciaire européen unique permettant un traitement direct de juge à juge

167 Sound and Efficient Management (gestion saine et efficace).

168 Il a lancé avec six autres magistrats "l'appel de Genève" lequel préconisait la création d'un véritable espace judiciaire européen.

est indispensable"[169]. Ces propositions qui rejoignent celles du *Corpus Juris* (cf. *supra*) ne doivent pas rester un vœu pieux, il en va de la crédibilité de l'Union européenne. Il n'est pas inutile de rappeler également que les concours financiers détournés sont autant de crédits qui n'alimentent pas les autres politiques et actions communautaires, tels que la cohésion économique et sociale, l'emploi, la santé, l'éducation, l'environnement, lesquelles sont au cœur des légitimes préoccupations des citoyens européens.

---

169 *Le Monde* du 15 décembre 1997, p. 8.

ANNEXES

- Document 1 : Annexe II du Traité de Rome
- Document 2 : Liste des organisations communes de marché
- Document 3 : Modalités d'intervention du FEOGA-orientation
- Document 4 : Liste et activités des comités de gestion et de réglementation
- Document 5 : Evolution des dépenses d'intervention et de restitution par secteur
- Document 6 : La procédure budgétaire
- Document 7 : Les propositions de l'Agenda 2000 en matière de fonds structurels
- Document 8 : Les procédures de TRANSIT
- Document 9 : Composition et rôle de la commission interministérielle de coordination des contrôles "FEOGA-garantie"
- Document 10 : Domaines de contrôle prévus à l'article 3 & 1 dans le cadre du règlement n° 2048/89
- Document 11 : Contrôles envisagés par les Etats membres dans le cadre du règlement n° 4045/89
- Document 12 : Les voies de droit (principales caractéristiques)
- Document 13 : Irrégularités communiquées et situation de récupération depuis l'origine jusqu'à 1992

DOCUMENT N° 1

ARTICLE 38

1 Le marche commun s'etend à l'agriculture et au commerce des produits agricoles. Par produits agricoles on entend les produits du sol, de l'élevage, et de la pêcherie, ainsi que les produits de première transformation qui sont en rapport avec ces produits.

2 Sauf dispositions contraires des articles 39 à 46 inclus, les règles prévues pour l'établissement du marché commun sont applicables aux produits agricoles.

3 Les produits qui sont soumis aux dispositions des articles 39 à 46 inclus sont énumérés à la liste qui fait l'objet de l'annexe II du présent traité. Toutefois, dans un délai de deux ans à compter de l'entrée en vigueur de ce traité, le Conseil, sur proposition de la Commission, décide à la majorité qualifiée des produits qui doivent être ajoutés à cette liste.

4. Le fonctionnement et le développement du marché commun pour les produits agricoles doivent s'accompagner de l'établissement d'une politique agricole commune des Etats membres.

Annexe II :

Numeros de la nomenclature de Bruxelles	Désignation des produits
Chapitre 1	*Animaux vivants*
Chapitre 2	*Viandes et abats comestibles*
Chapitre 3	*Poissons, crustacés et mollusques*
Chapitre 4	*Lait et produits de la laiterie; oeufs d'oiseaux, miel naturel*
Chapitre 5	
05 04	*Boyaux, vessies et estomacs d'animaux, entiers ou en morceaux, autres que ceux des poissons.*
05 15	*Produits d'origine animale, non dénommés ni compris ailleurs : animaux morts des chapitres 1 ou 3 , impropres à la consommation humaine*
Chapitre 6	*Plantes vivantes et produits de la floriculture*
Chapitre 7	*Légumes, plantes, racines et tubercules alimentaires*
Chapitre 8	*Fruits comestibles; écorces d'agrumes et de melons*
Chapitre 9	*Café, thé, et épices*
Chapitre 10	*Céréales*
Chapitre 11	*Produits de la minoterie; malt; amidons et fécules; gluten; inuline*
Chapitre 12	*Graines et fruits oléagineux; graines, semences et fruits divers; plantes industrielles et médicinales; pailles et fourrage*
Chapitre 13	
ex 13 . 03	*Pectine*
Chapitre 15	
15 . 01	*Saindoux et autres graisses de porc ou fondues; graisse de volaille pressée ou fondue*

Source : Dictionnaire du Marché Commun 1991

15 02	*Suifs (des espèces bovine, ovine et caprine) bruts ou fondus, y compris les suifs dits de "premiers jus"*
15 03	*Stéarine solaire; oléo-stéarine; huile de saindoux et oléo-margarine non-émulsionnée, sans mélange ni aucune préparation*
15 04	*Graisses et huiles de poissons et de mammifères marins même raffinées*
15 07	*Huiles végétales fixes, fluides ou concrètes, brutes, épurées ou raffinées*
15 12	*Graisses et huiles animales ou végétales hydrogénées, même raffinées mais non préparées*
15 13	*Margarine, simili-saindoux et autres graisses alimentaires préparées*
15 17	*Résidus provenant du traitement des corps gras ou des cires animales ou végétales*
Chapitre 16	*Préparations de viandes, de poissons, de crustacés et de mollusques*
Chapitre 17	
17 01	*Sucres de betteraves et de canne, à l'état solide*
17 02	*Autres sucres; sirops; succédanés de miel, même mélangés de miel naturel; sucres et mélasses caramélisés*
17 03	*Mélasses, même décolorées*
17 05	*Sucres, sirops et mélasses aromatisés ou additionnés de colorants (y compris le sucre vanillé ou vanilliné) à l'exception des jus de fruits additionnés de sucres en toutes proportions*
Chapitre 18	
18 01	*Cacao en fèves et brisures de fèves; brutes ou torréfiées*
18 02	*Coques, pelures, pellicules et déchets de cacao*
Chapitre 20	*Préparations de légumes, de plantes potagères, de fruits et d'autres plantes ou parties de plantes*
Chapitre 22	
22 04	*Moûts de raisins partiellement fermentés, même mutés autrement qu'à l'alcool*
22 05	*Vins de raisins frais; moûts de raisins frais mutés à l'alcool (y compris les mistelles)*
22 07	*Cidre, poiré, hydromel et autres boissons fermentées*
ex 22 08	*Alcool éthylique, dénaturé ou non, de tous titres obtenus à partir de produits agricoles figurant à l'annexe II du traité, à l'exclusion des eaux de vie, liqueurs et autres boissons spiritueuses, préparations alcooliques composées (dites extraits concentrés) pour la fabrication de boissons*
22 10	*Vinaigres comestibles et leurs succédanés comestibles*
Chapitre 23	*Résidus et déchets des industries alimentaires; aliments préparés pour animaux*
Chapitre 24	
24 01	*Tabacs bruts ou non fabriqués; déchets de tabac*
Chapitre 45	
45 01	*Liège naturel brut et déchets de liège; liège concassé, granulé ou pulvérisé*
Chapitre 54	
54 01	*Lin brut, roui, teillé, peigné, ou autrement traité mais non filé; étoupes et déchets (y compris les effilochés)*
Chapitre 57	
57 01	*Chanvre (cannabis sativa) brut, roui, teillé peigné ou autrement traité mais non filé; étoupes et déchets (y compris les effilochés)*

DOCUMENT 2
Liste des organisations communes de marché

Par ordre chronologique

. Matières grasses : règlement n° 136/66 du Conseil du 22/09/1966, *JO* n° 3025
. Plantes vivantes et produits de la floriculture : règlement n° 234/68 du Conseil du 27/02/1968, *JOCE* L 55
. Lait et produits laitiers : règlement n° 804/68 du Conseil du 27/06/1968, *JOCE* L 148
. Viande bovine : règlement n° 805/68 du Conseil du 27/06/1968, *JOCE* L 148
. Tabac brut : règlement n° 727/70 du Conseil du 21/04/1970, *JOCE* L 94
. Lin et chanvre : règlement n° 1308/70 du Conseil du 29/06/1970, *JOCE* L 146
. Houblon : règlement n° 1696/71 du Conseil du 26/07/1971, *JOCE* L 175
. Semences : règlement n° 2358/71 du Conseil du 26/10/1971, *JOCE* L 246
. Fruits et légumes : règlement n° 1035/72 du Conseil du 18/05/1972, *JOCE* L 118
. Céréales : règlement n° 2727/75 du Conseil du 29/10/1975, *JOCE* L 281
. Oeufs : règlement n° 2771/75 du Conseil du 29/10/1975, *JOCE* L 282
. Viande porcine : règlement n° 2759/75 du Conseil du 29/10/1975, *JOCE* L 282
. Viande de volaille : règlement n° 2777/75 du Conseil du 29/10/1975, *JOCE* L 282
. Riz : règlement n° 1418/76 du Conseil du 21/01/1976, *JOCE* L 166
. Fourrages séchés : règlement n° 1117/78 du Conseil du 22/05/1977, *JOCE* L 142

. Produits de la pêche : règlement n° 3796/81 du Conseil du 29/12/1981, *JOCE* L 379
. Sucre : règlement n° 1785/81 du Conseil du 30/06/1981, *JOCE* L 177
. Produits transformés à base de fruits et légumes : règlement n° 426/86 du Conseil du 24/02/1986, *JOCE* L 49
. Vin : règlement n° 822/87 du Conseil du 16/03/1987, *JOCE* L 84
. Viandes ovine et caprine : règlement n° 3013/89 du Conseil du 25/09/89, *JOCE* L 289
. banane : règlement n° 404/93 du Conseil du 13/02/93, *JOCE* L47

DOCUMENT n° 3
Modalités d'intervention du FEOGA"orientation"

Depuis le début des années 1980, le FEOGA"orientation" finance des opérations dans le cadre de programmes spécifiques en coordination avec les autres fonds structurels (FEDER, FSE) comme les programmes intégrés méditerranéens (en 1985). Depuis 1988 (règlement n° 2052/88 du 15/07/1988, JOCE L 187, modifié en 1993 par le règlement n° 2081 du 31/07/1993, JOCE L 193) les crédits du FEOGA "orientation"[1] intègrent l'enveloppe globale des crédits des "fonds structurels" ; les interventions de ces derniers (lesquels conservent chacun leur spécificité) sont également modifiés. Les financements sont concentrés sur des objectifs :

- objectif 1 : Promouvoir les régions en retard de développement ; il s'agit des régions dont le PIB par habitant est inférieur à 75 % environ de la moyenne communautaire.
  (peuvent intervenir : le FSE, FEDER, FEOGA"orientation")
- objectif 2 : Reconvertir économiquement les régions industrielles en déclin
  (il concerne le FEDER, FSE)
- objectif 3 : Lutter contre le chômage de longue durée, et améliorer l'insertion professionnelle des

---

1 Les interventions du FEOGA 'section orientation" visent notamment dans le respect des principes énoncés à l'article 39 du traité, les missions suivantes :
- renforcer et réorganiser les structures agricoles,
- la reconversion des productions agricoles, le développement d'activités complémentaires pour les agriculteurs et agricultrices,
- contribuer au tissu social des zones rurales, sauvegarde de l'environnement, maintien de l'espace rural.

jeunes, l'intégration sur le marché du travail des personnes exposées à l'exclusion sociale (il concerne le FSE)

- objectif 4 : Faciliter l'adaptation des salariés aux mutations industrielles et à l'évolution des systèmes de production
(il concerne le FSE)
- objectif 5 : a) Accélérer l'adaptation des structures agricoles et des structures de la pêche
b) Promouvoir le développement des zones rurales

Si les mesures de l'objectif 5A sont exclusivement cofinancées par le FEOGA"orientation" et l'Ifop (instrument financier d'orientation de la pêche institué en 1993) le développement des zones rurales relève du FEOGA"orientation", FSE, et FEDER.

Suite aux négociations d'adhésion avec la Finlande, la Suède et l'Autriche, a été ajouté un nouvel objectif :

- objectif 6 : Promouvoir le développement de régions à très faible densité de population et climat rude des pays nordiques[2].
(Le critère d'octroi de l'aide est une densité de population de 8 habitants au moins au Km^2. Les régions concernées sont en Scandinavie).

Les interventions structurelles communautaires reposent sur 4 principes :

---

2 Les objectifs 1, 2 et 5b et 6 ont un caractère spécifiquement régional, les mesures prises sont limitées à certaines zones du territoire national des Etats membres. Les objectifs 3, 4 et 5a couvrent l'ensemble du territoire communautaire.

- La programmation

Depuis 1993, les Etats membres ont la possibilité de proposer à la Commission un document unique de programmation (DOCUP) comprenant les plans de développement régional et les programmes opérationnels avec indication de l'enveloppe financière (un programme opérationnel est un ensemble de mesures pluriannuelles pour la réalisation duquel il peut être fait appel à un ou plusieurs instruments financiers communautaires). En réponse, la commission prend une décision unique qui comprend les axes prioritaires retenus pour l'intervention communautaire, les formes d'intervention (cofinancement de programme, régime d'aides ou octroi d'une subvention globale géré par un intermédiaire désigné par l'Etat membre, en accord avec la Commission), le plan de financement indicatif, durée de ces interventions.

- La coordination

L'intervention communautaire tend à utiliser plusieurs instruments financiers afin de contribuer à la réalisation d'une seule action.

- L'additionnalité

L'action communautaire est conçue comme un complément des actions nationales correspondantes ou une contribution à celles-ci. Elle doit apporter une valeur ajoutée aux initiatives nationales.

- Le partenariat

Il s'agit d'une concertation étroite entre la Commission, l'Etat membre concerné, les autorités et les organismes compétents, y inclus les partenaires économiques et sociaux désignés par l'Etat membre au niveau national, régional, local ou autre (Toutes les parties étant des partenaires poursuivant un but commun). Ce partenariat porte sur la préparation, le financement, ainsi que sur l'appréciation *ex ante*, le suivi et l'évaluation *ex post* des actions[3].

---

3 Article 4 du règlement n° 2081/93, *op. cit.*

DOCUMENT N° 4

TABLEAU 13

Activités des comités de gestion et des comités de réglementation agricoles

Comité	Du 1er janvier au 31 décembre 1996			
	Réunion (1)	Avis favorable	Absence d'avis	Avis contraire
Comité de gestion des céréales	46	621	94	1
Comité de gestion de la viande de porc	14	27	6	—
Comité de gestion de la viande de volaille et des œufs	15	45	8	—
Comité de gestion des fruits et légumes	25	39	18	—
Comité de gestion des vins	21	56	—	—
Comité de gestion du lait et des produits laitiers	25	151	26	—
Comité de gestion de la viande bovine	30	103	23	—
Comité de gestion des ovins et caprins	11	19	1	—
Comité de gestion des matières grasses	22	28	29	—
Comité de gestion du sucre	49	177	—	—
Comité de gestion des plantes vivantes et des produits de la floriculture	2	3	—	—
Comité de gestion des produits transformés à base de fruits et légumes	14	26	1	—
Comité de gestion du tabac	6	9	—	—
Comité de gestion du houblon	4	6	—	—
Comité de gestion du lin et du chanvre	7	7	—	—
Comité de gestion des semences	5	5	—	—
Comité de gestion des fourrages séchés	3	2	1	—
Comité d'application pour les boissons spiritueuses	6	1	—	—
Comité d'application pour les boissons aromatisées à base de vin	2	1	—	—
Comité de gestion de la banane	13	4	16	—
Réunions conjointes de comités de gestion (1)	45	37	4	—
Comité du FEOGA	19	11	—	—
Comité permanent des aliments des animaux	19	5	—	—
Comité vétérinaire permanent	33	208	1	1
Comité permanent des semences et plants agricoles, horticoles et forestiers	10	14	—	—
Comité des structures agricoles et du développement rural	11	155	—	—
Comité communautaire du réseau d'information comptable agricole	2	3	1	—
Comité permanent de la recherche agricole	2	—	—	—
Comité phytosanitaire permanent	35	34	—	—
Comité zootechnique permanent	1	2	—	—
Comité permanent forestier	10	9	—	—
Comité permanent de l'agriculture biologique	3	2	—	—
Comité permanent pour les matériels de multiplication et les plantes ornementales	3	2	—	—
Comité permanent pour les matériels de multiplication et les plantes des genres et espèces de fruits	3	1	—	—
Comité des indications géographiques et des appellations d'origine (2)	7	2	1	—
Comité des attestations de spécificité (2)	—	—	—	—
Comité de la conservation, de la caractérisation, de la collecte et de l'utilisation des ressources génétiques en agriculture	3	—	—	—
Comité permanent de la protection des obtentions végétales	2	1	—	—

(1) Y compris celles relatives aux mécanismes des échanges (10 réunions), aux conditions de concurrence en agriculture (1 réunion) et aux problèmes agromonétaires (4 réunions).
(2) Des produits agricoles et des denrées alimentaires.

Source : Rapport général sur l'activité de l'Union Européenne 1996 page 209

DOCUMENT N° 5

ÉVOLUTION DES DÉPENSES D'INTERVENTION ET DE RESTITUTION PAR SECTEUR (1992-1996) [1]

SECTEUR OU TYPE D'ACTION	1992		1993		1994		1995		1996	
	MIO ÉCU	%	MIO ÉCU	%	MIO ÉCU	%	MIO ÉCU	%	MIO ÉCU	%
Dépenses totales	**31.276,8**	**100,0%**	**34.433,9**	**100,0%**	**32.208,7**	**100,0%**	**34.007,9**	**100,0%**	**37.659,7**	**100,0%**
Restitutions	9.487,4	30,3%	10.159,3	29,5%	8.160,5	25,3%	7.802,2	22,9%	5.705,0	15,1%
Interventions	21.789,4	69,7%	24.274,6	70,5%	24.048,2	74,7%	26.205,7	77,1%	31.954,7	84,9%
Cultures arables	**10.212,7**	**32,7%**	**10.677,8**	**31,0%**	**12.702,1**	**39,4%**	**15.054,8**	**44,3%**	**16.385,4**	**43,5%**
Restitutions[2]	3.281,8	34,6%	2.878,8	28,3%	1.571,6	19,3%	1.129,3	14,5%	320,2	5,6%
Interventions	6.930,9	31,8%	7.799,0	32,1%	11.130,5	46,3%	13.925,5	53,1%	16.065,2	50,3%
Sucre	**1.944,5**	**6,2%**	**2.189,6**	**6,4%**	**2.044,4**	**6,3%**	**1.817,9**	**5,3%**	**1.698,8**	**4,5%**
Restitutions[2]	1.312,7	13,8%	1.532,4	15,1%	1.378,1	16,9%	1.314,0	16,8%	1.231,6	21,6%
Interventions	631,8	2,9%	657,2	2,7%	666,3	2,8%	503,9	1,9%	467,2	1,5%
Huile d'olive	**1.754,3**	**5,6%**	**2.464,2**	**7,2%**	**1.811,7**	**5,6%**	**806,0**	**2,4%**	**2.002,0**	**5,3%**
Restitutions	48,4	0,5%	68,8	0,7%	52,8	0,6%	38,2	0,5%	59,3	1,0%
Interventions	1.705,9	7,8%	2.395,4	9,9%	1.758,9	7,3%	767,8	2,9%	1.942,7	6,1%
Produits laitiers	**4.069,7**	**13,0%**	**5.264,6**	**15,3%**	**4.240,7**	**13,2%**	**4.030,1**	**11,9%**	**3.585,0**	**9,5%**
Restitutions[2]	2.119,0	22,3%	2.340,8	23,0%	1.949,2	23,9%	2.290,2	29,4%	1.615,8	28,3%
Interventions	1.950,7	9,0%	2.923,8	12,0%	2.291,5	9,5%	1.739,9	6,6%	1.969,2	6,2%
Viande bovine	**4.413,8**	**14,1%**	**3.986,7**	**11,6%**	**3.466,5**	**10,8%**	**4.017,6**	**11,8%**	**6.691,4**	**17,8%**
Restitutions	1.332,5	14,0%	1.711,2	16,8%	1.708,4	20,9%	1.761,0	22,6%	1.559,4	27,3%
Interventions	3.081,3	14,1%	2.275,5	9,4%	1.758,1	7,3%	2.256,6	8,6%	5.132,0	16,1%
Autres produits ou postes[3]	**8.881,8**	**28,4%**	**9.851,0**	**28,6%**	**7.943,3**	**24,7%**	**8.281,5**	**24,4%**	**7.297,1**	**19,4%**
Restitutions[2]	1.393,0	14,7%	1.627,3	16,0%	1.500,4	18,4%	1.269,5	16,3%	918,7	16,1%
Interventions	7.488,8	34,4%	8.223,7	33,9%	6.442,9	26,8%	7.012,0	26,8%	6.378,4	20,0%

[1] Compte non tenu des dépenses diverses détaillées pour 1996 dans la deuxième partie de l'annexe 5.

[2] Y compris les restitutions pour les actions d'aide alimentaire (chapitre B1.33).

[3] Dont dépréciation des stocks et écoulement spécifique du beurre en stocks publics (799,5 millions d'écus en 1992).

Remarque: Le pourcentage des restitutions de chaque secteur est calculé par rapport au total des restitutions, le pourcentage des interventions de chaque secteur est calculé par rapport au total des interventions.

Source : 26ème rapport financier du FEOGA Section GARANTIE Exercice 1996 page 54 - COM (97) 589 du 25.11.1997

DOCUMENT N° 6
LA PROCEDURE BUDGETAIRE

La procédure budgétaire comporte plusieurs phases définies à l'article 203 du traité CE. Elle fait intervenir la Commission européenne, le Parlement européen et le Conseil de l'Union européenne.

1ère phase : chaque institution établit un état prévisionnel de ses dépenses avant le 1er juillet (calendrier pragmatique 1er mars) de l'année précédant l'exercice budgétaire. La Commission regroupe ces états dans un "avant projet de budget" lequel est ensuite soumis au Conseil et au Parlement. Sur cette base, le Conseil arrête le "projet de budget" (vote à la majorité qualifiée) lequel est communiqué au PE avant le 5 octobre (calendrier pragmatique le 31 juillet) de l'année qui précède celle de l'exécution du budget.

2ème phase : Première lecture du Parlement européen.

Les parlementaires disposent d'un délai de 45 jours pour se prononcer.

1ère hypothèse : Si le PE donne son approbation ou n'adopte aucun amendement aux DNO[1], ni ne propose aucune modification aux DO[2] dans ce délai, le budget est considéré comme adopté.

2ème hypothèse : le Parlement statuant à la majorité des membres qui le composent adopte des amendements aux DNO ou propose des modifications aux DO. Le projet est alors transmis au Conseil qui dans un délai de 15 jours peut, soit :

---

1 Pour les dépenses non obligatoires (DNO), le Parlement a la possibilité d'amender le budget établi par le Conseil dans le cadre d'une marge calculée annuellement par la Commission. Il peut faire adopter ces amendements en cas d'opposition du Conseil (Cf 3ème phase de la procédure).

2 Pour les dépenses "obligatoires" (DO), le Parlement peut adresser des propositions de modifications au Conseil qui conserve toujours le dernier mot.

- accepter les amendements et propositions ; dès lors le budget est reputé définitivement adopté
- modifier un ou plusieurs amendements, ou modifier ou rejeter les propositions de modifications. Le projet retourne alors devant le Parlement.

3ème hypothèse : le Parlement européen peut également "pour des motifs importants" rejeter la totalité du budget par un vote à la majorité des membres qui le composent et des 2/3 des suffrages exprimés et demander qu'un nouveau projet de budget lui soit soumis[3].

3ème phase : Deuxième lecture du Parlement européen.

Dans un délai de 15 jours, le Parlement peut à la majorité des membres qui le composent et des 3/5 des suffrages exprimés amender ou rejeter les modifications apportées par le Conseil à ses amendements (Dépenses non obligatoires) et arrêter ainsi le budget.

Si le Parlement européen n'a pas statué dans ce délai, le budget est réputé définitivement adopté.

4ème phase : Lorsque la procédure de vote du budget est achevée, le Président du Parlement européen constate que le budget est définitivement arrêté.

---

3 Faculté que les parlementaires ont utilisé pour la première fois le 13 décembre 1979, le Parlement européen a également rejeté le budget général de 1985, ainsi qu'un budget supplémentaire en 1982.

DOCUMENT N° 7
LES PROPOSITIONS DE L'AGENDA 2000 EN MATIERE DE FONDS STRUCTURELS

La Commission propose de consolider l'effort budgétaire des fonds structurels au cours de la période 2000-2006 à hauteur de 210 milliards d'Ecus pour les 15 Etats membres actuels, de réduire le nombre actuel des objectifs à 3 (dont 2 objectifs régionaux et un objectif horizontal consacré aux ressources humaines).

- Maintien de l'objectif 1 : régions en retard de développement confrontée aux difficultés les plus graves en matière de revenu, d'emploi de système productif et d'infrastructures (ces régions devraient bénéficier des 2/3 de montant total des fonds structurels).
- Création d'un nouvel objectif 2 : il sera consacré à la reconversion économique et sociale. Il regroupera l'action en faveur des autres régions en proie à des difficultés structurelles. Il s'agit de zones en mutation économique (industrie et services) de zones rurales en déclin, et de zones en crises dépendantes de la pêche, ou encore de quartiers urbains en difficulté.
- Création d'un nouvel objectif 3 : son objectif sera de couvrir les régions en dehors des objectifs 1 et 2. Il s'agit d'aider les Etats membres à adapter et moderniser leurs systèmes d'éducation, de formation et d'emploi. Cette adaptation s'impose tant pour des raisons de compétitivité de l'économie que pour des considérations liées à la préservation du modèle européen de société. L'éducation est, en effet un formidable outil d'équité et d'inclusion sociale.

Les initiatives communautaires[1] seront limitées à 3 domaines ou la valeur ajoutée communautaire paraît la plus évidente :

- coopération transfrontalière, transnationale et interrégionale visant à stimuler un aménagement du territoire harmonieux et équilibré,
- développement rural,
- les ressources humaines dans un contexte d'égalité des chances.

Les actions faisant l'objet des autres initiatives communautaires rejoindront les programmes financés au titre des divers objectifs.

Source : extrait issu de "l'Agenda 2000", volume 1 (pour une union plus forte et plus large) p. 18 à 22.

---

1 Les initiatives communautaires sont des instruments spécifiques de la politique structurelle de la Commmunauté que la Commission propose de sa propre initative aux Etats membres (elles sont coordonnées et mises en œuvre sous le contrôle national).

DOCUMENT N° 8

3.1.2. *Le transit communautaire*

3.1.2.1 Le régime de transit communautaire s'applique aux mouvements de marchandises non communautaires sur le territoire des États membres de l'Union européenne. Il s'appliquerait, par exemple, aux deux cas mentionnés ci-dessus. Les opérateurs doivent obligatoirement utiliser le régime de transit communautaire s'ils souhaitent bénéficier des avantages que le transit présente pour de telles opérations.

3.1.2.2. Le code des douanes communautaire, qui remonte à 1992, constitue actuellement la base législative régissant le transit communautaire. Ce texte juridique fondamental est complété par des règles relatives à l'application du code des douanes communautaire et par une série de dispositions administratives et de notes d'interprétation concernant le transit et le document administratif unique (DAU). Le régime de transit communautaire est géré sous la responsabilité de la Commission (et plus particulièrement de la DG XXI), en coopération avec les services douaniers des États membres.

3.1.2.3. Le système repose sur le document T1 (voir page suivante). Il s'agit d'un formulaire en huit exemplaires (qui ne sont pas tous utilisés), sur lequel figurent des informations concernant l'opération de transit (importateur, exportateur, commissionnaire, nature des marchandises, destination, garant, etc.) et qui est validé par le service douanier du bureau où débute l'opération de transit. Le premier exemplaire de ce document est conservé par le bureau de douane de départ; les autres exemplaires accompagnent les marchandises durant l'opération de transit. Le transporteur est tenu de présenter les autres documents et les marchandises au bureau de destination indiqué dans un délai de huit jours. Le bureau de destination vise l'exemplaire 5 du document T1 pour certifier que les marchandises ont été présentées à destination. (Il peut s'agir d'un stockage en entrepôt douanier, d'une réexportation à partir de la Communauté ou, le plus souvent, d'une mise en libre pratique; dans ce dernier cas, les taxes, droits et accises sont acquittés). L'exemplaire 5 du document est ensuite retourné par la poste au bureau de douane où à commencé l'opération de transit. Dès réception de l'exemplaire 5, le bureau de départ le confronte à l'exemplaire 1 qu'il a conservé et "apure" ainsi l'opération de transit.

3.1.2.4. Conformément au principe voulant qu'une personne réponde des droits et taxes suspendus, un "principal obligé" est désigné pour chaque opération de transit. Il s'agit de la personne, généralement le commissionnaire de transport, qui soumet le document au bureau de douane du point de départ, personne contre laquelle les services douaniers se retourneront en cas d'exécution irrégulière (généralement non-achèvement) de l'opération de transit. La responsabilité du principal obligé à l'égard des autorités douanières couvre le total des taxes et droits d'accises auxquels les marchandises sont soumises dans l'État membre concerné.

3.1.2.5. Afin de rendre effective cette responsabilité juridique, le régime de transit communautaire impose au principal obligé, en cas de transport routier, de fournir aux services douaniers une garantie juridiquement exigible. À l'heure actuelle, cette garantie couvre un montant correspondant à 100 % taxes, droits d'accises et autres prélèvements dus sur le chiffre d'affaires estimé, calculé sur une semaine, du principal obligé fournissant la garantie. Cette estimation est effectuée sur la base de l'activité antérieure du principal obligé et couvre, en principe, les dettes restant à rembourser par tout opérateur à un moment donné. Pour un nombre limité de produits "sensibles" (c'est-à-dire les produits hautement fiscalisés, comme l'alcool, les cigarettes, etc.), le principal obligé est tenu de fournir, pour chaque opération de transit, une garantie spécifique couvrant l'intégralité de la dette potentiellement exigible. Aux fins du présent rapport, les garanties du premier type seront qualifiées de "garanties globales", tandis que les garanties du second type seront appelées garanties "à 100 %". Il existe également une troisième forme de garantie, moins importante dans le contexte du présent rapport, qui se présente sous la forme de certificats couvrant un montant forfaitaire de 7 000 écus.

A BUREAU D'EXPEDITION / D'EXPORTATION / DE DESTINAT

COMMUNAUTE EUROPEENNE

1 6

EXEMPLAIRE POUR LE PAYS D'EXPÉDITION / D'EXPORTATION

EXEMPLAIRE POUR LE PAYS DE DESTINATION

1 DECLARATION

2 Expéditeur/Exportateur — No.

3 Formulaires | 4 List. chargem.

5 Articles | 6 Total des colis | 7 Numero de référence

8 Destinataire — No.

9 Responsable financier — No

10 Pays p. dest. / d. prov | 11 Pays trans- / prod. | 12 Eléments de la valeur | 13 P.A.C.

14 Déclarant/Représentant — No.

15 Pays d'expédition/d'exportation | 15 Code P. exped. expor. a | b | 17 Code P. destinat. a | b

16 Pays d'origine | 17 Pays de destination

18 Identité et nationalité du moyen de transport au départ / à l'arrivée | 19 Ctr. | 20 Conditions de livraison

21 Identité et nationalité du moyen de transport actif franchissant la frontière | 22 Monnaie et montant total facturé | 23 Taux de change | 24 Nature de la transact.

25 Mode transport à la frontière | 26 Mode transport intérieur | 27 Lieu de chargement / déchargement | 28 Données financières et bancaires

29 Bureau de sortie / d'entrée | 30 Localisation des marchandises

1 6

31 Colis et désignation des marchandises — Marques et numéros - No(s) conteneur(s) - Nombre et nature

32 Article No. | 33 Code des marchandises

34 Code P. origine a | b | 35 Masse brute (kg) | 36 Préférence

37 RÉGIME | 38 Masse nette (kg) | 39 Contingent

40 Déclaration sommaire/Document précédent

41 Unités supplémentaires | 42 Prix de l'article | 43 C

44 Mentions spéciales/ Documents produits/ Certificats et autorisations

Code M.S. | 45 Ajustement

46 Valeur statistique

47 Calcul des impositions

Type	Base d'imposition	Quotité	Montant	MP
		Total :		

48 Report de paiement | 49 Identification de l'entrepôt

B DONNEES COMPTABLES

50 Principal obligé — No. — Signature :

C BUREAU DE DEPART

représenté par

Lieu et date :

51 Bureaux de passage prévus (et pays)

52 Garantie non valable pour — Code | 53 Bureau de destination (et pays)

D/J CONTRÔLE PAR LE BUREAU DE DEPART / DE DESTINATION — Cachet

Résultat :

Scellés apposés : Nombre

marques :

Délai (date limite) :

Signature :

54 Lieu et date

Signature et nom du déclarant/représentant

3.1.2.6 Récemment, la Commission a considérablement renforcé les exigences en matière de garantie liées au transit. La garantie de 100% pour les marchandises sensibles a été introduite, à titre de mesure temporaire, en février 1996 et, le 25 octobre 1996, le montant de la garantie globale a été relevé de 30% à 100% des taxes dues sur le chiffre d'affaires estimé, calculé sur une semaine. Il est à noter que le relèvement de la garantie globale permet des exceptions pour les sociétés "de bonne foi" présentant de bons antécédents. (Les problèmes, nombreux, que soulève cette disposition sont examinés plus loin - voir notamment paragraphe 12.5.5.6.).

3.1.2.7. Le régime de transit communautaire requiert certes du principal obligé qu'il notifie dès le début de l'opération le point de destination au bureau de douane de départ, mais il n'interdit pas, à l'heure actuelle, de modifier le bureau de destination au cours de l'acheminement des marchandises. Ce changement de destination ne doit pas nécessairement être communiqué aux autorités. De même, il n'existe aucune obligation générale, pour le transporteur, d'utiliser un itinéraire précis entre les bureaux de départ et de destination. Néanmoins, la Commission a récemment introduit des dispositions, s'appliquant aux produits sensibles, qui autorisent le bureau de départ à fixer un itinéraire contraignant pour une expédition et qui suppriment la possibilité de modifier le bureau de destination sans l'autorisation expresse du bureau de douane de départ .

3.1.3. *Le transit commun*

3.1.3.1. Le régime de transit commun s'apparente étroitement au régime de transit communautaire. Il repose sur les mêmes documents et procédures, est soumis à des règles (pratiquement) identiques et comporte un régime de garanties comparable. Il diffère cependant du transit communautaire à trois principaux égards:

- il s'applique aux opérations impliquant les pays de l'UE plus les pays de l'AELE et/ou les pays du groupe de Visegrad*;
- il n'est pas obligatoire (le régime TIR peut être utilisé comme alternative);
- il est juridiquement fondé sur une convention internationale et non sur un règlement interne de l'UE.

3.1.3.2. Le régime de transit commun a été instauré entre la Communauté et l'AELE par une convention signée le 20 mai 1987 et il a ensuite été étendu aux pays de Visegrad, avec effet au 1er juillet 1996 . Il est géré par une commission mixte composée des chefs des administrations douanières des parties contractantes. Cet organe est habilité à prendre des décisions d'ordre pratique mais, pour toute décision affectant la convention elle-même, il doit en référer aux États contractants en vue d'une décision consensuelle.

3.1.3.3. La Communauté en tant que telle est partie à la convention et, dès lors, exerce une grande influence sur le processus décisionnel; néanmoins, toutes les parties contractantes disposent d'un droit de veto pour toute modification de la convention et de ses règles . Dans la pratique, les règles et procédures du transit commun sont étroitement alignées sur celles du transit communautaire étant donné que toute différence entre les deux régimes irait manifestement à l'encontre de l'objet de la convention, qui est d'établir des règles communes.

C'est ainsi que les règles régissant les garanties pour les produits sensibles ont été étendues au régime de transit commun au cours de l'été 1996.

3.1.4. *La convention TIR*

3.1.4.1. Le régime TIR (TIR: transports internationaux routiers) repose également sur une convention internationale qui a été signée le 14 novembre 1975. À l'heure actuelle, 58 pays sont parties à cette convention.

3.1.4.2. Le régime TIR repose sur un document, le "carnet TIR", qui est imprimé et distribué par l'Union internationale des transports routiers (IRU) établie à Genève en vue de sa remise aux utilisateurs par les associations garantes nationales habilitées à cet effet par les administrations des parties contractantes. L'IRU et ces associations garantes sont responsables du bon fonctionnement courant des aspects commerciaux du régime TIR ainsi que du fonctionnement des accords de garantie. En termes formels, le régime douanier est géré par les administrations douanières des parties contractantes et la convention TIR est gérée par le comité administratif TIR composé des parties contractantes, qui statue à la majorité qualifiée. Les aspects techniques relèvent d'un groupe de travail CEE (Commission économique pour l'Europe)/NU, le "GT30", qui fait rapport au comité des transports intérieurs de la CEE/NU. La procédure d'amendement selon laquelle une partie contractante ne peut formuler d'objection que pour rejeter les amendements ainsi convenus signifie que, dans la pratique, l'unanimité est requise.

3.1.4.3. Le système TIR présente un certain nombre de similitudes avec les régimes de transit communautaire et commun. Le carnet TIR se compose d'une série de feuillets comprenant un exemplaire 1 et un exemplaire 2, sur lesquels figurent toutes les informations nécessaires, une paire d'exemplaires étant utilisée pour chaque territoire traversé. Au début de l'opération, le premier feuillet est déposé auprès du bureau de douane de départ; l'"apurement" intervient dès le retour de la première copie en provenance du bureau de douane de sortie situé sur le même territoire douanier. Cette procédure se répète pour chaque territoire traversé, en utilisant les différentes paires de copies provenant du même carnet.

3.1.4.4. Aux fins d'application de la convention TIR, l'Union européenne constitue un seul et unique territoire douanier. Le système requiert dès lors, de manière analogue au transit communautaire, que, au sein de l'UE, le bureau de douane de destination finale ou de sortie retourne un document au bureau de douane de départ ou d'entrée sur le territoire de l'Union. La différence fondamentale entre les deux systèmes tient au fait que le transport peut commencer ou se terminer dans l'un quelconque des 58 États contractants, s'agissant même d'un pays aussi éloigné que le Kirghizistan.

3.1.4.5. Cependant, les régimes de garantie du système TIR sont foncièrement différents de ceux du transit communautaire. Chaque carnet TIR est un document de cautionnement qui donne lieu à une garantie de 50 000 dollars par chargement. Un carnet spécial tabac /alcool (qui n'existe plus) a été introduit en 1993 pour les transports de tabac et d'alcool, la limite de garantie étant relevée à 200.000 dollars par carnet. Le carnet TIR est délivré par l'association garante du pays de départ, la garantie fournie étant couverte par l'IRU et par un pool

d'assurances en Suisse. Par conséquent, le système de garantie du régime TIR est un système *centralisé*, portant sur un montant limité, qui dépend de la présence d'un document de cautionnement. La délivrance des carnets TIR fait dès lors l'objet d'un contrôle plus étroit que les documents T1 et est théoriquement limitée aux transporteurs qui sont capables de fournir des garanties de fiabilité et dont les véhicules répondent à certaines normes minimales, notamment en matière de sécurité.

Source : Rapport de la Commission d'enquête sur le transit communautai
20.02.1997 - Volume 1 page 27 et suivantes - PE 220 - 895

DOCUMENT N° 9

JOURNAL OFFICIEL DE LA REPUBLIQUE FRANCAISE.
12 mai 1996 page 7140.
Decret n° 96-389 du 10 mai 1996.

Instituant une commission interministérielle de coordination des contrôles sur les opérations et les bénéficiaires et redevables relevant de la section Garantie du Fonds européen d'orientation et de garantie agricole.

Le Premier ministre,

Vu le règlement (CEE) n° 729/70 du Conseil relatif au financement de la politique agricole commune, et notamment ses articles 8 et 9 ;

Vu le règlement (CEE) n° 4045/89 du Conseil relatif aux contrôles, par les Etats membres, des opérations faisant partie du système de financement par le Fonds européen d'orientation et de garantie agricole, section Garantie, et abrogeant la direction 77/435/CEE ;

Vu le règlement (CEE) n° 2048/89 portant règles générales relatives aux contrôles dans le secteur viti-vinicole ;

Vu le règlement (CEE) n° 595/91 concernant les irrégularités et la récupération des sommes indûment versées dans le cadre du financement de la politique agricole commune ainsi que l'organisation d'un système d'information dans ce domaine et abrogeant le règlement (CEE) n° 283/72 ;

Vu le règlement (CEE) n° 3508/92 établissant un système intégré de gestion et de contrôle relatif à certains régimes d'aides communautaires,

Décrète :

Art. 1er. - Il est institué une commission de coordination des contrôles sur les opérations et les bénéficiaires ou redevables relevant de la section Garantie du Fonds européen d'orientation et de garantie agricole (F.E.O.G.A.).

Art. 2. - Cette commission est placée sous l'autorité des ministres chargés respectivement du budget et de l'agriculture. Elle est ainsi composée :

- un inspecteur général des finances désigné pour une durée de trois ans par le ministre chargé de l'économie et des finances ;

- un inspecteur général de l'agriculture désigné pour une durée de trois ans par le ministre chargé de l'agriculture ;

- le secrétaire général du comité interministériel pour les questions de coopération économique européenne (S.G.C.I.) ou son représentant ;

- le directeur général des douanes et droits indirects ou son représentant ;

- le directeur général de la consommation, de la concurrence et de la répression des fraudes ou son représentant ;

- le directeur du budget ou son représentant ;

- le directeur des relations économiques extérieures ou son représentant ;

- le directeur de la production et des échanges du ministère chargé de l'agriculture ou son représentant ;

- le directeur général de l'alimentation du ministère chargé de l'agriculture ou son représentant ;

- le directeur général de l'administration du ministère de l'agriculture ou son représentant ;

- le directeur des affaires financières et économiques du ministère chargé de l'agriculture ou son représentant ;

- le chef de la mission de contrôle économique et financier auprès des organismes d'intervention de l'agriculture et de la pêche ou son représentant.

Le directeur de la comptabilité publique, le directeur des pêches maritimes, le directeur des affaires économiques au ministère chargé de l'outre-mer ou leurs représentants participent aux travaux de la commission lorsque celle-ci traite des affaires relevant de leurs compétences respectives.

Peuvent participer à ses travaux un magistrat de la Cour des comptes ainsi que le directeur des affaires criminelles et des grâces au ministère de la justice ou son représentant. Ce dernier assiste notamment la commission pour l'appréciation des éléments d'intentionnalité des manquements.

La commission peut associer à titre consultatif à ses travaux tout autre fonctionnaire et les directeurs des organismes d'intervention agricole et organismes payeurs ou leurs représentants.

Art. 3. - La présidence de la commission est assurée par l'inspecteur général des finances et, en son absence, par l'inspecteur général de l'agriculture.

La commission peut organiser ses travaux dans le cadre de formations sectorielles spécialisées.

Le bureau de la commission se compose du président et du vice-président, des représentants : du S.G.C.I., de la direction de la production et des échanges du ministère chargé de l'agriculture, de la direction du budget, de la direction générale des douanes et droits indirects, de la direction générale de la consommation, de la concurrence et de la répression des fraudes, et du secrétariat de la commission.

Le bureau prépare les délibérations de la commission. Il est consulté sur les questions relevant de la compétence de la commission dans l'intervalle des réunions de celle-ci.

Le secrétariat de la commission fonctionne sous l'autorité du président. Il est assuré par l'Agence centrale des organismes d'intervention dans le secteur agricole (Acofa).

Art. 4. - La commission coordonne les dispositifs de contrôle.

A ce titre :

Elle définit la politique générale et les orientations des contrôles et se prononce sur leur organisation d'ensemble, leur méthodologie et leur intensité, dans le respect des compétences des administrations et organismes concernés ;

Elle suit l'établissement et l'exécution des programmes de vérification ;

Elle est informée des résultats des contrôles, des irrégularités relevées et des sanctions appliquées par les autorités compétentes ;

Elle s'assure de la cohérence des suites données aux contrôles par les autorités compétentes et vérifie leur exécution. Elle veille tout particulièrement au recouvrement des sommes indûment versées et des prélèvements indûment éludés au titre de la section Garantie du F.E.O.G.A.

Dans le cas où les dispositions communautaires prévoient une instance nationale de coordination des contrôles, ce rôle peut être exercé par la commission. A ce titre, elle constitue notamment le service spécifique visé à l'article 11 du règlement (CEE) n° 4045/89 susvisé et l'instance de contact définie à l'article 2 du règlement (CEE) n° 2048/89 susvisé.

La commission suit également l'application du règlement (CEE) n° 595/91 susvisé.

Art. 5. - La commission peut être chargée du suivi des contrôles de second niveau destinés à examiner les procédures de contrôle des dépenses relevant de la section Garantie du F.E.O.G.A. mises en oeuvre par les services qui en ont la charge. Ces contrôles sont alors réalisés par les corps d'inspection du ministère de l'économie et des finances et du ministère de l'agriculture, de la pêche et de l'alimentation.

Art. 6. - La commission rend compte de ses activités aux ministres chargés respectivement du budget et de l'agriculture ainsi qu'au S.G.C.I.

Elle émet tous avis et propositions tendant à l'amélioration de l'efficacité des mesures relevant de ses compétences.

Art. 7. - Le décret du 27 avril 1981 relatif à l'institution d'une commission interministérielle de coordination des contrôles sur les bénéficiaires ou redevables de la section Garantie du Fonds européen d'orientation et de garantie agricole est abrogé.

Art. 8. - Le garde des sceaux, ministre de la justice, le ministre de l'économie et des finances, le ministre de l'agriculture, de la pêche et de l'alimentation et le ministre délégué au budget, porte-parole du Gouvernement, sont chargés, chacun en ce qui le concerne, de l'exécution du présent décret, qui sera publié au Journal officiel de la République française.

Fait à Paris, le 10 mai 1996.

Source : JO de la République Française du 12 Mai 1996 pages 7 140 et

DOCUMENT N° 10

ANNEXE

DOMAINES DE CONTRÔLE PRÉVUS À L'ARTICLE 3 PARAGRAPHE 1

— Déclarations de récolte, production et stock

— Détention et commercialisation des produits viti-vinicoles qui ne sont pas conditionnés, y compris l'établissement et l'utilisation des documents accompagnant les transports ainsi que la tenue de registres

— Destination et utilisation des moûts de raisins concentrés, rectifiés ou non, bénéficiant d'aides

— Arrachage, replantation et plantation nouvelle

— Titre alcoométrique volumique naturel des raisins mis en œuvre pour la vinification

— Vérification des matières premières utilisées pour l'élaboration de vins

— Pratiques oenologiques, y compris la détention et la commercialisation des produits utilisés pour le traitement des produits du secteur viti-vinicole

— Destination des vins issus de raisins de variétés figurant dans le classement en tant que variétés autres que les raisins de cuve

— Enrichissement des raisins, des moûts et des vins ainsi que détention et commercialisation du saccharose, du moût de raisins concentré et du moût de raisins concentré rectifié

— Élaboration de moût de raisins concentré et de moût de raisins concentré rectifié, y compris la production de la matière de base mise en œuvre

— Détention, commercialisation, distillation et destruction des sous-produits de la vinification

— Distillation et stockage des produits faisant l'objet d'une aide

— Vérification de la composition des produits viticoles

— Mise à jour du casier viticole

— Désignation et présentation des produits du secteur viti-vinicole

Source : Règlement N° 2048/89 du Conseil du 19.06.1989 portant règles générales relatives aux contrôles dans le secteur Viti-Vinicole.
JOCE L 202 du 14.07.1989

DOCUMENT N° 11

CONTROLES ENVISAGES PAR LES ETATS MEMBRES DANS LE CADRE DU REGLEMENT N° 4045/89

Entreprises à contrôler

	Nombre envisagé à contrôler	Catégorie		
		>200.000 ECU	> 10.000 et <200.000 ECU	<10.000 ECU
B	241	168	73	–
D	1137	474	569	94
DK	342	126	117	99
EL	310	270	40	–
ES	468	251	216	1
F	1092	652	440	–
IRL	110	69	41	–
I	1466	1184	282	–
L	4	3	1	–
NL	298	192	106	–
P	45	35	10	–
UK	638	440	196	2
Total	6151	3864	2091	196
%	100	63	34	3

Source : Rapport de l'UCLAF du 26 Mai 1992 page 49

DOCUMENT N° 12
Les VOIES DE DROIT (principales caractéristiques)

Le recours en annulation (article 173 et 174 du traité CE)

Cette voie de droit consiste à contrôler la légalité des actes des institutions (autres que les recommandations et avis), c'est-à-dire les règlements, directives et décisions et autres actes créateur de droit du Conseil et de la Commission. Le recours contre les délibérations du PE, bien que non prévu à l'article 173 du traité CE, dans sa version originale, a été consacré par la Cour de justice (*CJCE* du 23 avril 1986, AFF. 294/83, Rec p. 1357, il doit s'agir d'actes comportant des effets juridiques vis-à-vis des tiers). Le traité de Maastricht a entériné cette jurisprudence et a étendu le recours aux actes adoptés conjointement par le Conseil et le PE (dans le cadre de la codécision), ainsi qu'aux actes de la Banque centrale européenne.

Les requérants "privilégiés" sont les Etats membres, le Conseil et la Commission. Ils n'ont pas à établir un intérêt à agir, celui-ci étant toujours présumé. Le traité de Maastricht (celui-ci entérinant une jurisprudence de la Cour de Justice, arrêt du 22 mai 1990, AFF. C 70/88 , Rec. I p. 2041) a introduit une nouvelle disposition au sein de l'article 173 du traité CE selon laquelle le Parlement européen peut utiliser le recours en annulation pour la sauvegarde de ses prérogatives (La Banque centrale européenne peut également utiliser cette voie de droit dans des conditions similaires au PE).

Quant aux personnes physiques et morales, elles peuvent former un recours contre les décisions dont elles sont les destinataires et contre les décisions qui bien que prises sous l'apparence d'un règlement ou d'une décision adressée à une autre personne, les concernent "directement et individuellement" (Ces deux conditions restrictives ont donné lieu à une jurisprudence abondante, *cf.* arrêt du 22 juillet 1963, AFF 25/62, PLAUMANN, Rec. p. 197 ; arrêt du 26 avril 1988, AFF. 97/86, Asteris p. 2181).

On relève 4 moyens d'annulation : l'incompétence, la violation des formes substantielles[1] (non respect par exemple des avis et consultations expressément prévus par les textes ou motivation insuffisante des actes de droit dérivé), la violation du traité ou de toute règle de droit relative à son application, le détournement de pouvoir (il s'agit d'une hypothèse comme en droit français où l'autorité communautaire accomplit un acte de sa compétence mais en vue d'un but autre que celui pour lequel l'acte pouvait être légalement accompli).

Si la Cour juge le recours recevable et fondé, les effets juridiques de l'acte sont anéantis à partir du moment où l'acte a été édicté. Toutefois, la Cour peut moduler les effets de l'annulation (en ce qui concerne les règlements, elle indique si elle l'estime nécessaire, ceux des effets du règlement annulé qui doivent être considérés comme définitifs, article 174, alinéa 2 du traité CE).

Le recours en manquement (article 169 à 171 du traité CE)

Il s'agit d'une procédure destinée à faire constater qu'un Etat membre a manqué aux obligations qui lui incombent en vertu du droit communautaire (violation : des dispositions du traité, des actes pris par les institutions de la Communauté, des arrêts de la Cour de Justice, des accords externes conclus par la Communauté et des droits fondamentaux). Les manquements des Etats peuvent résulter aussi bien d'un acte positif, d'une abstention d'agir, d'une omission, d'un comportement fautif[2]. Le recours peut être introduit à

---

1 L'incompétence et la violation des formes substantielles sont considérées comme un moyen d'ordre public (c'est-à-dire que ce moyen est examiné d'office même si il n'est pas soulevé par les parties).

2 Toute personne physique ou morale (citoyen, entreprise, association, Etat membre) peut déposer plainte auprès de la Commission européenne qu'elle soit ou non lésée directement ou indirectement par le manquement d'un Etat membre. Les conditions de recevabilité de la plainte sont d'une grande souplesse. Le plaignant doit faire par écrit état d'un manquement à une disposition du droit communautaire, il n'est pas indispensable de prouver le manquement (des formulaires de plaintes sont disponibles auprès des bureaux de presse et d'information de la Commission dans les Etats membres : 288 boulevard St Germain, 75007 Paris, Tél. 01.40.63.38.00. Des

l'initiative de la Commission (article 169) ou des Etats membres (article 170 CE). La saisine de la Cour est précédée d'une procédure précontentieuse conduite par la Commission (mise en demeure et avis motivé). La Cour constate l'existence ou l'inexistence du manquement. Dans cette première hypothèse, l'arrêt de manquement a autorité de chose jugée vis-à-vis de l'Etat condamné (et vis-à-vis des juridictions et autorités nationales de l'Etat condamné). L'inexécution des arrêts constatant un manquement devenant une occurrence de plus en plus fréquente, le traité de Maastricht a institué une nouvelle procédure de manquement sur manquement (article 171-alinéa 2 du traité CE). Désormais, la Cour de justice possède le pouvoir d'assortir la constatation de l'inexécution d'un précédent arrêt de manquement d'une sanction financière.

Le recours en carence (article 175 du traité CE)

Il a pour objet de faire sanctionner l'inertie d'une institution (Commission, Conseil, Parlement). Il faut que cette abstention constitue une violation des règles du traité.

Les requérants privilégiés sont les Etats membres et l'ensemble des institutions de la Communauté (La Cour de justice a confirmé que le Parlement était recevable à employer le recours en carence, CJCE, 22 mai 1987, Parlement c/ Conseil, Aff. 13/83, Rec. p. 1513).

Les autres requérants sont les personnes physiques et morales . Pour que celles-ci puissent agir, il faut que l'une des institutions ait manqué d'adresser au requérant un acte autre qu'une recommandation ou avis (le requérant doit être concerné directement et individuellement par l'acte qui fait défaut).

Le recours en carence ne peut être déposé que si l'institution en cause a été préalablement invitée à agir par une mise en demeure motivée en indiquant avec précision quelles sont les mesures demandées pour faire cesser la carence.

---

garanties de procédure sont offertes aux citoyens ; ils sont tenus informés des suites données par la Commission, ils peuvent également à tout moment contacter les services de la Commission afin de connaître l'état d'avancement de leurs dossiers.

L'arrêt constatant la carence impose à l'institution de prendre les mesures nécessaires pour faire cesser la carence.

Le renvoi préjudiciel (article 177 du traité CE)

Le renvoi préjudiciel a pour objet l'interprétation des traités ou l'appréciation de validité et l'interprétation des actes pris par les institutions de la Communauté et par la BCE (Banque Centrale Européenne); Il permet aux juridictions nationales qui ont à appliquer le droit communautaire à un litige, de suspendre la procédure et d'interroger la Cour sur l'interprétation ou la validité d'une norme communautaire. Cette procédure qui n'est pas contentieuse (le juge communautaire ne tranche pas un litige, il ne donne qu'une indication au juge national), a pour finalité d'assurer l'unité et l'uniformité du droit communautaire au niveau de l'application qui en est faite par les juridictions nationales..

Seules les juridictions des Etats membres ont qualité pour saisir la Cour d'une question préjudicielle.

Quant à l'obligation de renvoi -dans le recours en interprétation, le renvoi n'est qu'une faculté pour la juridiction des Etats membres ne statuant qu'en premier ressort ; par contre elle s'impose aux juridictions dont les décisions ne sont pas susceptibles d'un recours juridictionnel de droit interne (en France : le Conseil d'Etat, la Cour de cassation).

- dans le recours en appréciation de validité, la Cour de justice a décidé que si aucun juge national ne peut déclaré invalide un acte institutionnel, les juges nationaux pour lesquels le renvoi est facultatif peuvent examiner la validité d'un acte communautaire et s'ils n'estiment pas fondé les moyens d'invalidité que les parties invoquent devant eux, rejeter ces moyens en concluant que l'acte est pleinement valide (*CJCE* du 22 octobre 1987, AFF. 314/85, FOTO-FROST Rec. p. 4199).

Les décisions préjudicielles de la Cour lient les tribunaux nationaux (la décision d'interprétation s'impose à l'ensemble des juridictions de la Communauté, la règle interprétée doit être appliquée par tous les juges même à des rapports juridiques nés et constitués avant l'arrêt ; la décision constatant l'invalidité bien qu'elle ne soit adressée directement qu'au juge qui a saisi la Cour constitue une raison suffisante pour tout autre juge de considérer cet acte comme non valide pour le besoin d'une décision qu'il doit rendre (*CJCE* du 13 mai 1981, Aff. 66/80 International Chemical Company, Rec. P. 1191).

Dans le cadre de la procédure préjudicielle, la Cour a rendu des arrêts particulièrement importants pour l'évolution du droit communautaire tels que les arrêts sur la libre circulation et commercialisation des marchandises (*CJCE* "Cassis de Dijon" cf. Titre I note 4) sur la garantie des droits fondamentaux (*CJCE* "internationale Handelsgesellschaft", cf. Titre II, note 6) sur la primauté du droit communautaire (*CJCE* "costa c/Enel", cf. Titre I, note 8).

DOCUMENT N° 13

FEOGA - GARANTIE : ANNEE 1992
IRREGULARITES COMMUNIQUEES ET SITUATION DE LA RECUPERATION DEPUIS L'ORIGINE
(NOMBRE DE CAS ET MONTANTS)

TAUX D'ECU DE L'ANNEE 1992

Année de constatation Secteurs	< 1985		1985		1986		1987		1988		1989		1990		1991		1992		TOTAL	
	A	B	A	B	A	B	A	B	A	B	A	B	A	B	A	B	A	B	A	B
10 CEREALES ET RIZ	* 192 ** 16,362	* 124 **7,999	8 0,030	6 0,030	8 0,896	6 0,893	16 0,166	8 0,100	11 1,532	5 0,027	43 1,113	16 0,401	34 1,750	16 0,258	48 77,151	10 0,193	100 7,368	32 1,886	460 106,369	223 11,788
11 SUCRE ET ISOGLUCOSE	9 0,353	4 0,050	12 0,941	11 0,161	6 0,044	8 0,046	6 0,048	5 0,046	7 0,106	5 0,105	25 0,976	21 0,956	21 0,454	20 0,399	16 0,327	13 0,290	33 1,195	19 0,773	135 4,443	104 2,825
12 MATIERES GRASSES	36 0,639	21 0,271	27 7,464	3 0,015	18 3,754	4 0,044	73 8,992	4 0,147	5 0,115	3 0,008	129 44,057	31 1,105	82 30,390	20 1,640	34 13,977	6 1,257	369 75,188	55 1,264	773 184,577	147 5,751
13 PROTEAGINEUX	2 0,169	1 0,138	3 0,086	3 0,086			8 0,081	2 0,022	12 0,174	8 0,115	20 2,096	9 0,800	25 2,718	18 0,961	39 3,138	25 2,486	67 4,756	28 1,192	176 13,213	94 5,598
14 PLANTES TEXTILES, V.S.	1 0,003	1 0,003											2 0,325				15 0,004		18 0,332	1 0,003
15 FRUITS ET LEGUMES	82 27,152	15 2,071	11 4,707	1 0,033	32 8,485	10 0,504	61 61,433	5 0,252	72 89,729	21 1,572	31 31,193	6 0,501	41 40,515	12 0,343	38 17,916	4 0,809	27 6,969	5 0,364	375 288,098	79 6,449
16 PROD. SECTEUR VITI-VIN	32 0,221	22 0,213	48 0,292	29 0,067	57 0,405	34 0,187	48 0,807	40 0,735	18 0,336	14 0,223	39 0,621	35 0,539	36 0,455	28 0,211	27 0,281	22 0,276	3 0,056	1 0,025	308 3,476	225 2,477
17 TABAC	1 0,003						2 0,056				4 0,429				2 0,067		4 0		13 0,555	
18 AUTRES SECTEURS AGRI.	5 0,012	5 0,012			4 0,009	4 0,009	7 0,055	7 0,055			1 0,003				2 0,066		4 0,886		23 1,032	16 0,075

* : nombre de cas.
** : Montants en Mio d'écus
A : cas communiqués
B : récupérations

Source : Rapport annuel de la Commission sur la lutte contre la fraude - 20.04.1993 page 62 - COM (93) 141 FINAL

BIBLIOGRAPHIE

TITRE I

• Ouvrages
- BLUMANN Claude
  Politique agricole commune, Litec, 1996.
- BOURRINET Jacques (sous la direction de)
  Les relations Communauté européenne-Etats-Unis, Paris, Economica, 1987.
- "La crise du marché commun agricole", *in La CEE en crise (Etudes juridiques et économiques)*, Paris, Economica, 1982.
- DEBATISSE Michel
  Agriculture, Paris, Economica, 1980.
- DRUESNE Gérard
  Droit et politiques de la Communauté et de l'Union européene, 3è édition, Paris, PUF, 1995.
- *ENTRE convergences et intérêts nationaux : L'Europe -chapitre 10- la PAC*, Presse de la Fondation nationalede sciences politiques, 1994.
- GUESDON J.C. et CHOTTEAU P.
  Vaches d'Europe, Paris, Economica, 1995.
- MOUSSIS Nicolas
  Manuel de l'Union européenne, 3è édition, EDITEUR, 1996.
- OLMI Giancarlo
  Politique agricole commune, Commentaire Mégret, Editions de l'Université de Bruxelles, 1991.
- *POLITIQUE (Une) agricole commune pour les années 1990*, La Documentation européenne, 1989.
- RAUX Jean (sous la direction de)
  Politique agricole commune et construction communautaire, Paris, Economica, 1984.
- TEULON Frédéric
  La politique agricole commune, Coll. Que sais-je ?, n° 2568, Paris, PUF, 1991.

• Revues et rapports
- "AGENDA 2000", volume 1 (Pour une Union plus forte et plus large) et volume 2 (Le défi de l'élargissement), 15 juillet 1997, *COM (97) 2000 Final.*
- BLUMANN Claude
"La réforme de la PAC", *Revue trimestrielle de droit européen*, avril-juin 1993.
- BLUMANN Claude
"Règles générales du marché commun agricole", *Juris-Classeur Europe*, Fascicule 1310.
- CARREAU Dominique
"Le système agro-monétaire de la Communauté économique européenne", *Revue trimestrielle de droit européen*, décembre 1979.
- CLOOS Jim et MARGUE Tung-Laï
"Les négociations agricoles de l'Uruguay Round", *RMC*, mars 1994, n° 376.
- DEFALQUE Lucette
"Les régimes juridiques des certificats d'importation, d'exportation et de préfixation", *Revue trimestrielle de droit européen*, 1984, n° 1
- "Evolution et avenir de la politique agricole commune", *Bulletin des Communautés européennes*, supplément 5/91.
- HOGUET Patrick
"Rapport d'information de l'Assemblée nationale n° 1066 sur les résultats du cycle d'Uruguay Round", 1994.
- "NOUVELLE (La) réglementation des marchés agricoles, Vademecum, *L'Europe verte*, 1/93.
- "PROJET du 26è rapport financier du FEOGA-garantie (exercice 1996)", *COM (97) 589 Final.*
- RAPPORT d'information du Sénat n° 354 sur la mise en œuvre du règlement n° 2200/96 du Conseil du 28 octobre 1996 portant organisation commune des marchés dans le secteur des fruits et légumes".
- "Rapports annuels sur la situation de l'agriculture dans l'Union européenne", des années 1985 à 1996.
- "REFORME (La) de la PAC", *Les dossiers de la PAC*, Ministère de l'Agriculture et de la Forêt, décembre 1990.
- "REFORME (La) de la PAC", *Bulletin d'information du Ministère de l'Agriculture et de la Forêt*, 24 juillet 1992, n° 1392.

- ROSSETTO Jean
"Le régime juridique des échanges extra-communautaires", *Juris-Classeur Europe*, Fascicule 1312.
- WISCARDINI Dona
"La politique agricole commune et sa réforme", *Revue du marché unique européen*, Première partie : 3/1992 et deuxième partie : 3/1993.

TITRES II et III

• Ouvrages

- *CORPUS Juris portant dispositions pénales pour la protection des intérêts financiers de l'Union européenne*, Paris, Economica, 1997.
- DELMAS-MARTY Mireille (sous la direction de)
Quelle politique pénale pour l'Europe, Actes du colloque de Royaumont, Paris, Economica, 1993.
- *FINANCES (Les) publiques de l'Union européenne*, Office des publications officielles des Communautés européennes, 1995.
- ORSONI Gilbert
La Cour des comptes européenne, Paris, Economica, 1983.
- *PROTECTION (La) juridique des intérêts financiers de la Communauté*, Actes du séminaire organisé par le service juridique de la Commission, Bruxelles, novembre 1989.
- VERVAELE John A.E.
Fraude communautaire et droit pénal des affaires, Paris, PUF, 1994.

• Revues et rapports

- CATALA Nicole
"Lutter contre la fraude : un impératif pour la Communauté", *Rapport d'information de l'Assemblée nationale*, n° 1948, 1995.
- FLAESCH-MOUGIN
"La CEE et la lutte contre la fraude au détriment du budget communautaire", *Cahiers de droit européen*, 1983, p. 394 et s.
- DE ANGELIS Francesco et SICURELLA Rosaria
"Vers un espace judiciaire européen", *Revue du marché unique européen*, 1997-1.

- DIDIER Edouard et GRANGE Joël
"les preuves d'arrivée à destination finale", *Les petites affiches*, 9 juillet 1993.
- EPPE Franz
"Le règlement 'Liste noire' ", *Revue du Marché commun et de l'Union européenne*, décembre 1996, n° 403.
- FAUCHERAND Pierre
"La lutte contre la fraude douanière : un impératif pour l'Union européenne", *Revue du marché unique européen*, 1995, n° 1.
- FINKELSTEIN G.
"Remarques sur l'harmonisation européenne des contrôles douaniers", *Revue de droit rural*, juin-juillet 1991, n° 194.
- GAUTIER Yves et RIGAUX Anne
"Deux nouveaux instruments visant à la protection des intérêts financiers des Communautés européennes", *Revue Europe*, mars 1996.
- GOYBET Catherine
"La fraude au budget communautaire", *RMC*, mai 1995, n° 388.
- HAGUENEAU Catherine
"Sanctions pénales destinées à assurer le respect du droit communautairre, *RMC*, avril 1993, n° 367.
- LABAYLE Henri
"La protection des intérêts financiers de la Communauté", *Revue Europe*, mars 1995.
- "LUTTE contre les fraudes au détriment du Fonds agricole", *L'Europe verte*, 1982, n° 193.
- MYARD Jacques
"Combattre la fraude : un défi pour les Quinze", *Rapport d'information de l'Assemblée nationale*, n° 2803.
- PETIT Yves
"La réforme de la procédure d'apurement des comptes du FEOGA section Garantie : un coup d'épée dans l'eau ?, *Revue Europe*, août-septembre 1996.
- RAPPORT annuel de la Cour des comptes des Communautés européennes (exercices 1986 à 1996).
- RAPPORT annuel de l'Uclaf (années 1991 à 1996).
- RAPPORT général sur l'activité de l'Union européenne (de 1990 à 1996).

- RAPPORTS spéciaux de la Cour des comptes des Communautés européennes consacrés au FEOGA-garantie.
- SICURELLA Rosaria
"Un Corpus Juris pour la protection des intérêts financiers de l'Union européenne", *Les petites affiches*, 16 juin 1997.
- VERVAELE John A.E
"La Communauté économique européenne face à la fraude communautaire. Vers un espace pénal communautaire", Revue de science criminelle, janvier-mars 1990, p. 29 et s.
- VERVAELE John A.E
"La lutte contre la fraude communautaire : une mise à l'épreuve de la loyauté communautaire des Etats membres", *Revue de droit pénal et de criminologie*, 1991, p. 569.

• Principaux règlements cités
- Règlement n° 729/70 du Conseil relatif au financement de la PAC, *JOCE* L 94 du 28 avril 1970.
- Règlement n° 2048/89 du Conseil portant règles générales relatives aux contrôles dans le secteur viti-vinicole, *JOCE* L 201 du 14 juillet 1989.
- Règlement n° 4045/89 du Conseil relatif aux contrôles par les Etats membres des opérations faisant partie du système de financement par le FEOGA section garantie et abrogeant la directive 77/435/CEE, *JOCE* L 388 du 30 décembre 1989.
- Règlement n° 386/90 du Conseil relatif au contrôle lors de l'exportation de produits agricoles bénéficiant d'une restitution ou d'autres montants, *JOCE* L 42 du 16 février 1990.
- Règlement n° 307/91 du Conseil relatif au renforcement des contrôles de certaines dépenses à la charge du FEOGA section garantie, *JOCE* L 37 du 9 février 1991.
- Règlement n° 595/91 du Conseil concernant les irrégularités et la récupération des sommes indûment versées dans le cadre du financement de la PAC ainsi que l'organisation d'un système d'information dans ce domaine et abrogeant le règlement n° 283/72, *JOCE* L 67 du 14 mars 1991.
- Règlement n° 3508/92 du Conseil établissant un système intégré de gestion et de contrôle relatif à certains régimes d'aides communautaires, *JOCE* L 355 du 5 décembre 1992.
- Règlement n° 3887 de la Commission portant modalités d'application du système intégré de gestion et de contrôle

relatif à certains régimes d'aides communautaires, *JOCE* L 391 du 31 décembre 1992.

- Règlement n° 163/94 du Conseil modifiant le règlement n° 386/90 relatif au contrôle lors de l'exportation de produits agricoles bénéficiant d'une restitution, *JOCE* L 24 du 29 janvier 1994.
- Règlement n° 165/94 du Conseil concernant le cofinancement par la Communauté des contrôles par télédétection et modifiant le règlement n° 3508/92 établissant un système intégré de gestion et de contrôle relatif à certains régimes d'aides communautaires, *JOCE* L 24 du 29 janvier 1994.
- Règlement n° 3094/94 du Conseil modifiant le règlement n° 4045 relatif aux contrôles par les Etats membres des opérations faisant partie du système de financement par le FEOGA section garantie *JOCE* L 328 du 20 décembre 1994.
- Règlement n° 3235/94 du Conseil modifiant suite à l'adhésion de l'Autriche, de la Finlande et de la Suède, dans le secteur agricole, plusieurs dispositions prévoyant en faveur de ces nouveaux Etats membres, un cofinancement de certaines actions, *JOCE* L 338 du 28 décembre 1994.
- Règlement n° 1287/95 du Conseil du 22 mai 1995 modifiant le règlement 729/70 relatif au financement de la PAC, *JOCE* L 125 du 8 juin 1995.
- Règlement n° 1469/95 du Conseil relatif aux mesures à prendre à l'égard de bénéficiairres d'opérations financées par le FEOGA section garantie, *JOCE* L 145 du 29 juin 1995.
- Règlement n° 1663 de la Commission du 7 juillet 1995 établissant les modalités d'application du règlement 729/70 en ce qui concerne la procédure d'apurement des comptes du FEOGA section garantie, *JOCE* L 158 du 8 juillet 1995.
- Règlement n° 2221/95 de la Commission portant modalités d'application du règlement n° 386/90 du Conseil en ce qui concerne le contrôle physique lors de l'exportation de produits agricoles bénéficiant d'une restitution, *JOCE* L 224 du 21 septembre 1995.
- Règlement n° 2945/95 de la Commission modifiant le règlement n° 3665/87 portant modalités communes d'application du régime des restitutions à l'exportation pour les produits agricoles en ce qui concerne la récupération de

montants indûment versés et les sanctions, *JOCE* L 310 du 3 décembre 1995.

- Règlement n° 2988/95 du Conseil relatif à la protection des intérêts financiers des Communautés européennes, *JOCE* L 312 du 23 décembre 1995.
- Règlement n° 296/96 de la Commission du 16 février 1996 relatif aux données à transmettre par les Etats membres et à la prise en compte mensuelle des dépenses financées au titre de la section garantie du FEOGA et abrogeant le règlement n° 2776/88.

Règlement n° 2185/96 du Conseil relatif aux contrôles et vérifications sur place effectués par la Commission pour la protection des intérêts financiers des Communautés européennes contre les fraudes et irrégularités, *JOCE* L 292 du 15 novembre 1996.

Règlement n° 515/97 du Conseil relatif à l'assistance mutuelle entre les autorités administratives des Etats membres et à la collaboration entre celles-ci et la Commission en vue d'assurer la bonne application des réglementations douanières et agricoles, *JOCE* L 82 du 22 mars 1997.

TABLE DES MATIERES

TITRE II
FACTEURS ET CHAMP DES IRRÉGULARITES AU SEIN DE LA POLITIQUE AGRICOLE DES MARCHES

TITRE III
LE DISPOSITIF DE LUTTE COMMUNAUTAIRE CONTRE LA FRAUDE AU FEOGA-GARANTIE
(tel qu'il a été instauré à partir de la fin des années 1980)

Collection ***Logiques Juridiques***
dirigée par Gérard MARCOU

Le droit n'est pas seulement un savoir, il est d'abord un ensemble de rapports et pratiques que l'on rencontre dans presque toutes les formes de sociétés. C'est pourquoi il a toujours donné lieu à la fois à une littérature de juristes professionnels, produisant le savoir juridique, et à une littérature sur le droit, produite par des philosophes, des sociologues ou des économistes notamment.
Parce que le domaine du droit s'étend sans cesse et rend de plus en plus souvent nécessaire le recours au savoir juridique spécialisé, même dans des matières où il n'avait jadis qu'une importance secondaire, les ouvrages juridiques à caractère professionnel ou pédagogique dominent l'édition, et ils tendent à réduire la recherche en droit à sa seule dimension positive. A l'inverse de cette tendance, la collection « Logiques juridiques » des Éditions L'Harmattan est ouverte à toutes les approches du droit. Tout en publiant aussi des ouvrages à vocation professionnelle ou pédagogique, elle se fixe avant tout pour but de contribuer à la publication et à la diffusion des recherches en droit, ainsi qu'au dialogue scientifique sur le droit. Comme son nom l'indique, elle se veut plurielle.

Déjà parus

Collectif, *Les droits de l'Homme : universalité et renouveau, 1789-1989*, 1990.
BOUTET Alain , *L'Etat de Droit*, 1991.
SIMON J.-P. , *L'esprit des règles*, 1991.
ASSOCIATION INTERNATIONALE DES JURISTES DEMOCRATES, *Les Droits de l'Homme : universalité et renouveau, 1789-1989*, 1990.
BOUTET D., *Vers l'Etat de Droit*, 1991.
SIMON J.P., *L'Esprit des règles : réseaux et réglementations aux Etats-Unis*, 1991.
ROBERT P., *Les politiques de prévention de la délinquance à l'aune de la recherche*, 1991.
ROBERT P. (sous la direction de), *Entre l'ordre et la liberté, la détention provisoire, deux siècles de débats*, 1992.
LASCOMBE M., *Droit constitutionnel de la Vème République*, 1992.
HAMON F., ROUSSEAU D., (sous la direction de), *Les institutions en question*, 1992.
LOMBARD F., *Les jurés. Justice représentative et représentations de la justice*, 1993.
BROVELLI G., NOGUES H., *La tutelle au majeur protégé, La loi de 68 et sa mise en œuvre*, 1994.

Collection ***Logiques Juridiques***
dirigée par Gérard MARCOU

Déjà parus

NIORT J.-F, VANNIER G. (sous la direction de), *Michel Villey et le droit naturel en question*, 1994.
COUTURIER I., *La diversification en agriculture*, 1994.
BOUDAHRAIN A., *Eléments de droit public marocain*, 1994.
RAYNAL M., *Justice traditionnelle - Justice moderne. Le juge, le devin, le sorcier*, 1994.
DUBOURG-LAVROFF S., PANTELIS A., *Les décisions essentielles du Conseil institutionnel*, 1994.
VOLMERANGE X., *Le fédéralisme allemand et l'intégration européenne*, 1994.
BONGRAIN M., *L'assistant de service social et l'enfant maltraité*, 1994.
PROUDHON P.-J., *Théorie de l'impôt. Texte commenté et présenté par Thierry Lambert*, 1995.
DESURVIRE D., *Le timeshare ou la multipropriété échangée*, 1995.
LAVENUE J.-J., *Dictionnaire de la vie politique et du droit constitutionnel américain*, 1995
MARCOU G (sous la direction de), *Ouvrage collectif, Mutations du droit de l'administration en Europe*, 1995.
MIAILLE M. , *La régulation entre droit et politique*, 1995.
SOUBIRAN-PAILLET F. , POTTIER M;-L., *De l'usage professionnel à la loi*, 1996.
ETEKA V., *La Charte Africaine des Droits de l'Homme et des Peuples. Etude comparative*, 1996.
BERGERON G, *Tout était dans Montesquieu, une relecture de L'Esprit des lois*, 1996.
STRUILLOU J.-F., *Protection de la propriété privée immobilière et prérogatives de puissance publique*, 1996.
DUTRIEUX D. et HENON J.-O., *Les bibliothèques juridiques parisiennes - Guide pratique*, 1996.
VALDMAN E., *Pour une réforme de la Cour d'Assises*, 1996.
RABAULT H., *L'interptrétation des normes, l'objectivité de la méthode herméneutique*, 1997.
DEL CONT C., *Propriété économique, dépendance et responsabilité*, 1997.
LOPEZ C., *Les pouvoirs d'investigation de l'administration fiscale en France et au Canada*, 1997.

Collection ***Logiques Politiques***
dirigée par Pierre Muller

Dernières parutions

MOQUAY Patrick, *Coopération intercommunale et société locale*, 1998.
BOISSEAU DU ROCHER Sophie, *L'ASEAN et la construction régionale en Asie du Sud-Est*, 1998.
AL WARDI Sémir, *Tahiti et la France. Le partage du pouvoir*, 1998.
JULIEN Christian, *Les politiques régionales de formation professionnelle continue*, 1998.
LEIBFRIED S., PIERSON P., *Politiques sociales européennes*, 1998.
IHL Olivier, *Cérémonial politique : les voyages officiels des chefs d'Etat*, 1998.
KALUSZYNSKI Martine, WAHNICH Sophie (dir.), *L'Etat contre la politique ?* 1998.
SAVARESE Eric, *L'ordre colonial et sa légitimation en France métropolitaine*, 1998.
KINGSTON de LEUSSE Meredith, *Diplomate, une sociologie des ambassadeurs*, 1998.
ENGUÉLÉGUÉLÉ Stéphane, *Les politiques pénales (1958-1995)*, 1998.
BRECHON Pierre, CAUTRES Bruno (dir), *Les enquêtes eurobaromètres : Analyse comparée des données socio-politiques*, 1998.
BORRAZ Olivier, *Les politiques locales de lutte contre le sida*, 1998.
LANDAU Alice, *La diplomatie internationale en Europe Centrale*, 1998.

Collection ***Logiques Politiques***
dirigée par Pierre Muller

DUPOIRIER E., PARODI J.L. (dir.), *Les indicateurs socio-politiques aujourd'hui,* 1997.
LE BRAS-CHOPARD A., MOSSUZ-LAVAU J., *Les femmes et la politique*, 1997.
LASCOUMES P., LE BOUHRIS J.-P., *L'environnement ou l' administration des possibles,* 1997.
DUBOIS J., *Communautés de politiques publiques et projets urbains*, 1997.
PAPADOPOULOS Yannis, *Les processus de décision fédéraux en Suisse*, 1997.
CATTACIN Sandro, PANCHAUD Christine, TATTINI Véronique, *Les politiques de lutte contre le VIH/ Sida en Europe de l'Ouest. Du risque à la normalisation*, 1997.
IM TOBIN, *Le préfet dans la décentralisation*, 1997.
PARINI Lorena, *La politique d'asile en Suisse. Une perspective systémique*, 1997.
HOLLIFIELD James F., *L'immigration et l'état-nation à la recherche d'un modèle national,* 1997.
NAY Olivier, *La région, une institution. La représentation, le pouvoir et la règle dans l'espace régional*, 1997.
LAURENT Annie, VILLABA Bruno (dir.), *Les petits partis. De la petitesse en politique*, 1997.
FAURE Alain (dir), *Territoires et subsidiarité*, 1997.
DULONG Delphine, *Moderniser la Politique. Aux origines de la Ve République,* 1997.
FAVRE Pierre, LEGAVRE Jean-Baptiste, *Enseigner la science politique*, 1998.
Collectif, *La construction des politiques locales,* 1998.
NEGRIER Emmanue, JOUVE Bernard, *Que gouvernent les régions d'Europe ? Echanges politiques et mobilisations régionales,* 1998.
DUMEZ Hervé, JEUNEMAITRE Alain & ALII, *Evaluer l'action publique*, 1998.
Collectif, *Evaluation des politiques publiques,* 1998.

Collection ***Logiques Politiques***
dirigée par Pierre Muller

THOMAS H, *Vieillesse dépendante et désinsertion politique*, 1996.
GAUDIN JP (dir), *La négociation des politiques contractuelles*, 1996.
MARCOU G., THIEBAULT J.C., *La décision gouvernementale en Europe*, 1996.
L. DEBLOCK, C. EMERY, J. C. GAUTRON, A. MACLEOD (dir.), *Du libre échange à l'union politique*, 1996.
JOSSELIN Daphné, *Les réseaux en action,* 1996
MASSARDIER Gilles, *Expertise et aménagement du territoire. L'Etat savant,* 1996.
BOURGEOIS Catherine, *L'attribution des logements sociaux. Politique publique et jeux des acteurs locaux*, 1996.
LABBÉ D., *Syndicats et syndiqués en France depuis 1945*, 1996.
LACASSE F., THOENIG J.-C .(dir.), *L'action publique-morceaux choisis de PMP*, 1996.
CHATY Lionel, *L'administration face au management,* 1997.
DELOYE Yves, HAROCHE Claudine, IHL Olivier (dir.), *Le protocole ou la mise en forme de l'ordre politique*, 1997.
PAOLETTI Marion, *La démocratie locale et le référendum*, 1997.
GUIONNET Christine, *L'apprentissage de la politique moderne*,1997.
SAEZ G., LERESCHE J.-Ph., BASSAND M.,(dir.) *Gouvernance métropolitaine et transfrontalière. Action publique territoriale*, 1997.
PÉROUSE DE MONTCLOS M.A., *Violence et sécurité urbaines en Afrique du Sud et au Nigéria*, 1997.
MAYER N. (dir), *Les modèles explicatifs du vote*, 1997.
PASCO X. , *La politique spatiale desÉtats-Unis. Technologie, intérêts et débat public*, 1997.
BRISSET-SILLION C., *Universités publiques aux Etats-Unis,* 1997.
CHAGNOLLAUD J. Paul, *Relations internationales contemporaines Un monde en perte de repères,* 1997.
FREEDMAN J., *Femmes politiques : mythes et symboles*, 1997.
GENIEYS W., *Les élites espagnoles face à l'État*, 1997.
MOREL L., *L'Italie en transition, recul des partis et activation de la fonction présidentielle,* 1997.
SUREL Y., *L'État et le livre*, 1997.

Collection ***Logiques Politiques***
dirigée par Pierre Muller

FONTAINE Joseph, LE BEART Christian, *Le métier d'élu local*, 1994.
JOBERT Bruno (dir.), *Le tournant néo-libéral en Europe. Idées et pratiques gouvernementales*, 1994.
PONGY Mireille, SAEZ Guy, *Politiques culturelles et régions en Europe*, 1994.
BALME R., GARRAUD P., HOFFMANN-MARTINOT V. et RITAINE E., *Le territoire pour politiques : variations européennes*, 1994.
MÉNY Y., MULLER P., QUERMONNE J.-L.(dir) , *Politiques publiques en Europe*, 1995.
BRUGIDOU Mathieu, *L'élection présidentielle. Discours et enjeux politiques*, 1995.
SABOT Jean-Yves, *Le syndicalisme étudiant et la guerre d'Algérie*, 1995.
GREMION Catherine, MOUHANA Christian, *Le sous-préfet à la ville*, 1995.
LENAELOU Anne, *Politiques européennes de développement avec les pays du Sud*, 1995.
FAURE Alain, POLLET Gilles et WARIN Philippe, *La construction du sens dans les politiques publiques*, 1995.
SPENLEHAUER V., *L'évaluation de politique, usages sociaux*, 1995.
LE GALÈS Patrick, THATCHER Mark (dir.), *Les réseaux de politique publique*, 1995.
DROUIN Vincent, *Enquêtes sur les générations et la politique 1958 - 1995*, 1995.
JOURDAIN Laurence, *Recherche scientifique et construction européenne. Enjeux et usages nationaux d'une politique communautaire*, 1995.
PETITEVILLE Franck, *La coopération décentralisée. les collectivités locales dans la coopération Nord-Sud*, 1995.
URFALINO Philippe, VILKAS Catherine, *Les fonds régionaux d'art contemporain. La délégation du jugement esthétique*, 1995
SMITH Andy, *L'Europe politique au miroir du local*, 1995
ZAN Stephano , FERRANTE Massimo , *Le Phénomène organisationnel*, 1996.
CHAUSSIER Jean-Daniel, *Quel territoire pour le Pays Basque? Les cartes de l'identité*, 1996.